KB274930

FEMALE RISK
휘메일 리스크

FEMALE RISK
휘메일 리스크

한상복 · 박현찬 지음

위즈덤하우스

여자의 마음이라는 리스크

크레타의 왕 미노스는 반우반인半牛半人 괴물 미노타우로스를 가두기 위해 명장을 시켜 '라비린토스'라는 미궁을 설계했다. 미노타우로스는 미궁 속을 헤맸지만 너무 복잡해서 출구를 찾아낼 수 없었다.

자신의 의지대로 움직이며 자유를 넘볼 수는 있으나 아무리 발버둥을 쳐도 결국 벗어나지 못하는 미궁. 이렇게 실낱같은 희망을 품은 절망이야말로 우리가 상상할 수 있는 가장 잔인한 형벌일 것이다. 신화 속의 미노타우로스만이 아니다. 현대의 남자들도 미궁 속을 헤매기는 매한가지다. 바로 '여자의 마음'이라는 미궁. 사랑에 빠졌을 때만이 아니다. 가족이나 회사, 모임 등에서 수많은 여성들과 부딪히면서도 종잡을 수 없는 게 여자들의 마음이다. 원하는 게 무엇인지 알 수 없는 것은 물론 말하는 의도를 짐작하기 어려울 때가 많다.

여성들은 속마음을 완전히 드러내지 않는다. 특히 '동기'는 마음속

깊은 곳에 꼭꼭 숨겨두는 속성을 가지고 있다.

TV 토크쇼 〈래리 킹 라이브 위크엔드Larry King Live Weekend〉에 출연한 스티븐 호킹에게 래리 킹이 이렇게 물었다.

"당신에게 가장 풀기 어려운 문제는 무엇인가요? (What, Professor, puzzles you the most?)"

호킹이 생각할 것도 없다는 듯 대답했다.

"여자들이지요. (Women.)"

아주 오랫동안 남자들에게는, 여자란 예쁘고 착하면 그만이라는 생각이 지배적이었다. 경쟁과 위계질서에만 익숙했던 남자로서는 여자의 마음 같은 것을 헤아려야 할 이유가 없었고 여성은 상대적 약자인 채 자기 운명의 주인으로 대접받지 못했다.

지금도 상당수 남자들이 여자의 마음이라고 해봐야 뻔할 것이라고 지레 짐작하고 다 안다고 자만한다. 그러다가 불현듯 종잡을 수 없는 미궁을 만나 길을 잃는다.

남성들의 이런 인식을 반영하듯, 공식적으로 한국의 여성들에게는 힘이 없다. 세계경제포럼WEF이 각국의 남녀 간 경제 참여와 기회, 정치적 영향력, 교육, 건강 등 4개 분야를 조사해 2013년에 발표한 '성性 격차 보고서'에 따르면 한국은 136개 국 가운데 111위를 차지했다. 이는 아랍에미레이트(109위)나 바레인(112위) 같은 아랍권 국가 수준이다. 우리만큼이나 가부장적인 일본도 105위에 머물러 있다.

그런데 비공식적으로는 다른 세상이 펼쳐져 있다. 여성들이 어느새 자기 운명의 주인을 넘어 가족과 사회의 중심에 우뚝 서 있는 것이다.

남성이 가정 경제에서 우월적, 독점적 지위를 잃어가고 있는 가운데 여성이 가장 확고하게 거머쥔 것은 '결정권'이다. 가정의 크고 작은 일의 대부분이 모두 여성에 의해 결정되고 있다. '의衣'와 '식食'에 이어 '주住'까지 여성의 손안에 들어갔다. 전셋집을 옮기거나 아파트를 구입하는 일에 여성이 적극적으로 나서기 시작했다. 겉보기에는 남성이 결정하는 것처럼 보여도, 그 이면을 들여다보면 막후에서 그 결정에 '결정적 영향'을 미친 사람은 아내인 경우가 많다.

남성들의 전유물이라고 여겼던 자동차 구입에 있어서도 여성의 선택권은 무시할 수 없는 비중을 차지한다. 이제는 아내의 반대를 무릅써가며 그녀의 취향에 반하는 자동차를 구입할 간 큰 사내를 찾아보기 어렵게 됐다. 미혼 남성이라고 예외가 될 수 없다. 여자친구가 생기면 미처 인식하지 못하는 사이에, 회사 일을 제외한 거의 모든 생활이 여자친구의 승인과 감독 아래 움직인다. 남성은 이제 더 이상 강자가 아니다. 그러나 여성들은 자신이 권한을 행사한다고 생각하지 않는다. 오히려 이 모든 것은 스스로를 위한 것이 아니라 사랑하는 사람, 혹은 가족을 위한 선택일 뿐이라고 주장한다. 그것이 그녀들의 진심이다. 하지만 이 또한 남자들의 사고로는 가늠할 수 없는 미궁이다.

여성은, 시장의 가장 큰 주체라는 가계 구매력을 자연스럽게 장악했다. 한국 여성의 낮은 지위에 대한 WEF의 우려에도 불구하고 여성들의 영향력은 이제 무시할 수 없는 힘을 발휘한다. 최근 한국 사회의 소비시장은 여성들의 것이라 해도 과언이 아니다. 중동 여성만큼이나 사회적 지위를 인정받지 못함에도 불구하고, 한국의 여성들이 이 시대의 트렌드를 이끌어가며 새로운 수요를 창출하고 있다는 사실은 아이러니가 아닐 수 없다.

문화산업부터 패션, 교육, 식음료, 금융, 서비스 분야에 이르기까지 그 모든 비즈니스 영역이 그들의 선택에 따라 춤을 춘다. 심지어는 IT 기업들마저 과거의 '성능 중심주의'에서 벗어나 여성들을 겨냥해 미적 가치를 중시하고 '감성 자극' 경쟁을 벌인다.

여성의 취향과 의지를 외면하고서는 비즈니스의 성공을 꿈꿀 수 없는 세상이 됐기 때문이다. 그런 와중에 속이 타는 것은 기업의 경영자들이다. 시장을 이끌어가는 여성들의 마음속을 들여다봐야만 회사의 미래를 열어갈 수 있는데 남성, 그것도 기업의 최고 경영자 자리에 앉은 장년층 남성에게 가장 어려운 게 바로 여성의 마음을 헤아리는 일이기 때문이다.

이런 관점에서 보면 21세기 최대의 경영 리스크는 바로 여자의 마음이다. 그러나 한편으로는 여성 친화적인 경영이 성공할 수 있는 환경을 맞이해, 여성을 '제대로' 이해하는 것이야말로 탁월한 경쟁력의 원천이자 성공의 기회가 될 수도 있다. 그들이 무엇을 바라는지 간파하는 사람만이, 심지어는 여성들 자신도 인식하지 못했던 기회를 찾아내어 새로운 트렌드를 만들고 시장을 이끌어갈 수 있기 때문이다.

특히 남성 직장인의 경우 회사 업무뿐 아니라 퇴직 후 '제2의 인생'을 준비하기 위해서라도 여성들이 무엇을 원하는지 수시로 파악하는 안목을 길러야 한다. 남성 고객만을 대상으로 사업을 한들, 남성 고객과 함께 오는 여성에게 어필하지 못하면 아무 소용이 없다. 결정권은 여성에게 있으니 말이다.

그렇다고 여성이 소비만을 담당하는 대상으로 여겨지는 것은 아니다. 개인의 욕망이 다양해진 현대사회에서 섬세한 여성적 감성과 아이디어가 강력한 힘을 발휘할 것이라는 전망은 이미 실현되고 있다. 경영자들이 여성 전문가들을 영입하는 동시에 여성 임원의 수를 매년 늘리는 까닭은 페미니즘의 세례를 받았거나 여성가족부가 압력을 행사했기 때문이 아니다. 우리 사회의 지형도가 실제로 바뀌고 있는 것이다.

여성들의 사회적 영향력은 앞으로도 지속적으로 확대돼 '여성의 세상'을 활짝 열 것이다. 인재 양성을 담당하는 학교만 봐도 그렇다. 유치원부터 고등학교까지 교사의 대부분이 여성이다. 교사뿐만이 아니다. 여학생들의 학업성취도가 월등히 높아 남학생들은 내신에 불리한 남녀공학 학교를 기피하기에 이르렀다. 이런 흐름은 대학 졸업 이후까지 이어진다. 주요 고시 합격자 가운데 다수가 여성이며 기업들의 인재 채용에서도 여성들이 두각을 드러낸다.

산업 구조 고도화에 따라 첨단 및 서비스 기업이 늘어나면서, 이들 분야에서 일하는 여성의 비중이 나날이 늘고 있다. 서비스 분야에서는 직원의 대부분이 여성인 회사늘이 증가하고 있으며 젊은 남성일수록 여성 동료는 물론 여성 상사, 거래처의 여성 담당자와 일해야 할 기회가 많아질 것이다. 심지어는 가장 보수적이라는 금융권마저 고액 자산가를 위한 서비스 조직(Private Bank, PB)의 총책임자로 여성을 발탁하는 경향을 보이고 있다. 국내 4대 은행의 PB 업계에 종사하는 전체 여성 비중은 60%를 넘어섰다. PB 분야에 강점을 가진 한 은행의 경우 구성원의 73%가 여성이다.

하지만 '여성의 세상'이 단순하게 여성의 지배와 남성의 피지배를 의미하는 것은 아니다. 오랫동안 남성적 가치에 억눌려 빛을 보지 못했던 소통과 공감, 친밀감, 동반, 헌신 같은 여성적 가치들이 재해석되며 세상의 변화를 이끌어갈 것이라는 예측이 더 정확하다. 미궁처럼 복잡한 여자들의 마음속에는 이런 가치를 지향하는 정서들이 별들의 편린처럼 흩어져 있다.

이 책은 우주 정복보다 어렵다는 여성의 속마음을 들여다보고, 그들을 움직이는 동기를 찾아내는 데 많은 분량을 할애할 것이다. 그 과정에서 사회적 지위가 아랍권 여성과 크게 다를 바 없다는 한국 여성들이 어떻게 자신의 실력을 행사하며 저력을 발휘할 수 있는지 그 근원을 살펴보게 될 것이다. 뿐만 아니라 남성들 역시 스스로를 돌아보고 발전적인 기회를 모색하는 계기를 마련할 수 있을 것이다. 여성들의 동기를 파악하는 것은 남성들에게 미래가 걸린 문제이기도 하다.

물론 남성의 사고와 관점에서 여성의 세계를 들여다보는 만큼 한계가 있을 수밖에 없다. '이것이면서 동시에 저것일 수도 있는' 여성의 마음을 그들 자신만큼 정밀하게 포착해낸다는 것이 애초에 불가능한 일이기 때문이다. 여성들의 동기를 살펴보는 것은 여성 자신에게도 역시 중요한 문제다. 이따금 모순된 인식을 드러내는 그녀들이 '진정으로 원하는 것'을 찾아내는 데에도 도움이 될 것이다.

이 책은 여성이라는 존재를 '사이'에서 모색한다. 끝없이 변화하는 여성의 내면이 어떤 범주 사이에서 움직이고 무엇을 지향하는지, 일곱 가지 키워드를 기준으로 삼아 다각도로 분석해본다. 분석의 준거틀은 정보와 감정 사이(소통), 알파걸과 쇼퍼홀릭 사이(우머노믹스), 우월감과 친밀감 사이(경쟁), 보살핌과 간섭 사이(인형 놀이), 로맨스와 필요 사이(사랑), 희생과 헌신 사이(모성), 공감과 해결 사이(능력) 등이다.

생물학적인 의미의 여성성을 넘어 경제적, 사회문화적 동기로서의 여성성을 이들 사이 어디쯤에선가 만날 수 있다. 또한 새로운 시대를 이끌어갈 주체로서 여성성의 미래를 이들 사이에서 엿볼 수 있을 것이다.

미국의 경우, 전체 가계소득에서 여성의 소득이 남성의 소득을 넘어설 정도로 세상은 이미 여성의 시대로 들어서고 있는데도 남의 일로만 생각하고 실감하지는 못하는 21세기의 한국 남성들이 당면한 가장 큰 리스크는 '여성의 마음'이다. 이를테면 경제적 성공을 위해서는 시장 및 트렌드 선도자로서의 여성을 이해해야만 한다. 여성이 무엇을 원하는지 파악하는 게 곧 수요 조사다. 남성은 또한 여성 동료들과 어울리며 그들과 함께 성취하기 위해 그들을 움직이는 동기는 물론, 그들만의 세계를 이해해야 한다. 그들을 인정하며 그들로부터 인정받는 것이 21세기의 협력과 동반 성장인 것이다.

동시에 남성은 인생의 파트너로서 그녀들의 마음속을 헤아려야 한다. 그들이 무엇을 주고 싶어하며 무엇을 돌려받고 싶은지, 어떤 역할을 기대하는지 더 이상 간과해서는 안 된다. 행복이나 불행 같은 인생 경영의 리스크 또한 여성을 얼마나 '제대로' 이해하는지에 달려 있다. 당연히, 리스크는 그만큼의 기회가 눈앞에 펼쳐진다는 의미와도 통한다.

FEMALE

RISK

1부 ▸▸ 소통

정보와 감정 사이

정보를 원하는가, 공감을 원하는가

여성 팀장이 임원으로 승진한 남자 상사의 사무실에 들렀다가 모욕적인 말을 들었다.

"당신 팀의 분위기가 해이해졌다는 지적이 있어. 신경을 좀 써야겠어."

남성이었다면 '이 양반이 승진을 하더니 군기부터 잡는구나'라고 생각했을 것이다. 그러나 여성 팀장은 그날 밤을 뜬눈으로 새웠다. 상사가 왜 그런 말을 했는지 온갖 가능성을 상상해봤지만 짚이는 게 없었다. 20년 가까이 남자들 틈에서 직장 생활을 하는 여성 팀장이라도 정작 남성들의 세계는 한 치만 들어가도 알지 못하는 것투성이다.

남성과 여성은 같은 일을 놓고도 다른 화법으로 말한다. 남성에게 있어 일이란 끊임없이 점검하고 챙겨야 할 대상이다. 그래서 틈이 날 때마다 후배들에게 능력을 보여달라는 식의 채찍질형 말을 자주 한다.

반면 여성은 일에 앞서 상대의 생각을 점검하는 말을 던진다. 남성들이 조직과 시스템을 보호하기 위해 능력의 검증을 요구하는 반면, 여성들은 능력의 검증 못지않게 자신이 어떻게 여겨지고 있는지에 대해서도 중요하게 생각한다. 타인의 시선을 거울삼아 자신을 살피려 하기 때문이다. 가방에서 수시로 손거울을 꺼내 화장을 고치는 것처럼, 다른 사람들에게 자신이 어떻게 보이는지 파악해가며 삶의 자세와 태도를 끊임없이 교정한다. 이는 그들이 원만한 관계 속에서 안정된 자신을 추구하려는 심리를 갖고 있기 때문이기도 하다.

남성과 여성의 화법 차이를 가장 극명하게 볼 수 있는 곳이 바로 회의실이다. 여성들은 회의 준비를 꼼꼼하게 하고 되도록 많은 정보를 제공하려 한다. 자신이 준비한 것을 모두 보여주고 싶은 마음이 앞서는 바람에 발표가 길어질 수밖에 없다. 이럴 때 남자들이 보이는 반응은 둘 중 하나다. 중간에 끼어들어 맥을 끊거나, 사고 활동을 멈추거나. '결론이 뭐냐'는 다그침으로 발표를 종용하거나 그저 멍한 상태에 빠지는 것이다. 남성의 뇌는 상대의 말이 길어질 경우 어휘 처리 용량의 한계를 드러낸다. 그래서 스스로를 보호하기 위해 작동을 멈추고 휴식에 들어간다고 한다.

언제나 그런 것은 아니지만 여성들에겐 '말하는 행위' 자체가 중요하다. 자신에게 벌어진 일이나 느낌 등을 상세히 전하며 교감하고자 한다. 이런 과정을 통해 상대와의 유대감을 확인한다. 그러나 남자는 뚜렷한 용건이 없는 한, 말을 해야 할 필요성을 느끼지 못하는 경우가 많다.

이런 차이는 남성과 여성이 오래전부터 각각의 역할을 맡아 진화하는 과정에서 더욱 현격하게 드러났다. 여성은 거주지를 지키거나 먹을거리를 채집하며 사람들과 소통하는 과정에서 배고픔이나 기쁨, 슬픔 같은 작은 상태 변화에도 민감하게 반응하도록 진화했다. 일의 경중에 상관없이 여성에게는 모든 게 다 중요한 일이 된다. 특히 자녀 양육에 관한 한 더욱 그럴 수밖에 없다. 자신의 상태를 표현할 능력이 부족한 아기의 경우, 미세한 변화라도 놓치면 자칫 불행한 일이 벌어질 수 있기 때문이다.

이와 반대로 남성의 관심사는 오직 '눈앞의 중요한 일'이다. 오랜 세월 사냥에 몰두했던 결과다. 모처럼의 사냥감을 놓치고 나면 다음 기회라는 게 보장되어 있지 않기 때문이다. 더구나 귀 밝은 짐승을 잡는 사냥에는 '침묵의 규율'이 반드시 적용되어야 했다.

인간은 수십만 년 이상 수렵채집 생활을 했다. 인류가 지금 누리는 삶의 방식은 기껏해야 300~400년이 조금 넘은 근현대 문명의 산물이다. 더구나 현대사회로 진입할수록 사회의 변화 속도는 엄청나게 빨라져서 수백 년에 불과한 시간 동안 인간의 생활방식은 완전히 달라졌는데, 문제는 사회의 변화 속도에 비해 인간의 진화 속도가 느리다는 점이다. 그래서 인간의 본능 속에는 아직도 들판에서 사냥을 하거나 동굴 근처에서 채집을 하던 조상들의 습성이 뿌리 깊게 박혀 있다.

그 결과 여성들은 곁의 남자와 더 많은 이야기를 나누려고 다가서는 반면, 남성은 그들의 범람하는 말을 참아내지 못하고 자기만의 동굴로 물러나려는 조상들의 행동을 지금까지 답습하고 있다.

이야기를 하던 여성은 남자들이 자신들의 말에 귀 기울이지 않고 짜증을 내거나 멍해질 때마다 답답하다. 생각해주는 마음에 세심하게 말해주는데 왜 제대로 듣지 않는지 납득하기 어렵다. 그녀들은 자신의 말이 남성들에게는 무서울 정도로 길게 느껴진다는 데 대한 자각이 없다.

여성은 동료들이 자기 이야기에 귀를 기울여야 안심하고 발표에 집중할 수 있다. 반대로 정서적 유대감을 느끼지 못할 경우 불안에 빠지는 경향이 있다. 이에 비해 남성은 자신의 입지(주로 권력이나 지위)가 흔들릴 때 불안을 느낀다. 불안을 해소하기 위해 회의 시간 내내 성과를 챙기고 아랫사람을 몰아세운다. 윗사람으로부터 능력을 인정받는 말을 들으면 비로소 안도감과 성취감을 느낀다. 이처럼 남성과 여성은 심리적 안정을 느끼는 대상과 내용이 다르다.

경험이 많은 일부 여성들은 남자 동료들과 회의를 할 때 자기 의견을 최대한 짧게 정리한 뒤 곧바로 "어떻게 생각하세요?"라고 묻는다. 능력 또는 확신 부족으로 여겨질 위험에도 불구하고 남자 동료들에게 질문을 던지는 것이다. 이런 여성들은 핵심 위주의 발언이 일반 여성들의 관점에선 다소 불친절하게 여겨질지라도 남성들에겐 훨씬 잘 먹힌다는 사실을 알고 있다. 남성들이 겉으로는 체계적이고 논리적인 것을 추구하지만 마음속으로는 결론부터 추구한다는 점을 파악했기 때문이다.

회의실 분위기는 집에서도 비슷하게 이어진다. 예를 들어, 휴일 친구 모임에 참석했던 아내가 화난 표정으로 돌아오면 남편이 그 이유를 묻는다. 아내는 모임에서 있었던 일을 이야기하기 시작한다. 하지만 남편의 기대와는 다른 방향으로 스토리가 흘러간다. 약속 장소를 찾느라 얼마나 헤맸으며, 누가 무슨 이유로 그런 장소를 정했는지, 어떤 친구는 일찍 도착한 반면 다른 친구들은 얼마나 늦었는지 등 온갖 사연이 쏟아진다.

남편은 조바심이 난다. 어떤 일 때문에 아내가 화를 내는지 알고 싶은데 '중요하지 않은 이야기'만 이어질 뿐 정작 진짜 중요한 정보는 하나도 없다. 아내의 이야기는 하염없이 이어진다. 식사에서 어떤 요리가 나왔으며, 누군가가 젓가락을 바닥에 떨어뜨렸고, 또 다른 친구가 자꾸만 휴대폰 메시지를 확인하고 답신을 보내는 바람에 은근히 신경이 쓰였다는 식으로.

남편은 그 사이 몇 차례 멍한 상태를 오가고, 마침내 그의 인내가 한계에 이를 즈음에야 아내의 기분이 좋지 않은 이유를 확인하게 된다. 남자들의 방식대로라면, 모임 이야기는 한마디로 정리할 수 있는 내용이다.

"오늘 만난 친구 중에 되게 이상한 애가 있었어."

현실에서는 아내의 이야기를 끝까지 들을 수 있는 능력을 가진 남편은 많지 않다. 틈만 나면 끼어들어 빨리 결론을 내려고 서두르다가 충돌을 일으키는 경우가 훨씬 많다.

남성과 여성은 집에서 추구하는 바가 다르지만 이 같은 차이를 서로 인식하지 못한다. 남성은 집이 '동굴'이 되어주길 원한다. 혼자만의 공간에서 멍하니 앉아 쉬고 싶어한다. 그러나 대부분의 여성은 집이 '광장'이기를 바란다. 식구들과 어울리며 최대한 많은 대화를 하고 싶은 것이다.

미국 조지타운대 언어학과 데보라 태넌Deborah Tannen 교수에 따르면 남녀의 대화 방식부터가 판이하게 다르다. 남성은 정보 전달을 위한 '리포트 토크Report Talk'를 하지만, 여성은 친밀한 관계를 확인하기 위한 '라포르 토크Rapport Talk'를 한다.

앞의 부부 사례에 적용하면, 남편에겐 "오늘 만난 친구 중에 이상한 애가 있었어"라는 핵심 본론만이 중요하겠지만 아내에게는 그날 일어났던 모든 일들과 그것에 대한 자신의 느낌 전부가 남편과 나누고 싶은 본론인 것이다.

이런 차이에 대한 이해와 적응은 얼핏 대단치 않은 것처럼 보이지만 사실 매우 중요한 부분이다. 그 차이에 대해 어떻게 인식하느냐에 따라 여성 고객 혹은 동료, 아내에게서 아이디어와 기회를 얻는 사람이 될 수도 있고 아니면 그들과 점점 멀어져 화해하기 어려운 대립 관계로 치닫는 사람이 될 수도 있다.

살아남고 싶다면 여성을 공부하라

정오를 넘긴 시간, 서울 중심가의 한 커피전문점. 점심식사를 서둘러 마친 직장인들이 커피를 마시기 위해 줄을 서서 차례를 기다리고 있다. 매일 반복되는 일상의 한 풍경이므로 특별할 것도 없는 모습이다. 하지만 관점을 조금만 달리하면 또 다른 진실을 엿볼 수 있다.

커피전문점의 손님 가운데 남녀의 비중이 얼마나 될까? 대충 어림잡아도 여성의 비중이 70%를 웃돌 것이다. 테이블마다 커피를 올려두고 담소를 나누는 사람들 대부분이 여성이다. 남자들은 그 사이에 드문드문 끼어 있다. 남자들끼리 커피를 마시러 온 팀은 거의 없다.

오후 2시를 넘긴 시간, 서울 강남의 아파트촌에 있는 한 커피전문점. 근처에서 점심식사 모임을 마친 여성들이 무리 지어 들어오다가 자리가 없다는 사실을 발견한다. 30석 규모의 매장에는 이미 여성 손님들이 빼곡하게 들어차 있다. 삼삼오오 모여 앉아 아이 교육이나 골프, 쇼핑, 미용실, 시댁, 연예인 등을 주제로 대화를 나누던 그녀들은 잠시 후 모임을 끝내고 나와 뿔뿔이 흩어진다. 그중 몇몇은 바로 옆 상가에 있는 빵집이나 김밥집에 들러 학교에서 돌아올 아이를 위해 간식을 구입하기도 한다.

여성 창업 1순위 아이템 역시 커피전문점이다. 프랜차이즈 커피전문점의 가파른 성장세를 견인하는 동력은 창업을 원하는 여성들에게서 나온다고 해도 과언이 아니다. 주요 고객과 운영 모두 여성이 장악하고 있기 때문이다.

커피전문점들이 매장을 확장해 나가던 초기에는 적잖이 소비자들의 눈치를 보아야 했다. 당시 사람들의 심리적 저항은 완강했다. 자판기나 기존 카페에 비해 턱없이 높은 커피 가격 때문이었다. 남자들은 웬만한 한 끼 밥값과 맞먹는 비싼 커피를 즐겨 마시는 여자들을 일컬어 '된장녀'라 부르기도 했다. 그러나 이내 심리적 저항은 무너졌고 커피전문점들은 자연스럽게 일상으로 파고들었다. 이제는 직장 여성들의 오피스타운을 넘어 전업주부들의 영역인 아파트 단지 주변까지 잔뿌리를 내렸다.

남성들에게는 아직도 남성들이 세상을 이끌어간다는 견고한 믿음이 있다. 인류 역사의 거의 모든 위대한 업적이 남자의 손에서 나왔으며 정치는 물론 경제, 문화, 법률, 심지어는 미용과 요리에서까지 남성이 힘을 발휘하고 있으니 세상은 당연히 남성들이 움직이고 있다고 믿는 것이다.

가정에서도 마찬가지다. 큰소리치며 사는 남자일수록 모든 것을 내 마음대로 결정해왔다고 자부한다. 서울 목동에 사는 C씨(42세)의 경우 순종적인 아내를 만난 덕분에 큰소리 한 번 내지 않고 화목하게 살아왔다고 믿는다. 그는 수도권에 살다가 최근 초등학생 딸의 학업을 위해 학군이 좋다는 목동에 입성했다. 물론 전세살이다. C씨는 목동 입성이 오로지 자신만의 결정이었다고 믿었다. 초등학교 고학년인 딸이 상위권 성적을 유지하고 있어 보람 또한 컸다. 그런데 얼마 전 아내가 친구와 통화하는 내용을 우연히 듣고는 그간의 믿음이 착각에 불과했다는 것을 깨달았다.

"내가 여기로 이사 오려고 유치원 때부터 애 아빠한테 얼마나 공을 들였는데……. 말도 마. 그이가 처음에는 제대로 들어보지도 않고 펄펄 뛰면서 반대하는 거 있지?"

그 다음은 C씨도 아는 내용이다. 아이가 명문대에 진학하기 위해서는 특목고에 입학하는 것이 먼저고, 특목고에 진학하기 위해서는 어떤 준비가 필요한지 차근차근 이해하게 되었다. C씨는 딸의 성공을 위해서라면 부모가 어느 정도 희생을 감수해야 할 필요가 있다고 결심했다. 그런데 다시 생각해보니 그 모든 것이 아내가 다양한 방법을 동원해 집요하게 자신을 설득한 결과였다.

많은 남자들이 이와 비슷한 경험을 갖고 있다. 중요한 선택을 할 때 자신의 의지를 관철시켰다고 자부하지만, 시간이 흐른 뒤에 다시 생각해보면 그 의지의 배후에는 항상 아내가 있었다는 사실을 깨닫게 된다.

이것이 여성의 진짜 실력이다. 작은 것으로 큰 것을 제압하고, 부드러움으로 강한 것을 휘두른다. 원하는 결과를 얻기 위해 오랫동안 투자하며, 심지어 그 모든 것을 남자 스스로 결정했다고 믿게 할 수도 있다. 물처럼 유연하지만 그 집념은 바위도 뚫어낸다.

조금 과격하게 표현하자면, 21세기의 시장은 '여성의 마음'을 동력으로 움직인다. 먹을거리부터 아이들 교육, 가구 인테리어, 심지어는 부동산까지. 아무리 집안 유일의 권력자를 자처하는 마초라도 아내의 은근한 설득 공세에는 당해낼 재간이 없다. 한 번 고집을 부렸다가 며칠 동안 말의 향연에 연거푸 초대를 받고 나면 최종 선택권이 누구에게 있는지 절감하게 된다.

급기야 수요와 가격까지 여성들이 결정하고 있다. 대한민국의 아파트 값(전세 값 포함)은 여성들이 좌우한다고 해도 과언이 아니다. 특히 학군과 편의성이 좋은 곳에 중상류층 여성들이 몰리는 현상이 뚜렷하다. 수요가 늘어나는 반면 공급은 제한적이므로 아파트 거래 가격이나 전세 값이 상대적으로 높이 뛰는 것은 당연한 이치다.

미혼 여성도 소비 활동의 중심에서 유행과 트렌드를 이끌어간다. 영화, 드라마, 책, 뮤지컬, 연극 같은 문화 상품은 물론 패션, 금융 서비스 등 전방위에 걸쳐 주요 소비 패턴을 여성들이 결정한다. 게다가 여성의 사회 활동 참여가 지속적으로 늘어나면서 스스로 번 돈을 자신의 의지대로 쓸 수 있게 되었으니 그 변화의 속도는 따라잡을 수 없을 만큼 빠르다.

트렌드에 민감한 여성들은 '부드러운 힘'을 발휘해 산업의 판도를 바꾸는 중이다. 주말 레저산업에서도 변화는 단적으로 드러난다. 얼마 전까지 주말의 레저 활동은 남성들만의 고유 영역이었다. 남성들은 가족을 집에 두고 친구들과 함께 골프나 낚시, 등산을 떠나는 것을 당연하게 여겼다. 그러나 21세기의 여성들은 남성들만의 고유 영역이었던 주말 레저에 '가족과 함께'라는 새로운 가치를 불어넣었다. 그 결과가 아웃도어 캠핑과 걷기 열풍이다. 이제 골프와 낚시 관련 업체들은 여성을 새로운 고객으로 끌어들이기 위해 안간힘을 쓰는 중이다.

일반 소비재 시장, 그중에서도 음료 시장은 이제 여성들이 완전히 장악했다. 2000년대 중반 이후 여성을 대상으로 한 기능성 차 음료가 시장을 주도하고 있으며, 남자들끼리의 사회적 윤활유였던 소주마저 여성을 타깃 삼은 낮은 도수의 상품이 대세다. 여성들의 까다로운 입맛은 소주에 이어 맥주나 와인 등의 시장마저 판도를 바꾸고 있다.

여성들은 불과 십수 년 전만 해도 장바구니 중심의 소액 소비 주체에 지나지 않았다. 그러나 이제는 고가 소비 무대의 주인공으로 등장해 '큰돈은 남자가, 적은 돈은 여자가 쓴다'는 통념을 뒤집었다. 소비시장이야말로 '여성 상위'가 가장 먼지 실현된 분야다.

이는 기업의 마케팅까지 근본적으로 흔들어놓았다. 1970년대까지만 해도 일단 생산을 하면 자연스레 상품이 팔리는 공급자 중심의 시장이었으나, 여성이 소비의 주체로 떠오르고 욕망이 다양해지면서 마케팅 행위가 본격화되기 시작했다. 선택당하는 입장이 된 생산자들은 소비자를 '왕'으로 여기며 적극적인 마케팅 활동을 벌이는 시대가 도래한 것이다.

이제 '소비자가 왕'이라는 말은 곧 '여자가 왕'이라는 의미와 같다. 글로벌 기업들은 이미 여성 시장에서 새로운 성장의 기회를 포착, '우머노믹스Womenomics(여성과 경제학의 합성어, Woman+Economics) 시대'를 개척해 나가고 있다.

남성들이 직장에서 자기 분야에만 코를 박고 있는 동안, 여성은 온갖 다양한 분야를 넘나들며 경제 지도를 바꾸고 마침내 세상을 바꾸고 있다. 주변 상권의 맛집과 커피전문점부터 사교육과 부동산, 주말 레저산업까지. 그 어떤 영역이든 여성들의 호응을 얻지 못하고는 성공을 꿈꿀 수 없게 되었다.

마케팅에서 가족과 여성은 이미 동의어가 되었다. 여성 마케팅으로 성공한 어느 유명 피자 회사는 직원들에게 이렇게 교육한다. '여성 고객이 곧 가족 고객이다.' TV 광고 역시 권위적인 남편과 내조하는 아내의 모습 대신 어머니와 딸 또는 직장맘이나 여성 전문가의 출연이 늘어나는 추세다.

이런 현상은 강 건너 불구경처럼 여길 일이 아니다. 직장에서 새로운 가치 창출 수단을 찾아내기 위해 골몰하는 대부분의 남성들에게는 이미 눈앞의 현실이며, 설령 직장을 그만두고 자영업 등으로 제2의 인생을 시작하더라도 우머노믹스라는 시대적 흐름으로부터 자유로울 수는 없다. 여성들에게 어필하는 아이템 혹은 마케팅이 살아남는 세상이기 때문이다.

지난 수만 년 동안 남성이 경제권을 획득해 가부장의 권력을 누리면서 유지되어온 시스템이 수십 년 사이에 혁명적인 변화의 소용돌이에 휘말린 것이다. 따라서 지금 남자들에게 필요한 것은 '생존형 여성 공

부'다. 여자들이 수만 년에 걸쳐 남성의 마음을 연구해온 것처럼, 이제
는 남자들이 여성의 머릿속을 탐구할 차례다.

영화 〈왓 위민 원트What Women Want〉 속의 꿈같던 대사는 이제 현실의
바람으로 나타나고 있다.

"여자가 원하는 것, 만약 이걸 안다면 세상은 당신 것이다. (If you
know what women want, you can rule.)"

수평적 소통의 시대

한 내과 의원에서 남자 원장이 환자를 살펴보고 말한다.

"목감기가 심하네요. 주사와 약 처방합니다. 사흘 후에 다시 오세요."

의사는 더 이상 말을 잇지 않는다. 진단 내용에 대해서도 자세히 설명해주지 않는다. 키보드를 두드려 컴퓨터에 전문용어로 뭔가를 입력하고 간호사에게 처방을 지시할 뿐이다.

다른 내과 의원. 여자 원장이 환자에게 이것저것 물어본다.

"어제 뭘 드셨어요? 얼마나 드셨어요? 잠은 잘 잤나요?"

다양한 질문이 이어진다. 그리고는 진단 내용에 대해 세세하게 설명해준다. 처방을 한 뒤에는 "물을 평소보다 많이 드셔야 해요" 같은 일상적 처방까지 잊지 않는다.

일반적으로 여자 의사가 남자 의사보다 친절하게 느껴진다. 용어 사용에서도 남녀 간 차이가 두드러진다. 남성들은 뭔가를 설명할 때 전문용어를 구사하기를 즐긴다. 남성들은 전문성을 바탕으로 지식과 정보에서 우위에 선 스스로에게 만족감을 얻는다. 반면 여성들은 전문용어보다는 친근한 용어를 주로 사용한다. 여성들에게는 자신의 말이 상대를 편안하게 해주고 있는지가 중요하다. 그럼으로써 돌아오는 호의적인 반응에서 만족감을 얻는다.

남성의 말은 권위를 얻고 유지하는 수단 가운데 하나다. 권위에 대한 남성들의 집착은 '남성적인 용어'에서 단적으로 드러난다. 컴퓨터 전문용어나 출력, 배기량 같은 자동차 용어들이 그렇다. 남성은 회의나 세일즈를 할 때 수치와 데이터를 중심으로 대화를 하는 경향이 있다. 비교를 통해 어느 것이 더 우월한지 따지려 드는 것이다. 해당 주제에만 집중할 뿐 개인적인 이야기들은 대체로 배제된다.

반면 여성들 간에는 먼저 개인적인 대화로 친밀감을 쌓아 신뢰를 형성하는 경우가 많다. 전문용어는 친밀감을 가로막는 위험한 시도로 간주된다. 여성들은 옷이나 헤어스타일, 다이어트, 자녀 양육 문제 같은 공통의 관심사로 서로의 연결고리를 만들려 한다.

여성들은 주로 수평적 관계가 이어지기를 바라는 경향이 강해서 은근한 간접적 대화를 선호한다. 원하는 것을 직접 말하고 그것을 들어주는 방식은 여성들에게 있어 수직 관계로 풀이된다. 그래서 서로 상처를 주지도 받지도 않으려면 미묘한 대화의 기술이 필요하다. 원하는 바를 간접적으로 은근히 전하고, 상대가 그것을 때마침 떠올려 서로의 이해관계가 공교롭게 맞아떨어진다면 양쪽 모두 대등한 관계를 유지하며 수직적 관계의 부담에서 자유로울 수 있다.

예를 들면 이런 식이다. 모임에서 여성 A가 유아용 카시트 이야기를 꺼낸다. 남편이 인터넷으로 알아봤는데 쓸 만한 것들은 가격이 너무 비싸서 엄두가 나지 않았다는 내용이다. B와 C가 정말 그렇다면서 맞장구를 친다. 조용히 듣고 있던 D가 말한다. "우리 애가 쓰던 카시트를 얼마 전에 떼어냈는데 그걸 드려도 될까요?" B와 C가 잘됐다면서 거든다. A는 기뻐하며 남편에게 물어본 뒤에 연락을 드리겠다고 대답한다.

여기서 A는 D가 카시트를 사용하지 않는다는 사실을 이미 알고 있다. 그러나 D에게 카시트를 달라고 직설적으로 이야기하지 않는다. 그런 것은 여성들 사이에서 무례하게 받아들여질 가능성이 높다. A는 자신이 아닌 남편의 필요에 의한 것이라며 욕망을 슬쩍 우회해 전달하고, 카시트의 가격이 매우 비싸더라고 화제를 던짐으로써 다른 여성들의 반응을 이끌어냄과 동시에 D로 하여금 호의를 베풀 기회를 준다. D 역시 카시트를 요구받는다는 열세의 입장, 혹은 준다는 우월한 입장에서 자유롭기 위해 "드려도 될까요?"라는 식의 제안을 한다. 이렇게 해야 생색내는 사람이 아닌 부드러운 제안자로서의 이미지를 획득할 수 있다. A 또한 "남편에게 물어본 뒤에 연락을 드리겠다"고 전함으로써 자존심을 지키는 것은 물론 D와의 주고받는 관계가 수평적이라는 점을 B와 C에게도 강조한다.

필요에 따라 수직적인 관계를 곧잘 받아들이는 남성들의 관점에서 보면 납득하기 어려울 정도로 복잡하고 번거로운 과정이지만 많은 여성들에게는 반드시 필요한 절차이기도 하다.

여성들끼리는 친밀감을 쌓기 위해, 혹은 관계를 이어가기 위해 질문을 하고 자문을 얻는다. 스스로가 이미 확고한 의견을 갖고 있으면서도 그것을 드러내지 않을 때도 있다. 이에 비해 남성끼리의 질문은 오로지 더 좋은 해결책이 있는지 여부에 국한된다. 결국 해결책을 제시하는 쪽이 권위를 인정받게 된다.

여성들은 좋은 관계를 만들고 유지하는 데 남성들에 비해 강점을 가지고 있다. 상대의 기분을 맞춰주는 것은 물론 분위기를 금방 파악해 대처하는 데서도 뛰어난 능력을 발휘한다. 권위를 인정받으려 하기보다는 수평적인 소통을 추구한 결과다.

과거에는 별것 아닌 듯 여겨졌던 이 수평적 소통 능력이 21세기 들어 가장 중요한 성공의 조건으로 급부상했다. 새로운 인력이 대량으로 쏟아지는 환경에서 소통과 배려의 제스처가 차별화의 주요 포인트로 부각되고 있는 것이다.

면허 또는 자격증만 있으면 평생 밥벌이가 보장된다고 여겨졌던 전문직들마저 새로운 흐름 앞에 변화를 요구받는 상황이다. 의사라는 직종만 해도 그렇다. 기술의 눈부신 발전에 따라 첨단 장비에 대한 의존도가 높아져 의사들의 지식과 능력의 차이는 전에 비해 줄고 있으니 차별화 포인트는 '감동이 있는 서비스' 쪽으로 기울어질 수밖에 없다.

지난 2001년 미국 컬럼비아 의과대학의 리타 샤론Rita Charon 박사는 의학 치료에 전인적인 사고를 접목하는 시스템을 개발해냈다. 그녀는 문진하는 방식부터 바꿔야 한다고 주장했다. '어디가 아픈지 얘기해보세요'가 아니라 '당신의 삶이 어떤지 얘기해보세요'라고 물어야 한다는 것이다. 의학적 지식과 기술만으로는 병과 힘겨운 싸움을 벌이고 있는 환자들을 충분히 도와줄 수 없다는 데서 비롯된 발상이었다.

샤론 박사가 창안한 이야기 치료 시스템은 현재 미국 전체 의과대학의 75%에서 중요한 커리큘럼으로 자리를 잡았다. 의대생들은 환자 체험을 통해 그들의 고통을 이해하고 환자의 입장에서 그들의 삶에 대한 스토리를 써보면서 경청과 존중의 지혜를 전문적 지식과 결합시키고 있다.

배려와 소통이라는 여성적 가치를 받아들여 변신하려는 남성 전문가들의 노력은, 서울의 한 대형 종합병원에서도 확인할 수 있다. 환자를 대하는 노교수의 얼굴을 캠코더로 촬영해 컨설팅을 받는 프로젝트가 진행되고 있는 것이다. 설명과 어투, 표정 등을 종합적으로 분석해 코칭을 거쳐 개선함으로써 의료 서비스에 대한 만족도를 높이겠다는 취지다.

대한민국에서 몇 손가락 안에 꼽히는 최고 권위의 의사도, 배려와 소통의 기술을 해당 분야 전문가에게 배우고 익혀야 하는 시대가 왔다. 더 좋은 의료 서비스를 위해서는 환자의 스토리를 수용하고 해석하며 반응하는 능력이 필요하다는 점을 대형 종합병원들도 인식하고 있는 것이다.

과거에는 의사 같은 전문가들에게 소통이나 공감 등의 덕목이 강력하게 요구되지 않았다. 그들이 지닌 전문 지식과 진료 서비스만으로도 충분했다. 하지만 지금은 전문성만으로는 부족하다. 환자들도 의사와 더 많이 소통하며 이해받기를 원한다. 고통과 고민을 함께하려는 의사의 성심과 배려가 환자의 마음을 움직일 때 비로소 감동과 신뢰가 싹

튼다. 환자들도 차츰 그런 수평적 소통의 가치를 당연한 권리로 받아
들이는 추세다.

튼다. 환자들도 차츰 그런 수평적 소통의 가치를 당연한 권리로 받아
들이는 추세다.

'남자다움'이라는 족쇄

과거 TV 드라마에 등장하는 남편은 '신문 뒤의 사람'이었다. 아내의 말에 신문 위로 고개를 빼꼼 내밀어 한마디 대꾸하고는 다시 신문 뒤로 자취를 감추는 남자였다. 그러면서도 가장으로서 존중을 받았다. 권위를 인정받기 위해 자신을 내세울 필요도 없었다.

현대의 남편은 '숨을 곳이 없는 사람'이다. 식탁이든 소파든 어디에서나 아내에게 노출된다. 집 안에 자기 공간이라고는 없다. 더구나 지금은 주 5일 근무 시대다. 전보다 더 많은 시간을 집에서 보내야 한다. 때로는 무엇을 어쩌라는 것인지 알 수 없는 아내의 불평에 시달리기도 한다. 함부로 대꾸를 했다가는 몇 시간이나 시달릴 가능성이 높기 때문에 입을 꾹 다물고 앉아서 TV에 눈을 고정시킨다. 그나마 그게 '남자다운 선택'이다.

대부분의 남성은 어릴 때부터 남자답게 살아야 한다고 배웠을 뿐,

여자와 잘 지내는 방법에 대해서는 배운 적이 없다. '남자답다'는 것은 가족을 먹여 살리는 남자의 신성한 의무와 상통한다. 감정을 밖으로 드러내지 않으며 시시콜콜 따지지 않는다는 의미이기도 하다. 경상도 사나이들처럼, 입을 꾹 다물고 아내의 폭포수 같은 대화 요구에 신문을 들어 차단막을 친다는 뜻으로도 전해진다.

'남자다운' 남성들에게 있어 여성이란 순종적이어야 하고 보조 역할에 충실하면 그뿐인 존재였다. 매릴린 옐롬 Marilyn Yalom 이 『아내의 역사 A History of the Wife』에서 언급한 것처럼 여성은 '소유되는 것'이었다. 고대 그리스 시대의 젊은 여성은 결혼 전까지 아버지의 소유였으며 결혼을 하면 아버지에 의해 남편에게 양도되었다. 옐롬에 따르면 아내에 대한 이런 관념은 오늘날에도 서양의 결혼 의례에서 사제가 "누가 이 여성을 주느냐?"라고 묻고 신부의 아버지가 "저입니다"라고 대답하는 형식에 남아 있다.

자신이 차지한 줄 알았던 여성이 예상치 못했던 얼굴을 드러내면, 남성은 마치 잘 직조된 음모에 빠진 듯한 느낌을 받게 된다. 온갖 것들을 기억하고 있다가 야무진 표정으로 줄줄이 쏟아내며 몰아세우는 데는 당할 재간이 없다. 이처럼 대단히 집요하고 지밀해 보이다가도 한편으로는 '좋았어' '싫더라' '기분 나빴어' 같은 표현을 가감 없이 늘어놓으며 수다를 떨곤 하니 여성이 더 불가사의한 존재처럼 여겨진다.

그동안은 여성에 대해 굳이 뭔가를 알아야 할 이유가 없어 보였다. 그런 생각을 하는 것만으로도 충분히 낯간지러운 일이었으며, 알든 모르든 인생을 살아가는 데는 전혀 지장이 없었다. 그러나 이제는 지장이 있다. 알지 않으면 곤란한 지경이 되었다. 가정뿐 아니라 직장에서도 그렇다. 남녀는 같은 방식으로 생각하거나 행동하지 않는다. 이런 다름이 우열을 의미하는 것은 아니지만 여성의 다름은 오랫동안 남성의 지배 구조를 합리화하는 데 쓰였다. 그러나 이제는 패러다임이 완전히 바뀌어버린 것이다.

사람은 어떤 형태로든 영향을 주고받게 되어 있다. 특히 스스로 우월하다고 믿는 남성의 경우, 아내 혹은 여자친구에게 상당한 영향을 끼치고 있다고 자만하곤 한다. 그런 믿음은 실제로 눈으로 확인할 수 있기에 나름의 근거를 갖기도 하지만 사실 영향을 받는 쪽은 도리어 남성들일 수 있다. 여성은 그가 인식하지 못하는 사이에 많은 것을 바꿔놓기 때문이다.

능력과 책임감을 인정한다는 찬사의 의미로 '남자다움'은 여전히 미덕이다. 그렇다면 '남자다움의 전성기'를 구가했던 중장년층 세대는 지금까지도 만족스러운 남자로서의 삶을 누리고 있을까?

결론부터 얘기하자면 그들 가운데 상당수는 변화에 적응하지 못한 채 혼란 속에서 잔혹한 현실과 맞닥뜨렸다. 통계청의 분석에 따르면 2012년 이혼한 50대 이상 부부가 총 3만 7400명으로 전체 이혼의 32.8%를 차지했는데 이것은 10년 전인 2002년(1만 9600명)보다 90.8%나 늘어난 규모다. 관련 통계를 집계하기 시작한 1970년 이후 가장 많았다고 한다. 반면 20대와 30대의 이혼은 각각 7.7%, 5.6% 줄었다.

젊은 커플들이 변화에 적응하며 결혼 생활을 지혜롭게 이어가고 있는데, 오히려 더 오랜 경험을 쌓았다는 중장년층의 이혼 건수는 매년 신기록을 경신하고 있는 것이다. 의료기술 발달에 힘입어 노년 인구가 늘어난 원인도 있겠지만, 여성들의 인식이 급속히 바뀌고 있기 때문이기도 하다. 살아야 할 날이 새털처럼 많이 남았으니, 꽉 막힌 남편과 이혼하고 새 삶을 살자고 결심하는 것이다.

이런 마음으로 이혼을 결심한 아내는 경제적 손익과 향후 생계 등을 꼼꼼하게 따진다. 남편의 은퇴를 기다렸다가 부부재산분할 청구를 통해 결혼 이후 모은 재산에서 자신의 몫을 철저하게 분할받고 제2의 인생을 시작한다. 가부장이라는 높은 위치에서 줄곧 아내를 내려다보던 남편은 충격을 받는다. 자신이 없으면 아무것도 할 수 없을 것 같던 아내에게 그런 치밀함이 있었으리라고는 상상해본 적이 없기 때문일 것이다.

앞으로도 많은 여성이 남편의 '남자다움'을 견디지 않겠다고 결심할 것이다. 좀처럼 대화하지 않고 감정을 드러내지 않으며, 결정적으로 아내를 무시하는 남자와는 삶을 함께하고 싶지 않은 것이다. 여성에 대해 뭔가를 알아야 할 이유가 없다는 '남자다운 사고'가 무지와 편견, 변화에 대한 거부로 이어지며 인생에서 겪고 싶지 않은 재앙으로 부메랑처럼 돌아온다.

남자다운 남성들은 흔히 여성은 나약하고 징징거린다는 편견을 갖고 있다. 하지만 이는 커다란 칼을 휘두르며 과시하기를 좋아하는 남성적 관점에 따른 오해일 확률이 높다. 소리 소문 없이 누군가의 삶을 바꿔놓는 것이 여성들의 방식이다. 그들은 부드러워 보이면서도 곁에 있는 남성의 삶에 커다란 영향을 미친다. 집안 전체가 그녀의 손에 좌우되기도 한다. 역사에 커다란 부침의 기록을 남겼던 남성 옆에는 반드시 '그만한 이유를 가진 여성'이 존재했다는 점을 떠올려보면 쉽게 이해할 수 있다.

여성들은 남자들이 대수롭지 않게 여겼던 '감정'과 '관계'라는 낭창낭창한 수단을 주로 활용한다. 그들의 방식은 사람들 사이에서 매우 부드럽게 작동하기 때문에 여간해서는 확연하게 드러나지 않는다. 이 방식이 바람직한 방향으로 활용되면 평화롭고 균형 잡힌 일상이 유지되고, 그렇지 않으면 상상할 수 없는 결과를 불러온다. 이런 점에서 여성은 '구원의 여신'에서 '파멸의 물귀신' 사이에 있는 존재임에 틀림없다.

오늘의 남성들에게 필요한 것은 여성을 낯설게 바라보는 새로운 관점이다. 남자다움을 고집했던 남성들이 불행해지는 결정적인 이유는 '남자다움'을 '여성을 무시하고 얕잡아보는 것'과 동일시했기 때문이다. 편견은 언제나 그것을 고집하는 사람을 가장 불행하게 만든다.

중장년층의 이혼 건수 급증은 남성들이 자존심의 마지막 보루로 여겼던 '남자다움 신화'가 끝났다는 것을 의미한다. 한 걸음 더 나아가, 남자다움은 어느새 족쇄로 둔갑해 새로운 시대를 살아가는 데 불리한 사고방식으로 전락하고 말았다.

'남자다움'이 남자를 힘들게 하는 세상이 온 것이다.

그녀들의 세심한 거짓말

영국의 일간지 〈데일리 메일daily mail〉이 남녀 2531명을 대상으로 '남녀의 거짓말'이라는 주제의 설문 조사를 실시했다. 그 결과 남성이 자주 하는 거짓말 1위는 "응, 그거 해봤어"가 차지했다. 그 뒤를 이어 "미안, 휴대폰이 안 터졌어", "지금 가고 있는 중이야", "다른 여자를 쳐다보지 않았어" 등의 순이었다.

그렇다면 여성이 가장 자주하는 거짓말 1위는 무엇일까?

놀랍게도 "괜찮아"였다. "지금 가고 있는 중이야" 혹은 "세일할 때 산거야"는 "괜찮아"에 비하면 순위에서 한참 밀렸다. 설문 결과에 따르면 여성들은 실제로는 괜찮지 않은데도 괜찮다는 거짓말을 매우 빈번하게 한다는 것이다. 이는 또한, 괜찮지 않은 경우가 그들에게 자주 발생한다는 의미이기도 하다.

"오늘은 괜찮아. 늦었으니까 택시 타고 갈게. 데려다주지 않아도 돼."

여자친구가 이렇게 말할 때 곧이곧대로 믿는 남성들이 있다. 그리고는 곧바로 닥쳐오는 여자친구의 신경질에 시달린다. 기분이 나빠진 원인과 그 책임을 놓고 다툼이 벌어지는 것이다.

여기서 "괜찮아"는 거짓말이기도 하고 그렇지 않기도 하다. 진실은 여성의 두 가지 마음 사이 어디쯤에 있긴 하다. 남자친구를 염려해 그냥 보내주고 싶은 마음과, 그럼에도 불구하고 바래다주기를 바라는 마음 사이.

여성의 마음은 두 가지 선택 사이에 애매하게 걸쳐 있는 경우가 많다. 어느 한쪽을 선택해도 아쉬움이 남을 것이기 때문이다. 그래서 여자는 선택의 고삐를 남자에게 슬며시 쥐어준다. "데려다주지 않아도 돼"라는 첨언은 남자가 어떻게 반응하는지 보고 싶어 하는 말이다. 여성들은 대체로 말이 많은 편이지만 정작 중요한 순간에 말을 아낀다. 속마음은 꼭꼭 숨겨놓고 머리카락이 살짝 보일 정도로만 보여준다.

———

1996년 이탈리아 신경과학자 자코모 리촐라티Giacomo Rizzolatti는 원숭이를 대상으로 한 실험 결과를 발표해 학계의 주목을 받았다. 고통 받는 동료의 모습을 지켜보는 원숭이 뇌 속의 '거울 뉴런mirror neuron'이 감정중추를 자극해 동료의 고통을 마치 자기의 것처럼 느끼게 한다는 것이었다. 과학자들은 이후 첨단 장비를 이용해 인간의 거울 신경세포에 대한 연구를 진행했고 다른 이의 고통뿐만 아니라 수치심, 당혹감, 자부심, 행복처럼 복잡한 정서 역시 공감의 대상이라는 사실을 밝혀냈다.

데려다주지 않아도 된다던 여성의 경우, 혼자 돌아서는 모습을 측은하게 여긴 남자친구가 "아니야, 데려다줄게"라며 나서주기를 바라는 마음이 조금 더 컸을 것이다. 여성들은 거울 뉴런이 감정중추를 어떻게 자극하는지 본능과 경험을 통해 깨닫고 있다. 그녀들은 자신을 희생시켜 상대를 위하는 마음처럼 표현하는 데 능숙하다. 이렇게 배려를 가장한 표현에 상대가 감동을 느끼고 미안한 마음이 들어 다른 보답으로 돌려줄 것이라는 기대 또한 갖고 있다. 먼저 호의를 베푼 다음 상대의 호의를 기다리는 방식의 교감인 셈이다. 이런 주고받기를 통해 정서적 유대감이 강해지는 것도 사실이다.

여자친구가 "배고프지 않아?"라고 물어온다면 그것 역시 자신이 배고프다는 뜻일 가능성이 높다. 자신이 먼저 마음을 써주었으니까 이번에는 당신 차례라고 생각하며 반응을 기다리는 것이다. 눈치가 있는 남성이라면 "밥 먹을까?" 하고 되물어볼 것이다. 여자친구는 이때도 밥을 먹을지 말지 결정하지 않고 "나는 괜찮지만 혹시 배고플까봐"라고 대답할 것이다. 일종의 '세심한 거짓말'인 셈이다.

눈치가 없는 남성은 "아니. 배고프지 않은데"라고 대답해 여자친구의 기분을 망쳐놓을 것이다. 여성에게는 자신의 감정이 무엇보다 중요하다. 오죽하면 병적인 흥분을 뜻하는 '히스테리Hysteria'라는 말이 '히스테로Hystero'(라틴어로 자궁을 의미)에서 유래되었겠는가. '남자다움'의 관점에서는 감정이라는 여성의 기준이 낯설게 보일 수도 있다. 물론 이는 전반적인 경향일 뿐, 모든 여성에게 해당되지 않을 수 있다. 감정에 무디며 자신의 감정을 드러내지 않는 여성도 있고, 웬만한 여성보다 더욱 예민하고 감정의 기복이 심한 남성도 있을 수 있다.

여성들은 가까운 사람뿐만 아니라 그다지 친하지 않은 사람들을 상대할 때에도 세심한 거짓말을 한다. 뭔가를 구입할 때도 그렇다. A제품이 마음에 든다면서 B제품을 구매하고, C기업을 좋아한다면서도 그 회사 물건은 거들떠보지 않는다.

여성들의 이런 거짓말을 액면 그대로 믿었다가 낭패를 본 사례로 미국 생활용품 브랜드 도브Dove의 마케팅 일화가 있다. 도브는 2000년대 '진정한 아름다움 캠페인'을 벌이며 흰색 속옷을 입은 통통한 여자들을 모델로 내세웠다. 여성들을 대상으로 조사한 결과, '나는 있는 그대로의 내 모습에 만족한다'는 캐치프레이즈에 대한 호응이 대단했기 때문에 자신 있게 밀어붙인 캠페인이었다.

실제로 이 마케팅은 '정직한 화장품 광고의 시작'이라는 여성들의 지지와 찬사를 받으며 각종 권위 있는 광고제에서 수상까지 하는 등 기염을 토했다. 그러나 문제가 발생했다. 판매 실적이 뚝 떨어진 것이다. 광고에 엄청난 돈을 퍼붓기 시작한 2005년에는 12.5%였던 성장률이 2007년에 1.2%로 떨어졌다. 캠페인은 완전한 실패로 끝났다.

마케팅 전문가 메리 로우 퀸란은 『여자가 당신에게 말하지 않는 절반의 진실What she's not telling you』을 통해 이 사례를 분석하며 "여자를 상대할 때에는 그게 한 사람일지라도 눈에 보이는 여자와 눈에 보이지 않는 여자, 최소한 두 명을 상대하고 있는 것"이라고 강조한다. 마음속에 있는 말과 밖으로 꺼내는 말이 다르다는 의미다.

거짓말은 그들이 자신의 생각 및 감정을 남의 그것과 조율하면서 살아가려고 노력하는 과정에서 나온다. 여성들은 상대방이 무엇을 원하는지 늘 살펴보고 가급적이면 맞춰주려고 노력한다. 반면 자신이 진정으로 원하는 바는 좀처럼 드러내지 않는다. 원하는 게 있더라도, 상대방이 먼저 원하고 자신은 그에 따르는 형식을 취하려고 한다.

이처럼 여성은 자신이 상대방과 제대로 교감하고 있는지를 확인하고 판단하는 과정이 남성에 비해 상당히 복잡하다. "데려다주지 않아도 돼"나 "배고프지 않아?" 같은 신호가 그런 확인 및 판단 과정에서 나타나는 화법이다. 그들의 세심한 거짓말 속에 숨어 있는 나머지 진실을 알아채고 그들이 원하는 바를 충족시켜주는 일은 여성을 이해하는 첫걸음이다. 적지 않은 남성들이 그런 진실을 파악하는 노력에 대해 귀찮고 성가시게 생각하는 경향이 있다. 그러나 이런 노력을 게을리 한다면 여성이 주도해가는 '우머노믹스 시대'를 맞이해 생존을 위협받게 될 가능성이 높다.

이면을 공략하는 탁월한 전략가

한신韓信이 조나라를 정벌하기 위해 2만의 군사와 함께 출병했다. 한신은 별동대를 미리 파견한 뒤 남은 병사들을 이끌고 조나라 성 앞의 강을 등지고 포진했다. 조나라 장군들은 이 기회를 놓치지 않았다. 당시 배수진은 병법의 금기나 마찬가지였기 때문이다.

한신을 우습게 여긴 조나라는 치명적인 실수를 범하고 말았다. 성 위의 유리한 고지를 포기하고 성 밖으로 몰려나온 것이다. 이들이 강 앞에서 전투를 벌이는 사이, 한신이 미리 보냈던 별동대가 성을 함락시키고 말았다.

『손자병법』의 손무孫武는 말한다.

"성을 공격하는 것은 하책下策이다. 적에게 유리한 지역에서 싸우는 것은 패배를 자초하는 것이다. 산은 호랑이에게 유리한 곳이다. 그러니 호랑이를 잡으려면 산에서 유인해내라."

한 인터넷 업체가 미혼 남녀를 대상으로 '싸움'이라는 주제의 설문 조사를 했다. 그 결과 절반 이상의 남성(53%)이 "여성들은 화가 난 이유를 말해주지 않고 알아맞히길 바란다"고 답답해했다. 여성은 자신이 화가 난 이유를 명확하게 드러내지 않는다. 어떤 행동 때문에 화가 나더라도 꾹 참고 있다가 다른 일을 계기로 한꺼번에 분노를 표출한다. 그만한 일로 화를 낼 까닭이 없다고 생각한 남성이 진짜 이유를 물어보면 이런 말이 돌아온다.

"그걸 몰라서 물어?"

많은 여성들은 가까운 이에 대한 모종의 기대를 품고 있다. 은근한 힌트만으로도 상대가 알아주기를 원한다. 그러나 안타깝게도 대부분의 남성들은 그녀가 '콕 찍어' 말해주지 않는 이상 여성의 속마음을 짐작하지 못한다. 남자들끼리는 팩트와 정보로 소통하는 경향이 있기 때문이다.

남성은 흥분하거나 화를 내면 뇌의 변연계에 있는 편도체(측두엽의 뒤쪽에 있는 아몬드 모양으로 생긴 부분)가 부어오르면서 언어 회로가 상당 부분 차단된다. 그래서 남자는 말다툼을 하기보다는 분노를 폭발시키거나 아예 침묵한다. 상대가 여자친구 혹은 아내일 경우 입을 다무는 선택을 할 때가 많다.

반면 여성의 뇌에서는 편도체가 부어오르면 사고 및 언어 회로가 확장된다. 그러나 화가 난 이유를 자기 입으로 말하는 순간, 분노가 또 다른 분노를 부를 것만 같다. 잠시 동안의 대치 국면 후에 남성이 굳게 닫혀 있던 성문을 열고 내려와 여성 앞에 마주선다. 좀처럼 파악하기 어려운 여성의 감정을 원래대로 회복시키기 위해 말을 붙인다.

"혹시 아까 내가 OO했던 것 때문에 이러는 거야? 그게 아니면 내가 XX해서 화가 난 거야?"

　싸움에 관한 설문조사에서 18.8%로 2위를 차지한 남성들의 불만은 "미안하다고 말하면 뭘 잘못했는지 말해보라고 한다"였다. 남성들은 여전히 여자가 화를 내는 이유를 명확하게 깨닫지 못한다. 분노의 원인이 어떤 한 가지에 있다고 믿기 때문이다. 화를 꾹 참고 담아왔던 요인들이 어느 순간 한꺼번에 폭발한다는 것을 깨닫지 못하는 남성 입장에서는 계속 다퉈봐야 시간 낭비일 뿐이다. 특히 '시월드' 같은 관계의 문제는 그의 능력으로 해결할 수 없는 것이다. 그래서 이쯤에서 그만하자는 취지로 이렇게 말한다.

　"그래, 내가 전부 잘못했어. 미안해. 이제 됐지?"

　상대에게 약한 모습을 보이기 싫어하는 남자들의 세계에서 '미안해'는 그가 할 수 있는 최대한의 양보다. 조금 과장해서 말한다면, 남자들에게 죽기보다 싫은 것이 사과와 항복이다. 하지만 끝이 보이지 않는 다툼을 마무리하기 위해, 여성의 감정에 맞춰주기 위해 무릎을 꿇어 보여준다. 산에서 내려와 혹은 성 밖으로 나와 그녀의 영역으로 완전히 들어선 것이다.

　캐나다 워털루대학의 카리나 슈만Karina Schumann 교수팀의 실험 결과, 여성이 남성보다 '미안하다'는 말을 훨씬 많이 썼으며 사과가 필요한 행동을 자주 했다고 스스로를 평가하는 성향을 가진 것으로 나타났다. 하지만 "미안해. 이제 됐지?"라는 사과에 여성은 또 분노한다. "이제 됐지?" 때문이다. 남성에겐 이 싸움을 그만하고 싶다는 뜻이지만 여성에겐 진심 어린 사과가 아니라 '일단 피하고 보자'는 일종의 회피로 해석되는 것이다. 여성들이 받아들이는 의미는 '(나는 잘못한 것이 없지만) 잘못한 걸로 쳐줄게'이다.

이쯤 되면 여성은 극에 달한 분노로 남성을 몰아세운다.

"전부 잘못했다고? 그럼 뭘 어떻게 잘못했는지 하나씩 말해봐."

싸움에 관한 설문조사에서 20.3%로 1위를 차지한 여성들의 불만이 바로 "뭘 잘못했는지도 모르면서 미안하다고 말한다"였다. "싸우지 않고 묻어두면 해결된 줄 안다"가 19.3%로 뒤를 이었다.

남성의 세계에서는 사과를 했으니 다툼을 끝내는 게 당연하다. 그런데 사과를 했음에도 '마음속으론 다른 뜻을 품고 있는 게 틀림없다'고 계속 몰아세우니 답답하기 그지없다.

그런데 여성의 마음 깊은 곳에서는 또 다른 흐름이 있다. 사실 여성 자신도 분노의 면면에 대해 정확하게 알 수가 없다는 것이다. 감정이란 본질적으로 애매한 것이기 때문에 명확하게 하나만을 짚어내기 어렵다. 더구나 여성의 분노는 억눌려 있다가 우연한 일을 계기로 분출되는 경우가 많다.

남자가 "혹시 아까 내가 OO했던 것 때문에 이러는 거야? 그게 아니면 내가 XX해서 화가 난 거야?"라고 묻지만, 단지 그 정도의 일 때문에 화가 났다고 인정하기에는 뭔가 개운치 않다. 과거 그의 잘못이 하나씩 떠오르고 더욱 분노가 치민다. 이때 남자가 말한다.

"그래, 내가 전부 잘못했어. 미안해. 이제 됐지?"

자신이 마음고생을 한 것만큼 남자 역시 고민에 고민을 거듭해주기를 바랬는데 너무 쉽게 정답이 나온 것이다. 그러나 그것은 진정한 답이 될 수 없다. 더욱 화가 난 여성은 "잘못을 하나씩 말해보라"고 다그친다.

　여성의 내면 한 구석에서는 상대가 어떤 생각을 가졌는지 알고 싶은 욕망이 존재한다. 잘못을 하나씩 말해보라는 여성이 궁극적으로 바라는 것은 자신에 대한 남자의 세심한 마음, 즉 유대감을 확인하는 것이다. 이런 바람이 제대로 이뤄질 경우, 여성은 남성에 대한 확신을 가지게 되고 갈등의 원인을 상대에게 지우는 것을 조금쯤 내려놓을 수 있다. 분노의 정당성을 남성으로 하여금 입증하게 하는 셈이다.

　그러나 여성이 싸움에서 매번 우위를 차지하려 들면 남성은 이를 지배 욕구로 받아들이는 성향이 있다. "진심도 아니면서 싸울 때마다 헤어지자고 한다"(12.3%), "솔직하게 말하라더니 솔직하게 말하면 화를 낸다"(11.7%) 등의 반응이 이를 반증한다. 이해할 수 없는 영역으로 끌어들여 무력화시키려는 속셈으로 인식하는 것이다.

　미로 같은 여성의 내면에 들어간 남성은 유방의 전략가 한신에게 유인된 조나라 병사 혹은 사냥꾼의 계책에 끌려 산 아래로 내려온 호랑이 신세와도 같다. 여성 특유의 감정 흐름에는 남성 방식의 순차적 사고가 통하지 않는다.

　많은 여성이 원하는 바를 명확하게 이야기하지 않음으로써 상대를 자기 영역으로 끌어들이는 재능을 가지고 있다. 자신의 문제를 적시하거나 선택을 분명히 하는 일이 드물고 입장을 솔직하게 털어놓지도 않는다. 에둘러 말하고는 알아서 눈치껏 행동하기를 바란다. 여성들의 세상에서는 원하는 것을 명확하게 말하는 게 오히려 이상하고 위험한 일로 여겨진다. 그녀들의 세상은 얼핏 온화하고 다정하게 보이지만 그것만이 진실은 아니다. 어떤 측면에서는 남성들의 세계 이상으로 혹독하다.

한편, 그들의 에두른 표현은 상대의 관심을 위해 나머지 절반을 남겨놓는 측면도 있다. 나머지 절반을 상대가 완성해주기를 바라는 욕망이다. 그래서 상대의 입에서 원하는 바가 나올 때까지 스무고개 게임을 멈추지 않는다.

그와 그녀의 자동항법장치

한 기업의 휴게실에서 여성 직원이 동료들에게 억울함을 호소했다.

"B씨 아시죠? 그 사람은 경력도 짧고 전 직장에서 실적도 별로였거든요. 그런데 여기로 옮겨와서는 저보다 연봉이 훨씬 많은 거 있죠? 어떻게 이럴 수가 있죠?"

남성들은 뭐라고 대답할 수 없는 사안이라고 생각했고 그중 한 명이 대화 주제를 바꾸려고 했다.

"죄송하지만…… 돈 얘기는 민감한 주제라서……."

여성은 소스라치게 놀라며 말한다.

"돈 얘기라뇨? 그냥 기분이 안 좋다는 얘기잖아요."

남성들은 이해할 수 없다. 왜 돈 얘기를 해놓고도, 그게 아니라고 주장하는 걸까. 이 대목에서 남성과 여성은 확실히 갈린다. 여성은 자신의 감정 상태를 알리는 동시에 동료들의 동조를 얻고 싶어서 이야기를 꺼낸 반면, 남성들은 그것을 시비 거리가 될 수도 있는 돈 문제로 받아들인 것이다.

이런 차이의 원인에 대해 여성의 뇌 구조와 남성의 그것이 다르기 때문이라는 학설이 있다. 일부 뇌 과학 분야의 학자들이 '사회적 뇌'라고 부르는 부분이 있다. 편도체를 포함하는 변연계를 의미한다. 학자들은 최근 가설을 통해, 이 부분이 다른 사람의 정서를 파악하는 기능을 맡고 있다고 추정했다. 이른바 '공감'이 만들어지는 영역인 셈이다.

편도체와 함께 중요한 게 뇌량이라는 부분이다. 좌뇌와 우뇌를 연결해주는 신경 연결부의 집합인데 뇌량이 굵은 사람이 소통에 뛰어난 경향을 보인다고 한다. 학자들은 편도체나 뇌량 모두, 여성이 더욱 활성화되어 있거나 남성에 비해 굵다는 사실을 발견했다. (물론 일부 학자들은 뇌량의 굵기와 소통 능력 사이에 깊은 연관성이 있다는 것은 추정일 뿐 공식적인 사실로 밝혀진 바는 없다고 주장하기도 한다.)

여성들은 대체로 감정 상태에 민감하게 반응한다. 때로는 그녀들이 느끼는 감정이 자신을 움직이는 모티브가 되기도 한다. 그러므로 남성들에게는 성취의 영역인 '돈 문제'가 여성늘에게는 남들과 소통하는 영역인 '감정 문제'로 여겨질 수도 있다. 남성은 경쟁자보다 연봉이 적다는 발언에서 '금액'에 집중하지만, 여성은 자신보다 연봉을 더 받는 '사람' 때문에 감정이 상한다.

여성들의 대화를 들어보면 가장 빈번하게 등장하는 말이 "난 OO가 좋아" 혹은 "난 OO가 싫어" 같은 호불호를 드러내는 표현이다. 사람이나 사물에 대한 자신의 감정 상태를 표현하는 것인데, 이것은 곧 상대의 공감을 끌어내어 주파수를 맞추기 위한 시도이기도 하다.

공감과 동감의 경계선에서 혼란을 겪는 여성을 발견할 때도 있다. 자신과 의견을 같이 해주지 않은 것에 대해 감정적인 앙금을 쌓는 경우다. 공감이란 서로의 입장은 다르지만 상대를 이해하는 것인 반면, 동감은 그 입장까지 같음을 의미한다. 하지만 입장이 언제나 같을 수는 없다. 반대 의견이 상대에 대한 거부가 아님을 분명하게 할 필요가 있다.

그럼에도 많은 여성이 자기감정에 충실한 차원을 넘어 확신을 갖는다. 그들에겐 나름의 경험과 근거가 있다. 여성은 직관이라는 감각이 충만하기 때문에 느낌에 의존하는 경향이 있다. 직관이 언제나 옳은 것은 아니지만 '관계'에 있어서는 정확하게 들어맞는 경우가 많다.

뇌 과학 분야의 학자들이 여성들의 감정적 확신에 과학적인 근거를 제공, 힘을 실어주었다. 앞서 언급한 '사회적 뇌'라고 부르는 부분이, 본연의 기능인 다른 이의 정서를 파악하는 것 외에도 반대 기능도 갖고 있다는 새로운 학설이 제기된 것이다.

사회적 뇌가 상대의 얼굴 표정에 나타난 미세한 변화 등을 감지해 자신에 대한 상대의 감정을 읽어내고 공감하는지 여부까지 판단한다는 분석이었다. 이는 결국 다른 이에게 공감을 잘하는 사람일수록, 남들이 자신에게 공감하는지 여부에도 그만큼 민감하다는 얘기다.

결국 여성들은 사회적 뇌를 통해 자신과 통할 만한 사람인지, 호감을 갖고 있는지, 적대감을 숨기고 있지는 않은지, 곁의 남자가 딴생각을 품고 있는지, 물건을 사면서 바가지를 쓰는 것은 아닌지 등을 예민한 감성의 촉으로 먼저 느끼는 셈이다. 기분이 좋으면 통할 만한 사람 혹은 호감을 가진 사람을 만난 것이며, 반대로 기분이 나쁘면 곁의 남자가 딴생각을 품고 있거나 바가지를 쓰는 중일 것이다. 여성들은 감정의 전문가들인 만큼 자기감정으로 주변 사람들의 감정까지 좌우하는 경우가 많다.

'여성의 세상'은 '초감각 사회'의 도래를 의미하는 것이기도 하다. 둔감한 남자들은 이런 사회에서 살아남기 위해서라도 여성 친화형 남자다움을 갈고닦을 필요가 있다. 여성에게 수시로 '인디언 토킹 스틱'을 양보하는 것도 방법이다. 인디언 토킹 스틱이란 인디언들이 회의를 할 때 발언권을 가진 사람이 들고 있는 지팡이다. 토킹 스틱을 넘겨받은 사람만이 말을 할 수 있다는 것이 그들의 규칙이며 이때 다른 구성원은 참견하거나 말을 끊지 않고 끝까지 들어주어야 한다.

———

대다수의 남성이 추구하는 최상의 가치는 성공이다. 경제적 성공이든 명예를 얻는 것이든, 그들에게 성공이란 현재가 아닌 미래적 가치다. 미래를 위해 현재의 욕구를 희생하고 부자할 내 비로소 성공의 문에 진입할 수 있다. 때론 가장으로서의 책임감 때문에 더욱 성공에 집착하고 현재의 행복을 기꺼이 포기하기도 한다.

이에 비해 여성이 추구하는 최상의 가치는 행복이다. 그녀들에게는 지금 내가 행복한지, 만족감을 느끼는지가 더욱 중요하다. 종종 물질적 부분에서도 그런 가치가 적용된다. 누구나 갖고 있다는 다양한 아이템들을 자신만 갖지 못할 때 박탈감에 빠지곤 하는 것이다. 이때 남성은 앞으로 살아갈 날과 성공 가능성 등을 거론하며 여성을 이해시키고 설득하려 하지만 그 노력이 쉽게 받아들여지지는 않는다. 여성은 남편의 이야기를 이성적으로는 이해하지만, 욕망이 해소되지 않은 상태에서 이성적 수용은 무의미하다. 대부분의 갈등이 남성에게는 능력의 차원인 반면 여성에게는 감정과 욕망의 문제이다.

회사 또한 마찬가지다. 경영자가 고통을 감내하며 실적을 위해 일로 매진하자고 아무리 목소리를 높여도 여직원들의 마음은 좀처럼 움직이지 않는 경향이 있다. 여직원이 다수인 조직의 경영자라면, 차라리 어떻게 즐겁게 일할 것인지, 그리하여 직원들의 행복감과 성과를 어떻게 자극할 것인지를 고민하는 것이 훨씬 나은 접근법이다.

그들의 동기를 끌어낼 줄 아는 경영자는 '가차 없는 숙제검사'보다는 '함께하는 즐거움'을 활용한다. 한 마케팅 기업의 대표는 여직원들을 위해 디자이너와 스타일리스트를 초빙, 최고급 구두를 제작해 감동을 안겨주는가 하면 사옥 1층에 커피전문점을 만들어 화제가 되기도 했다. 여직원들을 단순한 일손이 아니라 내부 고객으로 대접하며 즐거움을 함께한다는 모토다.

남성과 여성의 차이는 목적지를 향해 날아가는 비행기에 비유할 수 있다. 비행기는 도착지를 향해 일직선으로 날지 않는다. 지구의 자전과 바람의 영향, 비상착륙 활주로 등을 종합적으로 감안한 경로를 통해 도착지로 향한다. 그런데 비행기는 비행시간 대부분을 목표했던 경로에서 이탈한다고 한다. 예측할 수 없는 다양한 요인들 때문이다. 이럴 때마다 자동항법장치가 작동하면서 그 간극을 수정해 다시 경로를 잡아준다. 이렇게 거의 모든 비행시간 동안 오차 수정을 거듭하다보면 비행기가 어느새 목적지에 도착하게 된다.

남녀의 차이 역시 마찬가지다. 좋은 관계를 형성하고 유지하기 위해서는 끊임없는 튜닝 작업이 필요하다. 정보 위주로 소통하는 남자와 감정을 중심으로 교감하는 여자의 만남은 이상적인 항공 경로가 설정됐음에도 수많은 변수 때문에 끊임없이 오차를 일으키는 실제 비행과 비슷하다. 우리가 할 수 있는 일은 끊임없이 주의를 기울여 양쪽 사이 어디쯤에서 수렴되도록 튜닝을 하는 것이다.

먼저 남성이나 여성 모두, 말을 하지 않아도 상대가 알 것이라는 믿음과 결별할 필요가 있다. 드러내지 않는 기대는 쓸데없는 오해를 빚기 마련이다. 솔직하게 자신의 의사를 전달하는 습관을 가지는 것이야말로 남녀 사이의 효과적인 자동항법장치로 작용할 것이다. 표현하지 않는 욕망을 상대가 알아주길 바라는 것은 초능력을 강요하는 것과 다름없다.

여성은 자신의 감정을 남성이 이해할 수 있게 자세하게 이야기해주고 남성들이 디테일에 익숙해지도록 인내심을 갖고 이끌어줄 필요가 있다. 또한 남성은 주의 깊게 여성의 감정을 관찰하면서 그녀들의 입장을 이해하고 수용하는 지혜를 발휘해야만 한다. 어쩌면 안테나의 각도를 조금 돌리는 것만으로도 이 같은 튜닝이 가능할지도 모른다.

FEMALE

RISK

알파걸과 쇼퍼홀릭 사이

내면을 헤아리는 리더십

P씨가 소셜 네트워크 서비스에 다양한 사진과 글을 올리면 SNS 친구들의 댓글이 이어진다. 때로는 함께 맥주를 마시던 동료가 즉흥적으로 써준 각서를 인증샷으로 올릴 때도 있다. 각서에는 연말까지 몸무게를 10kg 줄이겠다는 약속과 함께 '만일 감량 목표를 달성하지 못하면 회사 로비에서 춤을 추겠다'고 적혀 있다. 이에 수많은 댓글과 격려가 쏟아진다.

P씨는 60대 남자이며, 대기업 회장이다. P회장 외에도 SNS를 이용해 다양한 사람들과 소통하는 경영자들이 늘고 있다. 경영자들의 이런 변화에 대한 사람들의 반응은 대체로 호의적이다. 대기업 CEO라면 대체로 고지식하고 보수적일 것이라는 선입견을 갖고 있었는데, SNS를 통해 솔직하고 유머러스한 모습을 접한 뒤로는 회장 개인은 물론 해당 기업에 대해서도 호감을 갖게 되었다는 것이다.

하지만 부정적인 시각도 있다. 인기를 얻으려고 애써 이미지를 관리한다거나 트위터에서 수다 떠는 게 무슨 경영이냐고 비꼬기도 한다. 스마트폰을 이용해 사이버 공간에 수시로 글을 남기고, 누군지도 모르는 이들과 잡담을 주고받으니 체면에 어울리지 않는다는 것이다.

경영자란 성공한 남자의 정점이며 권위의 대명사라고 인식해온 그간의 통념에 비춰보면 그럴 수도 있다. 하지만 경영자들이 정말로 낯모르는 이들과 수다나 떨려고 그러는 것일까?

과거의 소비자들은 제품을 구입할 때 '뛰어난 성능, 저렴한 가격'이라는 간단명료한 기준을 적용했다. 기업은 소비자들의 이런 요구에 맞춰 '보다 나은 성능, 보다 저렴한 제품'을 개발하고 생산하며 경쟁을 벌여왔다.

하지만 이제 그런 공식은 옛말이 되었다. 성능이 썩 좋지도 않고 가격도 높은데 시장을 석권하는 제품들에서 우리는 혼란을 느낀다. 이제 소비자는 오직 성능과 가격이라는 실용적인 측면만을 생각하지 않는다는 것이다. 오늘의 소비자들은 객관적인 사양만으로는 가늠할 수 없는 주관적 기준을 적용해 제품을 선택한다. 마음이 이끄는 것을 선택하는 것이다. 이런 현상은 여성들에게서 특히 두드러지게 나타난다. 조금 비싸지만 미적으로 뛰어나게 디자인된 제품을 구입하거나, 제품 성능이 엇비슷하니 기업의 이미지가 더 친숙한 브랜드를 선호한다거나, 효율성보다는 자신의 품격을 높여줄 수 있는 히스토리를 가진 제품에 지갑을 연다.

이에 따라 남성이 대부분인 경영자들은 과거에는 상상할 수 없었던 부담스러운 숙제에 직면하게 됐다. 즉 '여성의 마음을 헤아려야' 하는 것이다. 경영자들은 여성의 마음과 욕망이 무엇인지 늘 고민해야 한다. 좋은 실적을 올리기 위해서는 상품을 많이 팔아야 하고, 상품을 많이 팔려면 구매 결정권을 주로 가진 여성들의 감성부터 사로잡아야 하는 시대가 왔기 때문이다.

UCLA의 심리학자 셸리 테일러Shelley E. Taylor 교수의 분석에 따르면 남자는 사회적 스트레스 상황에 처하면 두 가지 가운데 하나를 선택하려는 경향이 있다. '싸움 아니면 도망Fight or Flight'이다. 명예 혹은 목숨을 걸고 경쟁을 벌이거나, 백기를 들고 패배를 인정하거나 둘 중 하나다. 마음을 헤아리는 여유 같은 것은 비집고 들어갈 틈이 없었다.

반면 여자는 스트레스 상황에 처할 경우 '배려와 사교Tend and be Friend'로 그것을 풀어 나가는 경향을 보인다. 사람들의 마음을 읽고 친구를 늘림으로써 어려운 국면을 함께 헤쳐 나가려고 한다.

'사나이다움'을 강조하는 우리나라 기성세대에게 남의 마음을 헤아린다는 것은 불필요한 일이었다. 그러나 이제는 피할 수 없다. 특히 생존을 위해서는 다소 여성스러워 보일 수도 있는 변신이라 할지라도 창피하게 여길 수 없게 되었다. 여성스러워진다는 것은 남성이 갖지 못한 '여성의 재능'을 배운다는 의미이기 때문이다.

그렇다면 여성의 재능이란 무엇인가? 여성에게는 분위기를 부드럽게 이끌어가는 재능이 탁월하다. 가정에서뿐만 아니라 직장에서도 구성원들의 감정을 섬세하게 읽어냄으로써 모두가 조화를 이루도록 쉴 새 없이 관심과 격려를 주고받는다. 상대의 변화를 감지해 슬며시 치켜세우는가 하면 불쾌한 기색이 느껴질 경우 대화의 방향을 살짝 틀어주기도 한다.

이러한 재능의 가치는 고도의 자본주의 시스템의 진화와 함께 날로 새롭게 부각되고 있으며, 기존의 남성적 카리스마와 결합되어 새로운 형태의 21세기형 리더십으로 진화하는 중이다. 몇 해 전에 크게 유행했던 '넛지Nudge'라는 개념 역시 부드러운 여성형 리더십의 일종이라고 볼 수 있다.

미래 사회는 저출산·고령화 같은 인구 변화와 IT 기술의 발달 및 금융시장 개방 등으로 인한 많은 변화에 직면하게 될 것이다. 어쩌면 이미 글로벌화, 화석연료를 대체할 신 에너지 개발 등의 이슈로 우리 앞에 다가와 있는 것인지도 모른다. 이런 변화 중에서도 핵심으로 꼽히는 것이 바로 '여성성의 부상'이다.

선진국의 경우 산업 구조가 다변화되면서 서비스 산업 종사자가 전체 생산 인력의 70~80%를 차지하고 있다. 학자들은 이런 추세가 섬세함으로 상징되는 여성성을 더욱 부각시킬 것이라고 내다본다. 여성 CEO도 늘고 있다. 국내 대기업들도 여성 임원 등용에 적극적이어서 더 많은 여성이 기업의 핵심 위치에서 일하게 될 것으로 보인다.

과거의 남성적 리더십은 위계질서와 일사불란한 추진력을 선호하는 경향을 보였다. 남성 리더십은 여러 사람으로 구성된 조직을 하나의 '시스템'으로 인식한다. 따라서 시스템 안에서 각자가 어떤 역할을 맡을 것이며, 그 역할을 어떻게 수행할 것인지가 중요하다. 리더십은 팀과 조직이 잘 굴러갈 수 있도록 통제력을 행사하는 데 초점이 맞춰진다.

반면 여성형 리더십의 경우 각각의 구성원들이 프로젝트는 물론 자신의 역할에 대해 어떤 생각을 가지고 있는지, 또한 함께 일하는 구성원들에 대해 어떻게 생각하는지를 파악하는 것이 중요하다. 여성에게는 친밀감을 유발하는 호르몬 옥시토신이 남성보다 훨씬 많이 분비된다. 이처럼 조화와 원만함을 추구하는 성향은 옥시토신의 작용으로부터 나온 것이며 이는 테스토스테론(남성 호르몬)의 지배를 받는 남성의 투쟁이나 도피 본능과 대조를 이룬다.

남성적 리더십에서는 조직의 멤버가 얼마든지 교체되며 대체될 수 있다. 누군가 문제점을 가지고 있어 조직의 성과에 영향을 준다면 지체 없이 교체 대상이 된다. 그러나 여성형 리더십은 문제를 지닌 멤버 개인의 사정을 들여다보고 문제를 해결하고자 한다.

———

캘리포니아 어바인대학 경영대학원의 주디 로스너Judy B. Rosener 교수가 미국의 주요 기업에서 임원을 지냈던 여성 300여 명을 대상으로 연구한 결과, 여성들은 비즈니스 관계를 맺을 때 신뢰와 공감, 참여에 최우선의 가치를 두는 만면 남성들은 상하 위계질서에 가치를 두는 것으로 나타났다.

여성 임원들은 자신의 힘을 가늠하는 기준으로 조직 내에서의 지위보다는 상호작용하는 능력과 태도 등을 꼽았다. 또한 업무 과정에 직원들을 자발적으로 참여시키고 정보를 기꺼이 교환함으로써 그들로 하여금 자기가 하는 일에 열정을 갖도록 하고 개인적인 관심사까지 조직의 목표로 전환시킬 수 있도록 동기부여를 했다.

이에 비해 남성 임원들은 위계질서에 기초해 위로부터 내려오는 의사결정을 최우선으로 하는 군대식 리더십에 따르는 경우가 많았다.

지금까지 대부분의 직장은 남성적 리더십으로 움직여왔다. 직장인들은 어떤 대가를 치러서라도 권력을 차지해 우두머리가 되려고 치열한 경쟁을 벌였다. 승리 아니면 패배밖에 없었다. 배려나 사교 같은 협동적인 태도는 허약한 특성으로 간주되었다.

그런데 이제 세상은 '조직 시대의 전부 아니면 전무(all or nothing)' 패러다임에서 벗어나 '네트워크 시대의 함께 승리하는(win-win) 협력'의 패러다임으로 전환되고 있다. 배려와 사교, 윈-윈의 가치는 갑자기 등장한 낯선 개념이 아니다. 20세기 후반부터 이미 곁에 와 있던 미래였다.

명령과 통제, 일사불란으로 상징되던 권위적 리더십의 시대는 빠른 속도로 저물고 있다. 그 대신 공감을 기반으로 한 부드러운 리더십의 시대가 열리는 중이다. 더구나 경험이나 브랜드, 디자인 같은 부가가치는 명령과 통제 같은 과거의 방식으로 창출해내는 데에 한계가 있다. 기술 및 서비스의 연장선에 놓여 있으면서도 또 다른 차원의 가치를 내포하고 있기 때문이다. 따라서 기업들은 기술과 서비스를 넘어 브랜드와 경험, 디자인 등에서 차별화하는 것이 21세기 비즈니스 경쟁의 승리 포인트라고 강조한다.

기업의 문화도 이에 걸맞게 변화하는 중이다. 수직적인 지시와 통제의 닫힌 조직 문화에서, 수평적인 협력과 공유의 열린 네트워크 문화로 이행하고 있다. 열린 문화는 구성원들의 자발적인 참여와 자유로운 아이디어, 자부심을 이끌어내는 것은 물론 외부 혁신 유입에도 길을 내어준다.

하버드대 경영대학원의 테레사 에머빌Teresa Amabile 석좌교수는 7개 기업의 연구개발 및 혁신업무 담당 직원 238명을 대상으로 '기분이 창의성 및 성과에 미치는 영향'에 대한 실험을 진행했다. 매일 일기를 써서 3개월에서 1년 동안 이메일로 제출하도록 한 것이다. 일기에는 그날의 기분과 업무를 점수로 평가하도록 했다.

그 결과 기분이 좋을수록 창의성도 높아진다는 점이 뚜렷하게 나타났다. 에머빌 교수팀의 분석에 따르면 실험 참가자들은 기분이 좋은 날에는, 기분이 나빴던 날에 비해 창의적인 아이디어를 떠올릴 가능성이 50%가량 높은 것으로 나타났다.

에머빌 교수는 "좋은 성과를 내기 위해서는 가장 먼저 부하 직원들의 내면에 관심을 기울여야 한다는 사실조차 모르는 관리자가 많다"고 지적하며 "직장인들은 작은 성공을 경험하거나 업무에 필요한 지원을 제대로 받을 때, 사내 대인관계에서 기쁜 경험을 할 때 좋은 기분을 느낀다"고 전했다.

기업 문화가 곧 경쟁력이라는 말이 확산되고 있다. 언제든 누구와도 소통할 수 있는 융통성과 포용력을 가진 문화가 혁신에서도 앞서갈 것이란 예상이다. 직원들의 이름과 특징을 전부 기억하는 경영자들이 특유의 친화력으로 각광받는 이유다.

감정적 그루밍의 세계를 이해하라

사람들은 흔히 감성과 이성을 대비시킨다. 이성은 우리가 옳은 결정을 하도록 돕는다. 문제에 부딪힐 때 이성과 논리, 추론을 이용해 합리적인 결정을 내리게 한다. 반면 감성에 대해서는 부정적인 인식이 강하다. 분노는 머리를 혼란스럽게 하고, 공포는 이성을 마비시킨다는 식이다. 감성에 대한 부정적 꼬리표는 감성이 이성을 방해하지 않도록 통제하고 억눌러야 한다는 믿음으로 오랫동안 이어져왔다. 이런 믿음은 근대 합리주의의 영향이다.

그러나 최신 과학이 밝혀낸 바에 따르면 감정은 결코 열등하지 않다. 미국의 칼럼니스트 앤 크리머Anne Kreamer는 감정을 '인간이 외부 위협으로부터 자신을 보호하는 방식'이라고 풀이한다. 예컨대 어떤 사람이 등산을 하다가 갑자기 불안과 공포의 감정을 느낀다면, 그것은 감정이 보내준 위험 신호일 가능성이 높다는 것이다. 길 위에 무언가가 있을 때 그게 뱀인지 나무토막인지는 알 수 없으나 감정이 이성보다 한발 앞서 몸에게 도망칠 준비를 시킨 꼴이다.

이렇게 두려움이라는 감정은 문지기 역할을 함으로써 우리를 위험으로부터 지켜준다. 또한 사랑이나 믿음 같은 감정은 삶을 풍요롭게 해준다. 좋지 않은 성과 때문에 회의에서 질책을 받은 직장인이라면 휴식시간에 휴대폰에 저장되어 있던 가족의 사진을 넘겨보면서 따뜻한 감정을 느끼고 용기와 희망을 충전할 수도 있다.

게다가 이성적인 선택만이 최선은 아니라는 분석이 다양한 분야에서 나오고 있다. 마케팅 분야가 대표적이다. 소비자의 구매 행위를 분석해보면, 겉보기에는 그들에게 제공된 정보가 이성적 판단을 거쳐 구매에 큰 영향을 미치는 것으로 보이지만 실제로는 그때그때의 감정에 좌우되는 경우가 많은 것으로 나타나기도 한다.

신제품 출시에 앞서 대대적인 조사를 벌이고 정교한 툴로 분석해 마케팅 전략을 세웠는데도 실제로 뚜껑을 열어보면 전혀 예상치 못했던 결과가 나오는 경우가 비일비재하다. 시장은 때로 차가운 이성보다는 럭비공처럼 불규칙한 감정이나 무의식에 의해 굴러간다. 최근 마케팅 직종에서 여성 파워가 두각을 나타내는 것도 이러한 사실을 뒷받침해준다. 여성들은 직관과 감성에서 남성들에 비해 강점을 지니고 있기 때문이다.

많은 남성이 여성은 논리에 약하다고 생각한다. 여성은 논리에 약하다기보다는 논리와는 약간 다른 세계에 산다는 편에 가깝다. 여성들은 차근차근 순서대로 따져서 한 걸음씩 전진하는 게 아니라 대번에 결론에 이르는 때가 많다. 여러 가지 감정을 종합해 직감적으로 느끼는 것이다. 다만 그 과정을 남자들의 방식으로 하나씩 설명할 방법이 없다. 논리적으로 설명할 수 없다고 해서 그 판단이 잘못된 것은 아니다.

대화 1

A : 나 회사 그만둘 거야. 내일 아침에 팀장한테 사표 제출할 거야.

B : 그럼 대출금은 어떻게 갚으려고? 학자금 대출 받은 것, 아직 많이 남아 있다며?

A : 지금 그게 중요해? 그런 말 하려면 저리 가!

대화 2

A : 나 내일 사표 낼 거야.

B : 오늘 또 무슨 일 있었어? 팀장이 괜히 성질 부렸어? 자기가 기러기 아빠 라고 힘든 걸 왜 다른 사람들한테 분풀이하고 난리래?

A : 아무튼 내일 그만둘 거야.

B : 정말 그만두려는 거야? 그렇게 중요한 걸 왜 이제야 말하는 거야? 나하 고 한마디 상의도 없이…….

A : 지금 하고 있잖아.

B : 이게 무슨 상의야. 사표 내기만 해봐.

위의 대화 1에서 A는 여자고 B는 남자다. 여자는 남자에게 교감을 바랄 뿐, 정말로 회사를 그만두려는 것은 아니다. 하지만 남자는 여자 의 말을 이미 정해진 사실로 받아들여 '대출금'이라는 현실적인 문제를 어떻게 해결할 것인지 묻는다. 여자는 남자의 반응에서 실망과 함께 분노를 느낀다.

대화 2에서는 A가 남자고 B가 여자다. 남자는 이미 마음을 굳히고 여자에게 사실을 밝힌 것이다. 얼마나 힘들었는지 알아주기를 바라는 것이 아니다. 그러나 여자는 자기 방식으로 교감하려다가 남자의 중대한 결정에서 자신이 소외되었다는 것을 깨닫고 실망하며 분노한다. 어느 쪽의 잘못도 아니다. 서로 다르다는 점을 인식하지 못해 자기 방식으로 해석했을 뿐이다.

언어는 사람을 이어주는 통로다. 인간은 옹알이를 할 때부터 죽기 전까지 언어를 통해 서로 교감한다. 언어가 있기 때문에 상대의 마음을 짐작할 수 있는 것이다.

그동안 학자들은 인간의 언어가 수렵이나 목축 같은 집단 활동 과정에서 탄생했다고 분석해왔다. 그러나 옥스퍼드대의 로빈 던바Robin Dunbar 교수는 인간의 언어가 침팬지나 고릴라 같은 영장류의 '털 손질 해주기'에서 발전한 결과물이라고 주장한다. 침팬지들끼리 서로 털을 골라주는 '그루밍grooming'에서 언어가 탄생했다는 것이다.

한 마리가 먼저 털을 골라주면 다른 쪽도 그에 보답해 털을 손질해준다. 기분 좋은 손길을 주고받음으로써 친밀감을 높이는 행위이다. 하지만 인간의 경우, 개체 수가 많아지자 그루밍으로는 골고루 친밀성을 유지하기 어려워져서 차츰 목소리를 이용한 언어로 발전하게 됐다는 논리다.

그루밍의 원형을 상대적으로 많이 유지하고 있는 쪽이 바로 여성들의 대화다. 여성들의 대화는 그루밍처럼 '주고받기'의 연속이다. 한쪽이 먼저 자기감정을 전하면 상대도 맞장구를 쳐주는 식으로 번갈아가며 서로의 감정을 그루밍해준다. 여성들의 그루밍은 대화와 관심을 주고받는 과정인 셈이다.

이에 반해 남성들은 대화를 통한 그루밍에 서툴다. 뾰족한 아이디어나 사실 같은 정보만이 가치가 있다고 믿기 때문에 맞장구를 쳐주거나 상대의 감정이 어떤지 관심을 갖고 귀 기울이지 않는다. 오히려 논쟁을 좋아하는 경향을 보인다. 논쟁은 남성들에게는 익숙한 게임이다. 누군가 낯선 주장을 내놓으면 마치 그것을 뒤집어엎을 기세로 우르르 달려들어 검증하려드는 것이다. 하지만 이런 일련의 과정이 여성들에게는 심술궂으며 참기 어려운 고통으로 받아들여질 때가 있다.

미용실부터 스파, 네일숍, 마사지숍에 이르기까지 여성들을 주 고객으로 하는 '어루만져주고 치유해주는' 여성용 그루밍 산업이 날이 갈수록 호황이다. 그루밍 산업은 손끝 기술도 중요하지만 그 핵심은 결국 대화에 있다. 머리 스타일이나 손톱, 피부 등을 손질하면서 다양한 주제로 이야기를 나누는 것이다. 이 분야에서 높은 실적을 올리는 사람들은 대부분이 탁월한 그루밍 전문가들이다. 그들은 여성 고객으로 하여금 '나, 이 정도면 괜찮아'라는 생각이 들게끔 대화를 이끌어가며 그루밍을 해준다.

그렇다고 남성들이 털 골라주기에 전혀 문외한인 것은 아니다. 가령 사회적 윤활유라 불리는 술자리에서만큼은 남성들도 '관계의 기름 바르기'에 평소보다 열심이다. 남성들은 여성에 비해 과묵하다는 고정관념이 있지만 술자리에서만큼은 예외다. 남성들 사이의 대화에서는 보통 그루밍을 찾아보기 힘들지만 이런 술자리 환경은 남성에게도 아직까지 그런 본능이 남아 있다는 반증인 셈이다.

쇼핑의 쾌감, 포르쉐의 쾌락

대형 쇼핑몰에서 흥미로운 실험이 진행되었다. 대학 연구팀이 남녀 참가자들에게 각각 청바지 한 벌을 사오라고 한 뒤 시간을 재보았다.

남성은 평균 6분이 걸린 반면, 여성은 평균 3시간 26분이 걸렸다. 남자들은 지체 없이 의류 코너로 직행해 청바지를 구입했지만 여자들은 청바지뿐만 아니라 액세서리 코너부터 속옷, 신발, 가방 등 온갖 매장을 들러 다양한 상품들을 체험한 뒤에야 돌아왔다.

미국 미시건대의 다니엘 크루거Daniel Kruger 교수팀은 남녀의 성향을 분석하기 위한 이 실험을 통해 남녀의 차이가 원시시대의 성性 역할 분담에서 비롯됐다고 해석했다.

남성은 사냥을 통해 필요한 것을 획득하면 그것이 상하기 전에 빨리 돌아오려는 특성을 갖게 된 반면, 여성은 채집 역할을 맡아 잘 익은 열매를 찾으려고 덤불을 샅샅이 뒤지던 습성이 오늘날까지 이어져오고 있다는 것이다. 그래서 여성의 경우, 쇼핑을 할 때에도 조금이라도 더 만족스러운 물건을 고르기 위해 이 매장 저 매장을 기웃거리며 가장 마음에 드는 것을 선택하는 스타일로 진화했다는 설명이다.

크루거 교수가 분석한 남녀의 차이는 인터넷에서도 유사하게 나타난다. 국내 한 인터넷쇼핑몰이 전문가들을 통해 조사한 결과, 온라인으로 쇼핑을 하는 경우에도 남성은 검색을 통해 원하는 품목에 곧바로 접근하는 목적 지향적 성향을 보이며 실용적 정보를 중시하는 데 비해 여성은 쇼핑 사이트 전반을 두루 살펴보는 과정 지향적이며 시각적 정보를 중시하는 경향이 두드러졌다.

하지만 현대의 남녀는 이 같은 차이가 원시시대 조상들로부터 제각각 발전해온 특성 때문이라는 사실을 인지하지 못한다. 그래서 지금 이 순간에도 백화점이나 쇼핑몰에서는 남녀 간의 심리전이 아슬아슬하게 펼쳐진다.

백화점에서 옷을 고르던 여자가 남자친구에게 묻는다.

"이것도 예쁘지? 둘 중에서 어떤 게 나은 것 같아?"

한눈을 팔던 남자는 재빨리 표정을 관리하면서 대답한다.

"둘 다 괜찮은 것 같은네. 피팅룸에서 입어보는 게 어때?"

남자는 여자가 피팅룸 안으로 사라진 것을 확인하고서야 하품과 함께 기지개를 켠다. 이 매장에서 저 매장으로 옮겨 다니며 '괜찮다'란 대사를 반복한 게 몇 시간은 된 것 같다. 앉아서 쉴 곳을 찾는 남자의 눈에 소파가 들어온다. 그러나 소파에는 이미 자신과 같은 표정을 한 남자들이 앉아 있다. 남자는 백화점의 여성복 매장 여러 곳에 소파가 놓여 있는 까닭을 비로소 깨닫는다. 소파는 여성 고객이 아니라 그들을 따라다니느라 지친 남자들을 위한 공간이다. 백화점은 지친 남성이 함께 온 여성의 심기를 건드려 쇼핑을 중도 포기하는 '참사'를 어떻게든 막고 싶은 것이다.

그런데 여성들은 왜 쇼핑할 때 남자친구나 남편을 데려가려는 것일까? 자기 취향이 어떤지 알아주기를 바라기 때문에, 혹은 교감을 하면서 쇼핑하고 싶어서, 남자친구가 골라주기를 원해서 같은 다양한 설이 있다. 커플로 쇼핑하고 싶은 구체적인 이유는 사람마다 제각각 다를 것이다.

하지만 거의 모든 여성들에게서 발견할 수 있는 공통점은, 구입한 상품을 남자친구 혹은 남편이 "좋다"고 해줘야 안도감과 함께 만족감을 느낀다는 것이다. 그다지 마음에 들지 않는 상품이라도 동행한 사람과 매장 직원의 평가가 좋으면 괜찮게 보이기도 한다. 관계를 중시하는 여성은 주변 사람의 취향을 자신과 동일시하려는 경향이 있다.

쇼핑을 함께 하려는 데는 즐거운 시간을 함께 누리고 싶은 바람도 있다. 여성들은 이야깃거리를 원한다. 함께 영화를 보거나 쇼핑을 하면서 경험했던 소소한 이야기들을 다른 장소에서 다른 이들과 공유하고 싶어한다.

그런데 아이러니하게도 여성에게 더없이 즐거운 쇼핑이 남성에게는 고역이다. 남성 가운데 쇼핑을 즐기는 부류가 없는 것은 아니다. 20~30대 남성 중에는 백화점이나 쇼핑몰을 자주 찾는 이들이 꽤 많다. 다만 자기 것을 구입할 때에는 발걸음이 가볍지만 여자친구를 따라다닐 때에는 무거워진다는 차이가 있을 뿐이다. 이는 남자친구의 취미 용품 구입에 따라나선 여성의 심정과도 비슷할 것이다.

크루거 교수의 실험처럼 여성은 구경하는 행위만으로도 충분한 즐거움을 느낀다. 쇼핑의 즐거움은 그들에게 에너지를 샘솟게 한다. 하이힐을 신고 100미터도 걷지 못하는 여성이 백화점에서는 하루 종일 쇼핑을 한 뒤에도 생기 넘치는 얼굴로 걸어 나오는 것이다. 백화점에만 가면 30분도 지나지 않아 맥이 풀리는 '남자다운' 남성들이 보기에는 불가사의한 일이 아닐 수 없다.

여성이 쇼핑을 좋아하는 이유를 전문가들은 '쾌감'에서 찾는다. 물건을 구경하고 만져보며 저울질하다가 마침내 마음에 드는 물건을 구매하는 과정 전체를 즐기기 때문이라는 것이다.

UCLA의 산제이 수드Sanjay Sood 교수팀은 실험 대상자들에게 '매력적인 제품'과 '기능이 많은 제품' 중 하나를 구매하도록 했다. 그 결과 매력적인 제품을 구입한 사람들의 만족도가 기능이 많은 제품을 구입한 사람들에 비해 훨씬 높은 것으로 나타났다. 이들은 특히 자신이 더 나은 선택을 했다는 점에 자부심을 느꼈으며, 다른 이의 선택이나 관점에 대해서도 개방적인 태도를 드러낸 것으로 분석됐다.

———

전문가들은 우울하거나 일손이 잡히지 않을 때 백화점에 가서 물건들을 구경하는 것만으로도 여성들에게는 상당한 기분 전환 효과가 있다고 전한다. 다양한 옷과 액세서리를 구경하고 입어보면서 답답한 일상에서 탈출한 새로운 나를 느낀다는 것이다.

만족스러운 쇼핑은 여성들에게 성취감과 자신감을 안겨준다는 점에서 긍정적이지만, 도를 넘을 경우에는 오히려 부정적인 영향을 미치며 급기야 쇼핑 중독이라는 부작용으로 이어지기도 한다.

중독자들은 슬픔과 외로움, 좌절, 분노 같은 감정을 잠시 잊고 회피하기 위해 물건을 충동적으로 구입한다. 내부의 공허함을 채워줄 대상을 외부에서 찾아내 강박적으로 매달리는 것이다. 물론 충동구매로 인해 잠시나마 전환된 기분은 곧바로 죄책감과 절망으로 바뀌어버린다.

쇼퍼홀릭은 주로 여성들에게서 발견된다. 남성의 경우에는 테스토스테론이 '후다닥 쇼핑' 스타일을 만들어낸다. 남성은 쇼핑의 즐거움보다는 빠른 선택을 통해 자신의 뛰어난 선별 능력과 우월감을 만끽한다. 그래서 남성 쇼핑 중독자는 여성에 비해 상대적으로 적다. 짧은 시간 안에 최대한 효율적으로 물건을 구입하는 것이 능력의 척도가 되기 때문이다.

남성에겐 고성능 스포츠카를 모는 행동이 테스토스테론 분비를 유발해 여성들의 쇼핑만큼 짜릿한 경험을 안겨준다는 연구 결과가 있다. 캐나다 콩코디아 대학의 진화심리학자 갓 사드Gad Saad 교수가 실시한 실험에서 남성 참가자들에게 최고급 포르쉐 스포츠카를 몰게 한 뒤 호르몬 변화를 측정했더니 테스토스테론 수치가 일제히 치솟은 것으로 나타났다.

사드 교수는 "아무나 몰 수 없는 고성능 자동차를 운전하는 짜릿한 경험을 통해 어떤 경쟁자도 이길 수 있을 것 같은 자신감이 생기면서 남성 호르몬 수치가 올라가는 것"이라고 해석했다. 스포츠카를 모는 남성의 아찔한 쾌감이 여성에겐 물건을 고를 때 느끼는 쾌감과 다름

없는 셈이다.

여성들은 돈 한 푼까지 따지는 쇼핑의 달인처럼 보이지만, 때로는 믿을 수 없을 정도의 어리숙함을 드러내는 경우도 있다. 이런 이중성을 백화점 업계가 제대로 간파하여 내놓은 것이 상품권 증정 행사다. 20만 원 이상 구매 고객에게 1만 원짜리 상품권을, 30만 원 이상 구매 고객에게 2만 원짜리 상품권을 준다고 붙여놓으면 20만 원을 조금 넘겨 구매한 여성이 2만 원짜리 상품권을 받으려는 욕심에 추가 구매에 나서 30만 원을 채우고야 만다. 오죽하면 이런 말이 있겠는가.

'남자는 꼭 필요한 1000원짜리 물건을 2000원에 사온다. 그러나 여자는 별로 필요하지 않은 2000원짜리 물건을 1000원에 사온다.'

변덕에서 찾아내는 기회

기분 전환을 위한 쇼핑이 여성만의 전유물은 아니다. 남성 또한 크게 다르지 않은 이유로 쇼핑에 나설 때가 있다. '최신 버전'의 압박을 후련하게 해소하기 위한 쇼핑이다.

만족할 만한 성능의 노트북 컴퓨터 또는 디지털 카메라, 스마트폰을 갖고 있어도 최신 제품이 등장하는 순간 이들은 가차 없이 '중고장터'로 올라간다. 따끈따끈한 신제품을 누구보다 빨리 손에 쥠으로써 우월감을 맛보고 싶은 욕구가 남자를 지배하는 것이다. 그 대가는 물론 엄청난 청구 금액이 찍힌 신용카드 명세서와 비어가는 통장이다.

그래도 최신 버전의 압박 때문에 쇼핑을 저지른 남성들은 여성들에 비하면 나은 처지다. 여성들의 사정은 이보다 훨씬 복잡하다. 그들은 '최신'과 '대세'에 보다 민감하면서도 확실한 안정감을 추구한다. 때문에 쇼핑이 구매 확정과 교환 혹은 환불 사이에서 위태로운 외줄타기를 반복할 때가 많다.

여행처럼 고객 관여도가 높은 상품이 대표적이다. 해외여행은 특히 많은 여성이 꿈꾸는 로망이다. 낯선 정취를 즐기며 감성을 자극하는 동시에 한국에서의 모든 제약으로부터 벗어나 맛있는 음식과 쇼핑 등 여성들이 좋아하는 것들을 동시에 즐길 수 있는 수단이 바로 해외여행이다.

그런데 여행 업계 관계자들에 따르면 전화 상담으로 여행 상품을 예약한 여성의 경우 약간의 과장을 보태면, 전화를 끊고 돌아서는 순간 마음이 벌써 바뀐다고 한다. 그래서 다시 전화를 걸어 일단 보류했다가 다른 상품으로 바꾸는 등 변덕을 부린다. 이왕 돈을 쓰는 것이니까 최대한 좋은 것을 고른다는 명분 아래 이런 과정이 수차례 되풀이된다.

그들의 선택이 바람 앞의 갈대처럼 흔들릴 수밖에 없는 것은 순간의 감정에 따라 영향을 받기 때문이다. 또한 하나를 선택하기 위해 다른 좋은 점을 포기하는 게 쉽지 않은 탓이기도 하다.

남성이 기준을 정해 가장 적합한 것을 찾는 반면, 여성에겐 기준을 정하기까지의 그 과정 자체가 험난하다. 남성이 어느 정도에서 탐색을 멈추고 선택을 하는 것과 달리, 여성들은 여간해선 탐색을 포기하지 않는다. 더 꼼꼼하게 따지지 않았다가 손해를 볼지도 모른다는 불안도 작용한다. 결국 남성에게 선택과 구매가 쇼핑이라면, 여성에게는 스스로가 무엇을 원하는지 알아보는 과정 전체가 쇼핑인 셈이다.

여성의 이런 특성은 '궁금하다'는 말에서 단적으로 드러난다. '궁금하다'에는 두 가지 의미가 있다. 하나는 '무엇에 대해 속 시원히 알고 싶어 마음이 안타깝다'는 뜻이고, 다른 하나는 '속이 출출하여 무엇이 먹고 싶은 생각이 나다'라는 뜻이다.

그녀들이 식사 메뉴를 정하지 못해 망설일 때만큼 '궁금하다'는 말이 정확하게 맞아떨어질 때가 없다. 이것도 먹고 싶고 저것도 궁금하다. 메뉴를 정하고 식당에 가더라도 다른 사람들이 뭘 먹는지부터 둘러보는 경향이 있다. 때로는 이미 주문을 끝냈는데 다른 사람들이 맛있게 먹는 음식을 보면 그게 궁금하고 후회가 밀려온다.

어떤 여성은 남자친구 앞에서 '아무거나'라는 메뉴를 선택함으로써 변덕 시비로부터 홀가분하게 벗어나는 것은 물론, 선택 실패의 경우에 대한 책임을 남자친구에게 미리 지워놓기도 한다.

변덕의 다른 얼굴이 까다로운 자세다. 여성들의 변덕은 패션과도 긴밀하게 연결된다. 작년 가을에 유행했던 아이템이 올해에는 완전히 자취를 감춘다. 전혀 다른 유행이 시장을 주도하는 것이다. 때로는 유행에 개의치 않고 개성을 주장하던 여성도 갑자기 대세 동참을 선언한다.

간절히 원했던 아이템을 구해놓고 남들도 가지고 있다는 이유로 헌신짝 취급하는가 하면, 아는 사람만 안다는 브랜드의 물건을 모아 애지중지하다가 알아주는 사람이 없다고 손해를 감수하며 헐값에 처분하기도 한다.

여성들의 이런 변덕과 복잡한 쇼핑 성향은 급기야 '패스트 패션fast fashion'이라는 고도 자본주의의 총아를 탄생시켰다. 패스트 패션이란 소비자 기호를 파악해 짧은 시간에 스타일을 바꿔 내놓은 의류를 일컫는 것으로, 여성들의 이런 까다로운 변덕을 비즈니스 기회로 역이용한 셈이다. 패스트 패션을 추구하는 SPASpeciality retailer of Private label Apparel 브랜

드는 지난 10년 동안 패션 시장을 60% 가까이 불려놓으며 양적 과소
비의 주범으로 손꼽혀왔다.

변덕과 까다로움은 다시 '불만'이라는 친구를 만나 삼총사처럼 붙어
다닌다. 여행 이야기로 돌아가보면, 여행사의 인터넷 고객 게시판에
올라오는 게시물 가운데 65~70%가량이 여성 고객들이 남긴 것이다.
여행 상품 구성과 옵션 선택에 대한 항의나 여행 후의 불만을 표현하
는 데도 적극적이다. 약관까지 샅샅이 분석한 뒤에 하나하나 따지기도
한다.

이렇게 변덕스럽고 불만이 많은 여성 고객들이 한편으로는 골칫덩
이이기도 하지만 다른 한편으로는 아이디어의 마중물이자 회사 발전
의 원동력이기도 하다는 것이 마케팅 업계 종사자들의 분석이다.

변덕과 까다로움, 불만 3종 세트는 여성들의 마음을 얻기 위한 일종
의 '관문'이기도 하다. 그녀들의 관문을 통과하고 나면 예상치 못했던
신뢰를 만날 수 있다. 때론 남성들의 그것보다 끈끈하다. 여성은 구매
과정에서 남성보다 더 많은 시간과 에너지를 쏟는 만큼 대상에 대한
애착도 크다. 그래서 한 번 구매에 만족한 여성은 누가 권하지 않아도
스스로 걸어 다니는 판촉사원 역할을 하게 된다. 또한 변덕과 까다로
움을 잘 받아주는 담당자가 눈에 들어오면 단골이 되어 오랜 관계를
지속한다.

실제로 인간관계로 먹고 산다는 보험 업계의 분석에 따르면 남성 고

객이 자신의 담당자에게 계약 기간 동안 평균 13명의 잠재 고객을 추천해준 반면 여성 고객의 경우 28명을 추천해준 것으로 나타났다.

여성의 시대가 열리는 지금, 여성의 '마음 삼총사'를 이해하는 것은 미래의 흐름에 편승하는 것이기도 하다. 그런데 이런 여성들도 어떤 순간에는 변덕 대신 단단한 고집을 드러내기도 한다. 나의 방식에 대한 고집일 경우, 다이아몬드보다 단단할 때가 있다. 여성들이 대체로 말이 많은 것은 그만큼 디테일에 강하며 상세하게 언급한다는 의미다. 그래서 깨알같이 구체적인 지시를 선호하며 '내 방식'을 고집하는 여자 상사를 만난 남자들의 경우 피로감이 더욱 클 수밖에 없다.

그런데 이보다 우려할 만한 상황이 있으니, 바로 나의 방식에 대한 확고한 믿음을 가진 두 여성이 같은 일을 놓고 대립하는 경우다. 여자들끼리의 자존심 싸움에는 일말의 양보가 있을 수 없다. 서로의 차이를 좀처럼 인정하지 않으려는 경향 때문이다. 이 때문에 '나의 방식'이 곧 '나의 존재 이유'로 비화되며 엄청난 충돌이 빚어지는 경우도 있다.

연하남, 그리고 욕망의 삼각형

미국에서 크게 인기를 얻은 〈쿠거 타운Cougar Town〉이라는 TV 드라마가 있다. 중산층 이혼녀가 매일 밤 클럽에서 20대 남자들을 낚아온다는 내용의 시트콤이다. '쿠거'란 어린 남자를 좋아하는 중년 여성을 일컫는 미국의 속어. 원래 '쿠거'는 북미 고양잇과 맹수의 일종인데 이 짐승이 먹이를 노리며 배회하는 것처럼 클럽에서 어슬렁대다가 어린 남자를 꿰차 애인 혹은 반려자로 삼는 여성을 '쿠거족'으로 부르게 됐다. 드라마 〈쿠거 타운〉은 2009년에 시즌 1을 선보인 이래, 2013년 시즌 4까지 방영하는 등 인기를 이어 나가고 있다.

〈쿠거 타운〉처럼 노골적이지는 않지만 연상녀(골드미스 혹은 이혼녀)와 연하남 커플을 주인공으로 내세운 드라마들이 국내에서도 드물지 않게 방영되고 있다. 남편에게 배신당한 이혼녀가 꽃미남 청년을 만나 사랑을 받는 것은 물론 성공까지 거머쥔다는 내용이 대부분이다.

과거의 드라마들이 강한 남자를 등장시켜 약한 여자를 구원하는 '신데렐라 타입'이었다면, 이제는 강한 여자가 연약한 남자를 이끌어가며 목표를 이뤄간다는 설정이 여성 시청자들의 호응을 얻고 있다.

불과 몇 년 전까지만 해도 상황은 달랐다. 이런 커플이 드라마에 등장하더라도 주인공 친구 같은 조연에 머물렀고 본격적인 연애보다는 속마음을 감춘 채 티격태격하면서 감초 역할을 하곤 했다. 그런데 이제는 나이 차이가 꽤 나는 연상녀-연하남 커플까지 당당하게 주연으로 등장하는 시대가 되었다. 연상녀 주도의 연애가 대부분의 여성 시청자들에게 그만큼 스스럼없이 받아들여지고 있음을 입증하는 것이기도 하다.

이 같은 흐름은 30~40대 여성들의 구매력이나 사회적 영향력을 그대로 반영한다. 여성들의 경제적 지위가 크게 향상되자 그들을 겨냥한 새로운 문화 콘텐츠로 기획된 것이 바로 연상녀-연하남 설정의 드라마인 셈이다.

연하남 붐은 여성들의 이상적 남성상에 커다란 변화가 일어나고 있음을 의미한다. 이제는 적지 않은 여성이 자신을 부양해주며 견고하게 지켜주는 든든한 남성상을 선호하지 않는다. 대신 여린 몸매에 여성을 연상케 할 정도의 외모를 가진 '예쁘고 어린' 남자에 환호한다. 이런 경향은 젊은 남성들의 패션에도 반영되어 몸에 착 달라붙는 날렵한 모양의 '슬림 핏'이 대세가 되었다.

연상녀-연하남의 결합은 이제 드라마를 넘어 현실에서도 펼쳐진다. 연하의 남성과 결혼하는 여성 연예인 혹은 유명인들이 줄을 잇는 것이다. 연하의 남성 중에는 특히 프로 운동선수가 자주 눈에 띈다.

연예인뿐만이 아니다. 통계청이 발표한 혼인·이혼 통계에 따르면 2012년에 결혼한 초혼 부부 가운데 여성 연상 부부가 4만 쌍을 기록해 전체의 15.6%를 차지하고 있다. 100쌍 중에 15쌍이 연상녀-연하남 커플이었다.

이는 10년 전의 2만 7900쌍보다 43.3%나 늘어난 수치다. 또한 통계청이 혼인·이혼 통계를 집계하기 시작한 1970년 이후 가장 높은 수치이기도 하다. 특히 여성이 남성보다 10살 이상 많은 부부도 300쌍에 달했다. 통계청은 "결혼 적령기에 있는 남성의 숫자가 더 많은 데다 여성의 사회적 지위가 상승하면서 결혼에 대한 가치관도 변화하고 있기 때문에 연상녀-연하남 커플이 늘고 있는 것"이라고 분석했다.

연상녀 신부들이 연하의 신랑을 경제적으로 부양하는지 여부까지는 파악할 수 없다. 다만 연하남과의 결혼이라는 로망을 이뤄냈다는 점만으로도 친구들에게 '트로피 남편'을 자랑할 가능성이 높아 보인다. 물론 어떤 남자를 만나 맺어질 것인가 하는 문제는 여성 각자의 취향 문제다. 게다가 연상녀-연하남의 결합을 지켜보는 다른 여성들의 관점에선 미덥지 않은 어린 남성과 결합하는 친구가 어쩐지 불안해 보일 수도 있다.

미국에서는 그동안 사회적으로 성공한 아내를 위해 가사와 육아를 책임지는 남편을 '트로피 남편'이라고 칭했다. 그러나 이제는 트로피 남편이라는 의미도 수정이 필요할 것 같다. '능력 있는 여자일수록 다정하며 잘생긴 연하의 남자를 배우자로 맞으려는 세태를 빗댄 용어'로 말이다.

트로피 와이프가 아니라 트로피 남편을 자랑하는 시대가 온 것이다. 트로피 와이프란 1989년에 미국 잡지 〈포춘Fortune〉이 처음 명명한 것으로, 돈 많고 성공한 남자일수록 젊고 아름다운 여자를 배우자로 맞아 과시하려는 세태를 빗댄 용어다.

앞으로는 트로피 와이프를 추구하는 남성들 못지않게 트로피 남편을 만나려는 여성들의 경쟁 역시 치열해질 것으로 보인다. 늦게 결혼하는 여성의 수가 크게 늘고 있는 가운데, 이들 여성은 타인의 영향을 더 민감하게 받아들여 자신의 것으로 투영시키는 경향이 높기 때문이다.

문예비평가 르네 지라르René Girard는 '욕망의 삼각형 이론'에서 "인간은 자신의 욕망이 아닌 다른 사람의 욕망을 모방함으로써 이상적인 무언가가 되고자 한다"고 설명한다. 사람들은 뭔가를 갖고 싶을 때 스스로를 욕망의 주인이라고 생각하지만 사실 그것은 환상에 지나지 않는다는 것이다. 지라르는 욕망이 '주체-매개자-대상'이라는 삼각형 구조를 갖고 있다고 설명한다.

예컨대 광고에 등장하는 멋진 스포츠카에 홀린 여성이 원하는 것은 그 스포츠카인 것처럼 보이지만, 그녀가 실제로 원하는 것은 자동차가 아닌 그것을 운전하는 성공한 여성이라는 것이다. 스포츠카를 여유 있게 모는 광고 속 모델처럼 멋지게 성공하고 싶은 것이라는 게 그의 분석이다.

유행처럼 번지는 '멋진 연하 남편' 붐에 동참하려는 여성들의 경우도 마찬가지다. 그녀들이 원하는 것은 자신의 부족한 부분을 보충해줄 젊고 예쁜 남성만이 아니라 그런 남성을 거느릴 수 있는 성공 그 자체인 셈이다.

여성이 자신보다 어린 남자와 결혼을 하는 심리의 이면에는 두 가지 욕망이 깔려 있다. 젊은 남편을 얻었다는 데서 오는 능력의 과시와 여전히 자신이 젊고 매력적이라는 사실을 인정받고자 하는 욕망이다. 뛰어난 능력에 매력적이기까지 해서 젊은 남자와 함께 있으니 더할 나위 없는 행복의 완성을 보여주는 것이다.

또한 어린 남편은 연상의 남편에 비해 컨트롤하기 용이하다. 경험과 능력을 활용해 어린 남편을 통제함으로써 더욱 많은 만족을 찾아내겠다는 자신감도 깔려 있다. 이 경우 여성의 경제력이 많은 도움이 될 것이다. 심리학자 세실 제리크_{Cecile Gericke} 박사는 기고문을 통해 "요즘 여성들에게 필요한 것은 더 이상 돈을 벌어다주는 남자가 아니라 삶의 즐거움을 나눌 남자다. 그런 대상으로 떠오르는 게 연하남이다"라고 주장했다.

우리가 어디로 가는지 알고 싶다면

미국의 미래학자 존 네이스비츠John Naisbitt는 1980년대에 『메가트렌드』라는 저서를 통해 21세기를 여성female, 감성feeling, 상상fiction이 주도하는 '3F 시대'로 예측했다. 이런 예측을 입증이라도 하는 것처럼 21세기의 우머노믹스는 아름다움을 동력 삼아 굴러간다.

남성들이 스피드와 짜릿한 승부를 즐기는 것처럼 여성들은 아름다움에 천착한다. 트렌드와의 조화 속에서 자신만의 개성을 표현하는 데 관심이 많다. 여성이 아름다움을 추구하는 대부분의 대상은 그녀 스스로의 안목, 즉 심미안에서 비롯된다. '몸이 천 냥이면 눈이 구백 냥'이라는 말처럼 시각은 감각의 대부분을 차지한다.

여성의 시각은 남성과 다른 특성을 가지고 있다. 특히 색에 대해서는 훨씬 민감한 것으로 알려져 있다. 망막의 수용체 세포 가운데 색을 분간하는 역할을 맡은 것이 추상체인데, 이 세포는 X염색체에 의해 만들어진다. 여자는 X염색체가 둘(XX)이기 때문에 하나(XY)인 남성에 비해 추상체 세포를 더 많이 가지고 있으며, 이런 차이로 인해 여성이 색상을 훨씬 잘 파악한다. 남성의 경우 약 5~8%가 색맹인 반면, 여성의 색맹 비율은 1% 미만에 그친다.

여성들이 화려한 색상의 옷이나 액세서리 등에 감동하는 것은 자연스러운 일이다. 그녀들에게는 새로운 아름다움을 누리는 것이 곧 '앞선 경험'인 것이다. 여성들은 탁월한 전달자다. 새로운 아름다움을 찾아내면, 그 경험을 대화나 블로그, SNS 등을 통해 다른 이와 공유하고 싶어한다. 남성들이 전문지식과 깊이 있는 정보를 '겨루듯', 여성들은 새로운 트렌드와 자신만의 경험을 '나누는 것'이다.

새로운 트렌드를 남들보다 앞서 경험했다는 사실은 여성들에게 영예로운 일이다. 요즘 아기를 가진 부모라면 피해가기 어렵다는 북유럽산 명품 유모차를 둘러싼 논쟁도 이와 비슷한 맥락이다. 엄마는 '내 아이를 좋은 유모차에 태우고 싶다'고 주장하고, 아빠는 '몇 년 타지도 못할 유모차에 왜 비싼 돈을 지불해야 하느냐'며 맞선다.

사실, 아기는 북유럽산 명품 유모차와 동남아산 값싼 유모차를 분간할 능력이 없다. 비싼 유모차는, 그러니까 엄마를 위한 선택이다. 엄마는 자신 또한 명품 유모차 대열에 참여함으로써 스스로 세련된 엄마가 된 듯한 기분을 느끼고 싶은 것이다.

세련됨을 추구하는 우머노믹스는 정보기술과 결합해 '테크 파탈'이라는 트렌드까지 만들어냈다. 기술을 뜻하는 '테크Tech'와 치명적인 여자라는 뜻의 '팜므 파탈Femme fatale'의 합성어다. 테크 파탈이란 디지털 제품에 관심을 가지며 구매에도 적극적인 여성을 뜻한다. 이런 트렌드는 그동안 남성 중심으로 구축되었던 첨단기기 시장의 판도를 뒤바꾸며 디지털 기기에 심미적 가치와 첨단 기술의 결합을 촉진시키고 있다.

테크 파탈 제품들은 '여성용'이 아니라, 여성적 감성을 차가운 IT기기에 받아들인 것이다. 과거의 기기들이 CPU(중앙처리장치) 성능이나 카메라 화소, 힘이 넘치는 디자인을 특징으로 했다면 테크 파탈형 기기들은 사용할 때의 느낌과 활용성, 날렵한 디자인과 감각적인 색상 등을 내세운다.

우머노믹스는 '아트슈머Artsumer(Art+Consumer)' 붐까지 일으키는 중이다. 심미안이 뛰어난 소비자를 뜻하는 아트슈머들은 물건 하나를 골라도 예술적 감성을 담았는지 여부를 고려하는 사람들이다. 이런 아트슈머를 겨냥해 각종 전자기기, 카메라, 안경 등의 제조업체들은 예술가나 디자이너와의 콜라보레이션을 진행해 한정판 상품들을 내놓기 시작했다. 성능과 가격이 중요했던 '남성 경제'에서는 상상도 할 수 없었던 일들이 이제는 일상처럼 일어난다.

라이프 스타일 및 시장조사 전문가 폴 레이Paul Ray와 셰리 루스 앤더슨Sherry Ruth Anderson은 13년간의 설문조사를 통해 완성한 저서 『세상을 바꾸는 문화 창조자들The Cultural Creatives』을 통해 문화적 창의성을 갖춘 사람들의 주요한 특성으로 여성적인 인식 방식, 즉 다른 이에게 동정과 연민을 느끼고 상대 입장에서 생각하는 경향을 꼽았다. 폴 레이는 "그들이 특유의 인식 방법을 통해 다양한 경험을 학습했으며 학습 내용들을 종합해 큰 그림으로 보려는 능력에서 뛰어난 자질을 드러냈다"고 전했다.

우머노믹스는 세련됨 외에도 예술과 스토리를 축으로 삼고 있는데 이 세 가지 요소가 만나는 지점이 바로 문화산업이다. 한국의 문화산업은 여성들이 이끌어간다고 해도 과언이 아니다. 앞으로 문화산업의 여성 의존성은 더욱 높아질 전망이다.

지난 2011년 국내 대형 서점 4곳이 '120만 원 클럽(한 해에 120만 원 규모의 책을 구입하는 사람들)'의 성별을 분석했는데 그 결과가 흥미롭다. 120만 원 클럽 멤버 가운데 10명 중 6명이 여성(58.5%)으로, 남성(41.5%)보다 1.4배 많았다. 주목해야 할 부분은 '46세'라는 연령 분기점이었다. 그 이상의 나이에서는 남성이 여성보다 많았지만 46세 미만에서는 여성이 남성보다 1.7배나 많아, 나이가 어릴수록 그 차이가 점점 더 벌어지는 것으로 나타났다.

여성은 독서를 통해 자기계발에 힘쓰는 한편 새로운 트렌드를 받아들이는 데도 민감하다. 대부분의 드라마와 영화, 뮤지컬이 여성 관객을 염두에 두고 기획 제작된다. 특히 한국 뮤지컬의 호황은 여성 관객들이 어떻게 시장을 키워내는지 여실히 보여준 사례라고 할 수 있다. 불모지나 다름없던 척박한 환경에서 시작된 한국 뮤지컬은 최근 수년간 연평균 20%에 가까운 성장률을 기록하며 2012년 전체 시장을 3000억 원 규모까지 키워놓았다.

뮤지컬 흥행 신화의 배경에는 남자친구 손을 잡고 전용극장으로 향하는 20~30대 알파걸들의 의지가 있었다. 최근에는 40~50대 여성들까지 남편을 끌고 뮤지컬 관람에 가세, 저변이 더욱 확대되는 추세다.

한국콘텐츠진흥원의 조사에 따르면 2012년 기준 뮤지컬 관객 성별 점유율에서 여성은 68%로 남성의 32%보다 크게 앞섰다.

문화산업을 중추로 삼은 우머노믹스는 왕성한 소비를 기반으로 지식(책, 교육)과 경험(여행, 외식), 패션과 화장품까지 아우르며 20~50대 여성을 유행을 선도하는 트렌드 세터로 자리바꿈해놓았다.

이처럼 21세기 경제의 주역은 여성이다. 그들은 단순 소비만이 아니라 세련된 안목으로 새로운 가능성을 열어젖힌다. 넘치는 스토리텔링 능력을 통해 그 가능성에 힘을 실어준다. 여성은 창의를 기반으로 한 경제 시스템에 적합한 속성을 가지고 있다. 이분법적인 단순 선택을 꺼리며 혼합된 해결 방안과 다중적인 선택을 선호한다.

이들은 역사상 가장 파워풀한 소비자이자 창조자이기도 하다. 따라서 그녀들을 이해하고, 까다로운 목소리에 귀 기울이며, 적극적인 참여와 호응을 이끌어내어, 여성의 감성에 진심으로 호소하는 비즈니스가 장기적으로 살아남을 수 있다. 그녀들은 속마음을 여간해서는 드러내지 않으므로 온전히 파악하기 위해서는 복잡다단한 욕구에 대한 심층적인 이해가 필요하다. 이에 따라 기업과 정부를 비롯한 다양한 영역에서 더 많은 여성 전문 인력을 필요로 하게 될 것이다. 우리가 지금 어디로 가고 있는지 알고 싶다면 여성의 내면을 면밀히 파악할 필요가 있는 것이다.

20세기에는 마오쩌둥毛澤東이 이렇게 말했다.

"권력은 총구에서 나온다."

그러나 21세기를 맞이한 우리들은 이렇게 말해야 한다.

"세상의 변화는 여자들의 마음에서 시작된다."

FEMALE

RISK

여성, 뜨거운 아이스크림

영국을 세계 정상으로 끌어올렸다고 평가받는 여왕 엘리자베스 1세는 투쟁으로 점철된 삶을 살았다. 그녀는 헨리 8세의 두 번째 왕비 앤 불린에게서 태어나 서자로 자랐다. 반란죄 누명을 쓰고 죽음의 문턱까지 다녀왔으며, 즉위 후에는 스코틀랜드 및 주변의 가톨릭 국가들과 불편한 관계를 이어갔다. 온갖 도발과 위기, 전쟁이 끊이지 않았다. 그런 분위기 때문인지 그녀는 사냥을 좋아했고 때로는 남자들과 경쟁하며 호탕하게 욕지거리를 뱉어내기도 했다고 한다.

하지만 그녀는 본연의 여성으로 인정받는 즐거움 또한 잊지 않았다. 수천 벌의 옷과 몇 톤에 이르는 장신구를 모아 하루에 몇 시간씩 공을 들여 자신을 치장했다. 살이 찔까봐 두려워 음식을 가까이하지 않았다. 평생을 처녀로 지내면서 남자들로부터 '궁정에서 가장 아름다운 여성'이라는 칭송과 함께 관심을 독차지하는 것을 즐겼다.

21세기 대한민국을 살아가는 여성들은 엘리자베스 1세와 많이 닮아 있다. 아름다움을 추구하며 사랑받기를 원하고 동시에 성공을 꿈꾼다. 경쟁에 익숙하고 불철주야 노력을 기울여 성취를 이뤄내며 패배를 원하지 않는다.

전통적으로 남성들은 위험과 도전을 추구하는 반면 여성들은 안정을 추구하며 경쟁과 위협 요인을 회피하는 경향이 강했다. 학자들은 호르몬에서 그 원인을 찾아냈다. 남성 호르몬으로 불리는 테스토스테론과 바소프레신이 남성들을 도전으로 끌고가는 데 비해 여성들은 옥시토신이나 에스트로겐의 영향을 받아 안정을 우선하며 경쟁에 소극적이라는 것이다. 옥시토신과 에스트로겐은 여성에게 만족과 평안한 느낌을 주는 호르몬으로 알려져 있다. 그러나 현대의 여성들은 남자들의 방식으로 경쟁하는 데 익숙해진 나머지 테스토스테론이 넘쳐나는 '엘리자베스 1세 스타일'로 변하고 있다.

1929년 미국 시카고대학의 프레드 코치Fred Koch 교수팀은 소에게서 최초로 테스토스테론을 추출하는 데 성공했다. 그들은 테스토스테론이 초자연적인 힘을 가지고 있다고 판단했다. 동료였던 워더 앨리Warder Allee 교수팀은 그 물질로 실험을 해보기로 하고, 암탉의 혈관에 주사했더니 놀라운 일이 일어났다. 순종적이던 암탉들이 하룻밤 사이에 수탉처럼 거칠어졌을 뿐 아니라 일부는 다른 암탉에게 공격적인 반응을 보이기까지 했다.

보통 테스토스테론은 남성에게서만 나온다고 착각하기 쉽지만 여성에게도 적은 양이나마 찾아볼 수 있다. 여성의 분비량은 대개 남성의

10% 수준이다. 마찬가지로 남성에게도 적은 양의 여성 호르몬이 분비된다.

뉴질랜드 오클랜드대학의 발레리 그랜트Valerie Grant 교수팀이 소를 대상으로 실험한 결과, 집단에서 우두머리 역할을 하는 암소의 테스토스테론 수치가 다른 암소들에 비해 훨씬 높은 것으로 나타났다. 경쟁 지향적인 암컷일수록 테스토스테론 분비량이 많았던 것이다. 그랜트 교수팀은 소를 대상으로 한 실험이었지만, 사람의 경우에도 크게 다르지는 않을 것이라고 분석했다.

테스토스테론은 경쟁과 깊은 관련이 있다. 경쟁의 승리를 통해 자신의 능력을 입증하려는 많은 남성의 성향이 이 호르몬의 영향 때문이다. 테스토스테론은 경쟁에서 이기면 급격히 증가하는 반면 패배할 때에는 줄어든다. 남자들은 테스토스테론 수치가 바닥을 칠 경우 좌절감에 빠지고 모욕감을 느끼기도 한다.

여성들이 옥시토신이나 에스트로겐에 익숙하며 안정을 우선시한 것은 필요에 따른 것이기도 했다. 임신하고 출산하는 데는 10개월이라는 시간이 필요했으며 여성들은 그 이후에도 아이가 서서 걷고 독립할 수 있을 때까지 오랜 시간 동안 돌봐주어야만 했다. 옥시토신과 에스트로겐 같은 여성 호르몬이 안정이나 보살핌과 같은 행동 특성을 뒷받침해주었다.

여성들은 아기를 돌봐주는 데 전념하는 동안, 자신을 돌봐줄 또 다른 누군가가 필요했다. 특히 자신과 아이를 위협으로부터 보호하는 동시에 건강하게 살아남기 위해서는 단백질과 철분을 안정적으로 공급해줄 수 있는 사람이 절실했다. 강한 남자, 사냥 능력이 탁월한 남자일수록 유리했다.

암컷이 사회적 지위가 높은 수컷에게 호감을 드러내는 것은 모든 동물의 공통점이다. 지위가 높다는 것은 유전자가 건강하고 동시에 부양 능력과 방어 능력이 뛰어나다는 판단의 기준이 된다. 수컷 역시 강인한 힘과 서열상 우위를 과시함으로써 암컷의 선택을 얻어내야 자신의 후손을 남길 수 있다.

현대의 남성들도 그런 수컷의 후손이다. 어린 시절부터 테스토스테론을 뿜으며 경쟁하고 승리해 무리의 정점에 서는 것을 목표로 삼아왔다. 남성들의 세계에서 공감 같은 것은 그다지 중요하지 않은 감정이었다.

그런데 이제는 또 다른 국면이 펼쳐지는 중이다. 여성적 가치로 여겨졌던 배려와 공감에 대한 사회적 재해석이 활발한 가운데, 경쟁 친화적으로 키워진 여성들은 테스토스테론을 뿜어내며 성공을 이뤄내는 대가로 안정감을 상실해가고 있다. 여성들은 잃어버린 자신의 안정감을 수변의 신뢰할 수 있는 사람들의 공감으로 보상받으려고 한다.

현대사회에서의 성공은 여성들에게 온전하지 않다. 꿈꿔왔던 성취를 이뤄내 남들 앞에선 자신감이 넘치지만 다른 한편으로는 빌린 옷을 입은 것처럼 어색하기만 하다. 낯선 승부의 세계에 던져져 시험당하고 있다는 느낌을 떨치지 못한다. 그래서 때로 불안이 엄습해오기도 한다.

그러면서도 자신보다 앞서 간 경쟁자를 보며 부족한 자신을 불안해하고 조바심을 내며 끊임없이 채찍질한다. 현실에 만족하며 살고 싶지만 경쟁자들이 신경 쓰인다. 당장 뭔가 해야만 할 것 같은 압박과 이대로 주저앉아 안정적인 일상을 즐기고 싶은 유혹 사이에서 갈등한다.

과거의 여성들은 가정에서 식구들을 돌보는 일에서 안정과 만족을 찾아야 했다. 이에 비해 현대의 여성들은 가정에서의 행복은 물론 자신의 성공까지 동시에 이뤄내야 하는 이중 부담을 짊어지게 되었다. 그런데 테스토스테론의 끓어오르는 경쟁심과 에스트로겐의 안정감은 마치 '뜨거운 아이스크림'처럼 서로 모순 관계다.

때로 현대 여성은 존재 자체가 이율배반적으로 비춰지기도 한다. 주목을 받고 싶으면서도 소외될까봐 두려워 무리에 소속되기를 원하고, 누군가를 깊이 미워하는 동시에 궁금한 마음도 갖고 있어서 관계를 끊지 못하며, 때론 못되게 굴지만 동시에 소녀 같은 감성을 드러내며 사랑받길 원한다. 다른 사람의 예쁜 가방을 보면 덩달아 같은 가방을 사고 싶어하지만 누군가 자신과 똑같은 옷을 입고 있으면 기분이 나쁘다. 고칼로리 음식을 탐하면서도 날씬해지지 않는 스스로에게 실망하고, 남자친구의 실수에 '괜찮다'고 해놓고는 다른 일을 빌미로 화를 낸다.

여성들의 이런 이율배반적인 속성은, 그들이 오랫동안 억압의 대상이면서 동시에 억압을 지탱하고 대물림하는 체제의 중추로서 모순적 역할을 수행해온 것과 궤를 같이한다고 볼 수 있다.

여성들은 혼란스럽다. 자신이 과연 잘 살고 있는 것인지, 주변 사람들을 통해 스스로에게 확인해주고 싶다. '잘 살고 있다'는 확신을 얻는 순간 세로토닌이 분비되어 충동적이며 모순적인 감정들 사이에 균형이 잡힌다. 여성들에게 자아상, 즉 '내가 생각하는 나'는 이처럼 혼자만드는 것이 아니라 다른 사람들과의 관계 속에서 만들어진다.

여성들은 사회적 성공과 가정에서의 행복을 동시에 추구하면서도, 한편으로는 '한결같은 나'를 포기하지 않는다. 뜨거운 아이스크림이라는 양면성 사이, 어딘가에서 움직이면서도 평형감각을 줄곧 유지하고 싶은 것이다.

엘리자베스 1세도 같은 생각이었던 모양이다. 그녀는 아끼던 보석에 이런 좌우명을 새겨놓았다.

'셈페르 에어뎀semper eadem(항상 같다).'

항상 같으려면 외부의 힘에 휘둘리지 않는 것은 물론 조절과 조화에도 능숙할 필요가 있다. '사이'를 살아가는 변화의 지혜다. 현대 여성에 대한 본격적인 이해의 시작은, 그들의 혼란스러우며 모순된 욕망을 있는 그대로 받아들이는 것이다.

우월한 것과 우월하게 보이는 것

네일숍만큼 흔해진 가게가 없다. 상점이 몰려 있는 곳이라면 어디서나 쉽게 발견할 수 있는 사업 아이템으로 확고하게 자리를 잡은 듯하다. 네일숍에서는 손톱을 꼼꼼하게 다듬어 영양을 주고 다양한 색상의 매니큐어로 '나만의 손톱'을 만들어준다.

매니큐어manicure는 '손'을 뜻하는 라틴어 마누스manus와 '관리'를 의미하는 큐어cure를 합친 말이다. 매니큐어는 기원전 3000년 전에 등장한 것으로 알려진다. 다만 그것을 할 수 있는 사람이 한정되어 있었다.

고대 중국에서는 왕족들이 벌꿀과 고무나무 수액 등을 섞어 만든 염료로 손톱을 칠해 치장했다. 고대 이집트에서도 발톱이나 다리에 염료를 바르는 풍습이 있었다. 당시의 매니큐어는 남성용이었다. 남성들은 전쟁터에 나갈 때 입술과 손톱을 다양한 색으로 강조했는데 신분이 높은 남성은 진한 색을 사용했다. 염료의 가격이 매우 비쌌기 때문이었다. 매니큐어는 로마시대에 이르러서야 여성들의 장식용으로 쓰이게 되었다.

매니큐어는 애초의 용도가 '차별화'를 위한 소품이었다. 남들과 다르게 장식함으로써 자신의 신분을 강조하고 싶었던 것이다. 그 용도는 어쩌면 지금도 크게 다르지 않다. 손톱을 길러 다듬고 거기에 다양한 색으로 장식을 할 수 있다는 것 자체가, 남들에 비해 시간이 많고 경제적으로 풍요롭다는 사실을 의미한다. 궂은일에 손을 댈 필요가 없는 것은 물론 손을 쓸 일 자체가 적기 때문에 매니큐어를 할 수 있는 것이다.

사람은 누구나 차별화 욕구를 갖고 있다. 그래서 자신이 남들과 다른 사람임을 드러내려고 한다. 다만 남성과 여성의 양상은 조금 다르다. 남자들은 대놓고 경쟁을 벌이며 서열을 정하려 든다. 반면 여성들은 무리 속에 섞이되 자신을 적당히 드러내는 방식을 취하려는 성향이 강하다. 노골적이기보다는 은근한 편에 속한다.

매니큐어가 비교적 간단한 차별화 노력이라면, 그보다 적극적이며 비싼 대가를 치러야만 얻을 수 있는 수단은 가방이다. 비싼 가방에 별 관심이 없는 여성 또한 적지 않으나, 많은 여성들에게 가방은 물건을 넣어 들고 다니는 단순한 도구 이상의 의미를 갖는다. 가방에는 아름다움을 추구하는 여성들의 욕망과 자존심이 스며 있다. 남성들이 명함이나 고급 자동차로 신분을 드러내는 것처럼 여성들 역시 가방을 통해 자신을 차별화하려 든다.

　그렇다면 여성들은 그런 가방을, 과연 누구에게 보여주려고 비싼 돈을 들여 장만하는 것일까? 남자들에게 보여주려는 것일까? 하지만 대다수 남성들은 여성이 가방을 들고 있었는지, 들지 않았는지조차 기억하지 못하는 경우가 많다.

　애초에 가방에 관심이 없기 때문이기도 하다. 가방은 대부분의 남성들에겐 소용없는 물건이다. 활동성을 추구하는 남자들은 여자들이 왜 거추장스럽기만 한 가방에 그토록 애착을 갖는지 이해하지 못한다. 물론 일부 남성의 경우 패션에 관심이 많아 다양한 가방으로 자신만의 스타일을 연출하기도 하지만 여성들만큼의 애착은 아니다.

　남성의 시야는 카메라의 망원렌즈와 같다. 멀리 떨어진 것을 보는 데는 익숙하지만 가까이 있는 다양한 것들을 살펴보는 데는 취약하다. 수만 년 동안의 야외 활동이 남성의 눈을 그렇게 진화시킨 덕분이다. 그러니까 앞에 서 있는 여성을 보더라도 얼굴로부터 떨어져 있는 가방이 어떤지는 한눈에 들어오지 않는다.

　이와 대조적으로 여성의 시야는 광각렌즈와 같다. 넓은 주변 시야를 가지고 있다. 아이를 돌보면서도 일을 하고, 동시에 다른 이들의 표정을 관찰해가며 소통해온 오랜 역할의 산물이다.

　따라서 남성은 다른 여성에게 한눈을 파는 순간 아내 혹은 여자친구에게 포착될 가능성이 100%에 가깝다. 여자친구 또는 아내의 시야에는 그 모든 것들이 한눈에 다 들어오기 때문이다. 상대 여성의 헤어스타일부터 샌들을 신었을 경우 페디큐어를 한 발은 물론, 가방의 상표와 짝퉁인지 여부, 남자의 눈이 여성의 어디쯤에 머물고 있는지까지 대번에 파악한다. 남편이 찾지 못하고 헤매는 TV 리모컨을 아내가 곧

바로 찾아내는 데는 그만한 이유가 있다.

결국 여성들의 가방은 여성 자신을 위한 것이다. 명품 가방은 여성들끼리 서로를 드러내기 위한 수단이지 남성들에게 어필하려고 들고 있는 것이 아니다. 비평가이자 소설가인 존 버거John Berger는 '여성은 남이 보는 자신을 본다'고 주장한다. 즉 남자는 상대를 관찰하는 것을 좋아하지만 여자는 자신이 관찰당하는 것을 즐긴다는 뜻이다.

많은 현대 여성에게 가방은 '신분증명서'로 통한다. 어떤 여성들 사이에선 '가방의 등급 = 소유자의 등급'이라는 등식이 통용된다.

여성들이 가방에 이처럼 특별한 의미를 부여하는 이유는, 가방 하나를 통해 상호간에 많은 정보를 주고받기 때문이다. 여성들의 가방에 담긴 정보는 남자들의 자동차에 비해 훨씬 상세하며 구체적이다. 이를테면 경제력과 취향, 품격, 안목 같은 것들을 가방 하나를 통해 파악해낸다. 그래서 그녀가 들고 있는 가방이 곧 그녀의 등급이자 집안의 경제력과 자신의 능력을 의미한다는 것이다.

그러다 보니 옷에는 상대적으로 덜 투자하면서도 가방만은 굳이 비싼 것을 들고 다니려는 여성도 있다. 가방은 적당한 패션의 포인트가 되어 무난하게 그 소유자를 돋보이게 해준다. 더구나 옷은 브랜드가 워낙 다양한 데다 카피 제품이 넘쳐나는 데 비해, 가방은 소위 '명품' 브랜드가 한정적이고 제품 라인도 단순하므로 차별화 수단으로는 제격이라고 할 수 있다.

특히 가방은 이것저것 담아서 갖고 다니기를 좋아하는 여성들의 필수품이어서 초고가 시계나 팔찌, 반지 같은 액세서리에 비해 '너무 자랑한다'는 비난으로부터 꽤 자유롭다.

프랑스의 사회학자 장 클로드 카프만Jean-Claude kaufmann은 "여성에게 가방은 또 다른 자아이자 삶이라는 퍼즐을 완성시키는 한 조각, 추억의 상자"라고 규정한다. 카프만에 따르면 가방은 확장된 자아이며, 삶의 사건들과 맞서게 해주는 물건들의 수호자이고, 애정과 내밀한 기억들로 이루어진 작은 박물관이다. 그러나 가방은 이중성을 가지고 있다. 주인이 가방 그 자체에만 집착하게 될 때 가방은 소유자로부터 단절되고, 사회경제적 계층을 부각시키는 사치품이 된다는 것이다.

어쨌거나 오랜 세월을 거쳐 대중화된 매니큐어처럼 가방 역시 차별화 포인트로서의 문턱이 낮아지는 추세다. 물론 상류층은 자신들만의 신분 코드를 유지하기 위해 더욱 초고가 제품을 선호하거나 희소성이 극대화된 제품으로 끊임없이 변화를 주기 때문에 명품 가방을 손에 넣었다고 신분 상승의 문턱을 완전히 넘은 것은 아니다.

하지만 여성들은 개의치 않는 것 같다. 실제로 신분 상승에 성공했느냐 여부보다 당장 중요한 것은 '타인에게 드러난 확장된 자아'이기 때문이다. 오래전 중국 혹은 이집트의 전사들이 전투에 나서면서 매니큐어를 칠해 자신의 신분과 용맹함을 강조했던 것처럼, 21세기를 살아가는 대한민국 여성들 역시 경쟁이 넘쳐나는 피곤한 일상 속에서 차별화를 통해 남이 보는 우월한 자신을 재발견하고 싶은 것이다.

여성들에게는 언제나 두 가지 분위기가 혼재되어 있다. 하나는 '우월한 것', 다른 하나는 '우월하게 보이는 것'. 그중에서 어떤 것이 우선일 수 없을 정도로 여성들에게는 두 가지 모두가 중요하다.

가사노동에 대한 두 가지 관점

회사를 '믿을 만한 유쾌한' 곳으로 보이게 하고 자신의 상사가 '활기찬 분'으로 보이도록 사무실 분위기를 만드는 비서, '즐거운 식사 분위기'를 만들어내는 웨이트리스나 웨이터, 고객들이 만족하도록 느끼게 만드는 여행 가이드나 호텔 데스크의 직원, 고객들이 보살핌을 잘 받고 있다는 느낌을 가질 수 있도록 염려의 눈길을 보내는 사회복지사… (중략) …사람들로 하여금 포근하다는 느낌과 공평한 대우를 받고 있다는 느낌을 동시에 갖게 하는 목사 등. 이런 사람들도 모두 어떤 식으로든 감정노동을 해야 하는 상황에 맞닥뜨릴 수밖에 없다.

- 앨리 러셀 혹실드, 『감정노동 The Managed Heart』 중에서

여성 직장인 가운데 상당수는 고도 자본주의의 총아로 불리는 서비스 및 감정노동 분야에서 일을 한다. 감정노동은 '고객의 눈에 보이는

얼굴 표정이나 몸짓을 만들어내기 위해 감정을 관리하는 일'로 정의할 수 있다. 사회학자 앨리 러셀 혹실드Arlie Russell Hochschild가 1980년대에 발간한 『감정노동』에서 제시한 개념이다.

감정노동은 누구나 할 수 있는 일이지만 많은 사람들이 기피하려는 일이다. 누구에게나 감정노동은 달갑지 않다. 때론 고객의 부당한 요구나 진상 손님의 무례한 행동으로 인해 자존심이 상하고 분노가 치밀지만 그것을 내색하지 못하고 수용해야만 하는 처지를 견디기 어렵기 때문이다.

그런데 감정노동은 항공기 객실이나 백화점, 호텔, 식당, 관청의 사회복지 담당부서 같은 일터에만 존재하는 것이 아니다. 가족이나 연인 관계에서도 양상은 다르지만 비슷한 감정노동 체계가 드러난다. 상대의 마음을 꾸준히 살피는 한편 감정 동선에 맞춰주려고 자신의 감정을 억누르는 식이다. 대부분의 경우, 여성들이 이처럼 보살펴주는 감정노동을 담당한다.

각박한 세상에서 고달픈 영혼을 위한 휴식처는 '서로를 이해하는 관계의 품'이다. 사람들은 그런 관계의 완성으로서의 '가족'을 꿈꾼다. 그런데 감정노동을 도맡는 여성들은 가족 안에서도 편안하게 쉴 여유를 갖지 못한다.

기혼 여성 대상의 조사에서 언제나 스트레스 주범 일순위로 꼽히는 것이 바로 '가사노동'이다. 이 대목에서 남성들은 고개를 갸웃거린다. "그깟 집안일이 뭐가 힘드냐"는 것이다. 더구나 요즘엔 청소기와 세탁기의 도움을 받는 데다 남편이 가사를 분담해주는 경우도 많으니 힘들 이유가 없다는 시각이다.

통계청이 2012년 맞벌이 부부의 가사노동 시간을 조사했더니 평일을 기준으로 아내는 2시간 23분인 반면 남편은 17분에 그치는 것으로 나타났다.

기혼 여성들에겐 '스트레스 1위' 대상이지만 남성에게는 '그깟 일' 정도로 인식의 차이가 크게 벌어지는 가사노동. 그 간극을 파악하기 위해서는 가사노동의 역사를 살펴볼 필요가 있다.

인류가 농경생활을 통해 정착하기 시작한 이래 집안일에 있어서는 남편과 아내 역할의 큰 구분이 없었다. 산업화 이전까지는 경제활동이 집에서 이뤄졌기 때문이다. 남편을 뜻하는 영어단어 'husband'의 어원을 살펴봐도 그렇다. 'hus'는 'house'의 옛말이다. 따라서 남편이란 '집house을 묶고 있는band 사람'에서 나온 것이다.

그런데 산업화로 인해 남자가 집을 떠나 공장으로 일을 하러 가게 되자, 여성이 가사를 전담하게 되었으며 '집안일housework'이라는 단어도 이때 등장했다. 서구의 경우 산업혁명이 일어난 것은 불과 200여 년 전의 일이다.

여성은 집안일을 담당하고, 남성은 일터에서 노동을 담당하는 것이 초기 산업사회의 분업 규칙이었다. 하지만 고도 산업사회로 들어서면서 이 규칙에는 다시 변화가 생겼다. 교육받은 여성들이 시장에 쏟아져 나오면서 다양한 일자리가 이들을 받아들였다. 여성들은 남편의 수입에만 의존하지 않는 주체적인 삶을 자각하게 되었으며, 결국 또 한 차례 분업 규칙에 변화가 불가피하게 되었다. 부부가 둘 다 일을 한다면 집안일 중에 무엇을 누가 맡을 것이며, 아이 양육 분담은 어떻게 할 것인지 등을 다시 구분해야 했다.

이전의 부부들에겐 선택이 필요 없었다. 통념과 관례에 따르면 그만이었다. 하지만 이제는 모든 것을 부부가 협의를 통해 분담해야만 하는 필요가 생겼다. 그러나 여전히 많은 남성이 가사노동을 당연히 여성이 전담해야 한다고 주장하곤 한다. 그 근거는 상반되고 모순된 여러 가지 인식의 사이를 오간다. 특히 뿌리 깊은 유교적 이데올로기에 익숙한 남성의 경우 인식의 괴리가 크다.

아내 기준으로는 단순하고 하찮은 '그깟 일'이었던 가사노동이 어머니를 기준으로 하면 행복한 가정과 식구들을 위한 '고결한 희생'으로 전환된다. 가사노동이라는 본질에는 차이가 전혀 없음에도 불구하고 노동 주체가 누구냐에 따라 이중 잣대가 각각 적용된다.

결국 "가사노동은 돈을 벌어오는 일이 아니므로 남자가 할 일이 아니다"는 주장에 이르렀다가 다시 "그깟 일이 뭐가 그렇게 힘드냐"는 원점으로 돌아간다. 가사도우미에게 매달 상당한 금액의 대가를 치르다가도, 아내가 직장을 그만두고 가사노동을 전담하게 되면 '당연히 공짜'라는 인식으로 회귀하는 것이다.

가사노동은 여성에게 이중으로 힘든 노동이다. 가사노동이 '진정한 의미의 감정노동'이기 때문이다. 육체적으로도 힘들지만, 그와 관련된 감정들이 여성을 더욱 고통스럽게 옭아맨다.

일단 가사노동이 사회적 노동으로서 인정받지 못한다는 점에서 그렇다. 노동이 아닌 '당연한 애정 표현'쯤으로 여겨지는 것이다. 유기농 재료를 장만해 건강식으로 밥상을 차려주어야 남편을 제대로 사랑하는 아내이며, 집안 구석구석을 깨끗하게 청소하고 감각 있게 꾸며야 가족을 챙기는 여성이라는 평가를 받는다. 마땅히 해야 할 일을 조금 더 신경 썼다는 정도의 평가다.

가사노동이 감정노동이라는 것은 '시어머니와 함께 하는 일'에 그 핵심이 숨어 있다. 조금 더 정확하게 표현하면 '시어머니가 며느리에게 하는 말'이다. 많은 시어머니가 며느리와 함께 주방에 들어가는 순간 괴물급 투수로 변신한다. 타자가 생각지도 못한 순간을 노려 구석구석에 절묘하게 공을 찔러 넣어준다. 스트라이크 같은 볼과 위협구가 대부분이다. 어떤 공은 위협의 차원을 넘어 가장 아픈 곳에 정확하게 꽂힌다. 며느리는 내색을 하지 못하고 겸연쩍게 웃으며 타석을 간신히 지켜낸다. 며느리는 자존심이 상하고 분노가 치밀 때도 있지만 불평 없이 수용해야만 한다.

시어머니가 진정으로 괴물급 투수인 이유는, 그런 위력적인 투구의 성질이 애매해서 몇 마디 말로 딱 잘라 설명하는 것 자체가 불가능하기 때문이다. 저녁 때 남편을 맞이한 며느리가 울며불며 고해바쳐도 아들 입에선 "설마 어머니가 그런 뜻으로 말씀하셨겠어?"라는 반응이 나올 수밖에 없는 이유이기도 하다. 거의 모든 아들이 이 대목에선 비슷하다. 가족을 위해 살아온 희생의 상징인 어머니에게 그처럼 놀라운 능력이 있을 것이라고는 감히 생각하지 못한다.

가사노동과 감정노동이 맞닿는 가장 확실한 이벤트는 명절이다. 여성들이 명절 시즌만 되면 미리 앓는 이유 역시 육체노동보다 고된 감정노동 때문이다. 혹실드는 『감정노동』에서 노동 분업에 따른 여성들의 처지를 이렇게 서술했다.

"결과적으로 여성들은 '감정 원칙'에 대항할 보호막을 얻지 못한다. 여성들은 불만을 가진 사람들이 두려울 것 없이 자기감정을 표출하는 고객 불만의 접수처가 되는 경우가 많다."

이 부분을 한국 여성들의 명절 가사노동에 적용해보면 평소 생각하지 못했던 새로운 그림 하나가 그려진다. 음식 장만이나 차례상 차리기 같은 육체노동보다도, 아픈 공만 골라서 던지는 '시'자 붙은 투수들의 로테이션에도 애써 웃으며 대응해야 하는 감정노동이 훨씬 힘든 것이다.

여성들은 힘겨운 노동을 마친 뒤에 남편에 의해 다시 한 번 좌절을 경험한다. 그들은 이길 수 없는 시댁 사람들에게서 받은 상처를 남편의 마음으로 보상받고자 한다. 그러나 '친근함 경쟁'으로나마 위안을 찾아내고 싶은 아내의 불평과 투정에 남편은 이렇게 대답해 감정을 더 상하게 한다.

"좀 참아. 어머니가 대단한 걸 원하는 게 아니잖아. 그깟 일 좀 해드리면 되지. 게다가 명절은 1년에 두 번밖에 없는데."

아내의 불평을 '그깟 일'과 단순한 '노동'의 문제로 인식해 그보다 심각한 '감정'의 문제를 간과하는 것이다.

———

수평 지향적이고 상호 협조적인 여성들에게도 사랑만큼은 예외다. 상대 남성을 '나만의 것'으로 독점하려 하며, 상대의 1순위가 자신이어야 한다고 믿는다. 이런 관념은 일부다처제 시절부터 여성들 간에 뿌

리 깊었던 경쟁에 기원을 두고 있다. 어머니의 아들에 대한 사랑 역시
이런 범주에서 크게 벗어나지는 못한다.

결혼은 가정을 이루기 위한 남성과 여성의 만남이지만, 그와 동시
에 한 남자에 대한 배타적 독점을 추구하는 두 여성이 만나는 것이기
도 하다. 시어머니가 오랫동안 품어온 모성애와, 며느리가 비교적 짧
은 기간에 키운 애정이 긴장 관계를 조성하며 서로가 1순위라는 사실
을 입증하기 위해 경쟁을 벌이게 된다. 많은 남성이 아내와 어머니의
경쟁 심리를 이해하지 못한다. 자신이 사랑하는 아내니까 당연히 자신
이 사랑하는 어머니와도 잘 맞을 거라 믿는 것이다.

우리나라의 가족 시스템이 위기를 겪고 있는 것은, 환경이 바뀌었음
에도 불구하고 여전히 여성에게 가사노동 혹은 감정노동을 일임한 채
나머지 식구들은 그 결실만을 누리고 있기 때문이다. 모두가 뒤로 물
러나 앉아 있을 때 가족의 평화를 위해 오로지 여성만이 스스로를 희
생하며 온갖 가사노동을 수행해왔다.

그런데도 그 노동에 대한 대가를 치르는 것은 고사하고 오히려 당연
하게 여기며 그들의 감정이 어떤지는 살펴준 적이 없다. 대부분의 가정
에는 신세 한탄을 늘어놓는 할머니 혹은 어머니가 있다. 그런 신세 한
탄은 대물림된다. 신세 한탄을 물려받은 여성은 시어머니가 된 이후 괴
물급 투수로 변신할 가능성이 매우 높다. 수십 년간 고스란히 쌓은 감
정노동의 앙금이 이런 방식으로 며느리에게 다시 대물림되는 것이다.

이렇게 가사노동은 남성들의 통념으로는 가늠하기가 쉽지 않다. 사
랑하는 가족을 위한 '숭고한 노동'일 수도 있고, 의미도 보람도 없는
'그깟 일들'이 될 수도 있다.

탐식과 신분 경쟁

핀란드 직업건강연구소가 30~55세 여성 230명의 라이프스타일을 1년 여에 걸쳐 분석해 흥미로운 결과를 내놓았다. 분석 대상 여성 가운데 22%가량이 직장 일에 지쳐 있었는데, 이들은 스트레스를 받을 때마다 '감정적 식사emotional eating'에 빠진다는 것이다.

'감정적 식사'란 정말로 배가 고파서 먹는 게 아니라 분노 또는 스트레스로 인한 허기 때문에 눈앞의 음식이 없어질 때까지 먹는 것을 멈추지 못하는 상황을 의미한다. 감정적 식사를 불러들이는 허기는 몸이 아닌 '마음의 허기'다.

식욕 조절을 담당하는 곳은 이성 뇌가 아닌 감성 뇌, 즉 '시상하부'라고 부르는 곳이다. 그래서 사람들은 배가 고플 때보다 마음이 고플 때 더욱 간절하게 음식을 원한다. 어느 정도 배를 채워도 마음은 여전히 허전하다. 마음속의 빈 공간을 채워넣으려고 먹는 것에 더욱 탐닉한다.

이를테면, 회식에서 고기와 술을 먹고는 2차로 맥주와 골뱅이 소면, 소시지 안주 등으로 배를 가득 채워놓고도 최후까지 남은 몇몇 동료와 포장마차에서 소주와 어묵, 우동을 또 먹는다. 그럼에도 뭔가 부족한 것 같아 편의점에서 맥주와 안주를 사들고 집에 들어간다. 사람은 누구나 세상에 홀로 남겨진 듯한 느낌을 받을 때 마음이 고프다. 여성들은 더욱 그런 경향이 있다. 감성 뇌가 남자들보다 발달되어 있기 때문이다.

점심시간, 한 뷔페식당에서 30대 초반 여성들이 모임을 갖고 있다. 테이블에 모여 있던 여성들이 마지막으로 나타난 친구에게 한마디씩 인사말을 건넨다. 그중 하나가 떠들썩한 분위기를 잠시 술렁이게 한다. 이런 인사말이다.

"오랜만이야. 그런데 살쪘네? 무슨 일 있었어?"

남성의 관점에서 보면 이해하기 어려운 대목이다. 다른 곳이라면 몰라도 뷔페식당에서 '살쪘네'라는 말은 그다지 어울리지 않기 때문이다. 뷔페식당은 다양한 음식을 맛볼 수 있는 장점이 있지만 음식 값이 비싸므로 대부분의 사람들이 본전을 뽑기 위해서라도 과식을 하게 되는 곳이다.

맛있는 음식을 조금씩만 맛보려고 뷔페에 가는 사람도 있겠지만, 모임에 참석한 여성들은 전혀 그런 스타일이 아니다. 여성들은 다양한 음식을 접시에 듬뿍 담아와 즐겁게 먹고는 또 다른 접시를 들고 분주히 움직인다. 어떤 여성은 후식으로 와플을 가져와 칼로리가 높다는 크림을 듬뿍 얹는다.

현대사회에서 먹는 행위는 최고의 즐거움이자 취미생활로 자리잡은 지 오래다. 그런데 여성들에게는 그들만의 딜레마가 있으니, 맛있는 음식을 마음껏 먹으면서도 살을 빼고 날씬한 몸매를 유지하려는 바람이 공존한다는 것이다. 상식의 잣대로는 동시에 달성하기가 불가능에 가까운 바람이다. 그러나 여성들에게는 그런 불가능을 깨는 것이야말로 '가장 기본적인 성공'이다.

"살쪘네? 무슨 일 있었어?"

'살'을 '무슨 일'로 연결시키는 사고방식도 남자들에게는 낯설다. 여성들에게 '살'은 상대를 파악하는 가장 쉬운 수단이다. 모래 몇 줌의 무게만 찌거나 빠져도 여자들끼리는 척 보고 안다. 그들 사이에서 날씬하다는 것은 젊고 아름답다는 의미로 통한다. 그래서 전 세계의 거의 모든 여성들이 새해만 되면 약속이라도 한 것처럼 일제히 다이어트에 돌입하는 것이다.

그런데 그런 여성이 갑자기 살이 쪘다면, 그들의 해석으로는 '무슨 일'이 생긴 것임에 틀림없다. '무슨 일'이란 십중팔구 '스트레스 받는, 좋지 않은 일'이다.

마음 고픔에 민감한 여성들은 스트레스로 인한 마음속의 허전함을 채우기 위해 먹고 또 먹는다. 일이 힘들어서 먹고, 괴롭히는 상사 때문에 화가 나서 먹고, 다이어트 강박에 시달리다가 먹고, 그런 자기 모습에 실망해서 또 먹는다. 그리고 외로워서 다시 먹는다.

마음 고픔은 악순환을 초래한다. 스트레스가 코르티졸과 인슐린을 분비시키면 그것이 시상하부를 자극해 식욕을 불러온다. 스트레스로 인한 식욕은 단 음식과 기름진 음식을 찾도록 충동질해 몸에 더 많은 지방을 쌓도록 한다. 간에 지방이 쌓이면 인슐린 저항성을 유발, 췌장에게 더 많은 인슐린을 분비하도록 신호를 보낸다. 그래서 또 식욕이 일어난다.

스트레스 받아서 먹고, 많이 먹어서 스트레스를 받고 다시 먹는 일이 반복된다. 그런데 뇌는 몸에 더 많은 지방이 쌓일수록 스트레스를 덜 받는다. 우리의 뇌는 몸에 지방을 쌓아놓아야, 먹을 것이 떨어져도 당분간 버틸 수 있다며 안심 모드에 돌입하는 것이다. 두툼한 허리살이 비만의 지표인 동시에 스트레스를 나타내는 잣대인 이유가 바로 여기에 있다. 여성들끼리 "살쪘네? 무슨 일 있었어?" 하고 묻는 데는 그만한 경험적 근거가 있다.

미국 UC샌프란시스코 대학 연구팀이 비만 여성 600여 명을 대상으로 만성 스트레스와 식습관이 어떤 연관을 가지고 있는지를 조사했다. 그 결과 스트레스가 많을수록 고지방 음식을 많이 먹으며, 배고픔을 참지 못하는 것으로 나타났다. 그러면서도 체중 감량을 위해 끼니를 굶는 극단적인 다이어트를 자주 했다. 여성들은 다이어트 실패에 따른 악순환을 겪으며 마침내는 자신감까지 상실하는 것으로 드러났다.

그런데 도대체 누가 여성들에게 예쁘고 날씬해질 것을 요구했을까. 텍사스대 심리학과 교수인 데이비드 버스David M. Buss는 저서 『욕망의 진화The evolution of desire』를 통해 남성과 여성 모두의 필요에 의한 것이었다고 결론을 내렸다.

버스 교수는 남성이 선호하는 여성의 자질들로 젊음(높은 번식 가능성)과 신체적 아름다움, 대칭적인 매력적 얼굴을 꼽았다. 그러나 몸매의 경우 매력에 대한 기준이 문화마다 다르며 사회적 지위와 연관된다고 밝혔다.

여성은 젊음과 신체적 매력을 드러내 보여줌으로써 자신의 높은 가치를 다른 이에게 인식시키며, 동시에 외모를 젊고 건강하게 보이게끔 가꾸는 데 큰 비중을 두어왔다고 버스 교수는 분석했다.

국내의 인터넷 업체가 회원들을 대상으로 언제 다이어트의 필요성을 느끼는지 물었더니, 여성 응답자의 66.5%가 '옷을 세련되게 입을 수 없을 때'라고 대답했다.

백화점에 가보면 그런 답변에 어느 정도의 절박함이 담겨져 있는지 금세 알 수 있다. 여성복 사이즈는 대략 44, 55, 66, 77, 88로 구분된다. 44는 매우 마른 몸으로 아동복 코너의 큰 사이즈 옷을 입을 수 있을 정도의 체격이다. 55사이즈는 약간 마른 체격, 66사이즈는 보통 체격의 여성에게 맞는 사이즈다. 77이나 88 사이즈는 흔히 '아줌마 사이즈'로, 뚱뚱한 몸을 일컫는 대명사로 쓰인다.

그런데 백화점 매장에는 77사이즈 이상을 갖춰놓은 브랜드가 많지 않다. 특히 부유층이 많이 찾는다는 강남의 모 백화점은 여성복 매장 전체를 통틀어 77사이즈를 파는 곳이 단 한 곳도 없을 정도다.

매장 직원들은 날씬한 손님에게는 열심히 권하고 옷을 입혀보기도 하지만 77사이즈 이상의 고객과는 가급적이면 눈을 마주치지 않으려고 한다. 직원의 시선을 끄는 데 성공해 77사이즈를 찾을 경우, 66사이즈를 권해보거나 "사이즈가 없다"고 잘라 말한다. 77사이즈 고객은 모멸감을 느낀다.

데이비드 버스가 몸매와 사회적 지위를 결부시킨 것처럼 우리나라에서도 '날씬한 사이즈'가 신분의 상징으로 자리잡아가고 있다. 이제 77 이상의 사이즈는 도매 쇼핑몰 혹은 인터넷 쇼핑을 통해서나 구입할 수 있게 되었다.

일부 여성들은 어린 시절부터 집중적인 관리를 받으며 자라나 큰 키에 날씬한 몸매, 성형수술 받은 얼굴과 매끈한 피부는 물론 남다른 패션 감각으로 자신의 외모 경쟁력을 부각시킨다. 신분에 따른 외모 차별화는 앞으로도 더욱 확대될 것이다. 외모가 계급을 가르는 또 하나의 수단으로 자리잡아가고 있는 추세이기 때문이다.

이처럼 여성들이 살과 외모, 치장에 목숨을 거는 이유는 그것이 곧 신분 경쟁이자 생존 경쟁이기 때문이다. 일부 여성의 경우 치장에는 관심을 덜 기울이기도 하지만 살에 관한 한 거의 모든 여성이 민감하다.

여성들이 추구하는 '가장 기본적인 성공의 모습'을 우리는 뷔페식당에서 찾아볼 수 있다. 맛있는 음식을 즐기는 행복과, 그러면서도 더욱 날씬한 몸매를 가지려는 역설적인 추구, 그래서 더욱 극적일 수밖에 없는 성공의 난해함이다.

뷔페식당에서는 그런 난해한 성공의 뒷모습까지 엿볼 수 있다. 공범의식을 위안 삼아 맛있는 음식을 먹으면서도 완전히 떨쳐버릴 수 없는 걱정과, 칼로리가 높은 음식을 듬뿍 담아와 자신감을 내비치지만 속으로는 체중계에 오를 생각만으로 미리 받는 스트레스, 그런 스트레스 때문에 자꾸 먹으면서 느끼는 모순된 행복이다.

마음껏 먹는 것과 원하는 만큼 날씬해지는 것, 그 사이 어딘가의 지점에서 그들의 행복과 성공이 교차한다. 다만 최적의 지점을 찾기가 미노스 왕의 미궁처럼 어려울 뿐이다.

그녀들만의 리그

내숭이란 '겉으로는 순해 보이나 속으로는 엉큼하다'는 뜻이다.

대부분의 남자들이 여자의 내숭을 애교 정도로 여기는 반면 여성들은 다른 여자의 내숭에 매우 민감하며 부정적이다. 때로는 민감함을 넘어 격하게 반응한다. 그만큼 내숭에 큰 거부감을 보인다.

미국 케이블TV 채널 폭스라이프가 '여자의 내숭'에 관한 설문조사를 실시했다. 조사 결과, 여자의 내숭에 대한 남녀의 시각차가 상당한 것으로 나타났다. 여성들의 경우 '보기 싫다' '얄밉다'는 부정적인 답변이 다수를 차지한 반면, 남자들은 '애교로 본다'는 긍정적인 답변이 훨씬 많았다.

여성들이 꼽은 여자 내숭 1위는 '많이 못 먹는 척하기'였다. 반면 남성들이 생각하는 여자 내숭 1위는 '실제로는 잘 놀면서 조신한 척하기'로 나타났다.

내숭을 바라보는 관점에 자신의 입장을 각각 투영한 결과다. 여성들은 먹는 것을 즐기는 본모습을 남자에게는 들키지 않으려는 다른 여자의 내숭이 꼴 보기 싫은 것이고, 남성들은 여러 남자와 잘 놀면서도 아닌 척하는 여자가 마뜩치 않은 것이다.

그러나 사실, 여성들이 내숭을 떤다며 혐오하는 여자는 대부분 자신의 여성스러움을 부각시키려는 스타일이다. 다시 말해 '남자들에게 보호본능을 일깨우는 기술'을 발휘하는 경우다. '많이 못 먹는 척하기'도 같은 맥락이다.

하지만 자신의 여성성(전통적인 관점에서의 아름다움이나 연약함)을 부각시키려는 성향은 매우 오래전부터 이어져온 여자들의 생존 방편이기도 했다. 지위가 높고 능력이 있는 남성에게 어필하기 위해서였는데, 이런 남성들은 대부분 수동적인 여성을 원했다. 자신과 맞설 가능성을 품고 있는 능동적인 여성에게는 부담감을 느꼈기 때문이었다.

현대 여성들은 굳이 여성성을 부각시켜 남자에게 의존하지 않아도 원하는 바를 스스로 이룰 수 있을 정도로 강해졌다. 그래서 '예쁜 척, 착한 척' 내숭을 부리려는 여자를 발견하면 반감이 솟구치는 것이다.

그런데 이처럼 다른 여성의 내숭에 분노를 드러내는 여자들도 자기 마음에 드는 남성과 어울릴 때에는 은근히 내숭 실력을 발휘하곤 한다. 결국 여성들에게 있어, 이 세상의 모든 내숭 중에 유일하게 허용된 것이 바로 '나의 내숭'인지도 모른다. 나를 제외한 여성들에게는 일체 허용하지 않는 일종의 '내숭 독점권'인 셈이다.

여성들의 이런 속마음은 '어떤 여자(동료 혹은 친구)를 좋아하는지'를 통해 드러난다. 다양한 조사가 이뤄졌지만 그 결과는 언제나 대동소이

했다. 예쁜 척, 약한 척하지 않는 털털한 여자다. 남자보다는 여자한테 더욱 잘해주고 챙겨주는 언니 같은 여자라면 호감도가 더욱 높다.

예쁜 척, 약한 척하지 않는 털털한 여자란 남성들에게 매력적이지 않은 여자다. 적극적인 남성들이 부담스러워하는 능동적인 여성의 이미지와 겹친다. 남자보다는 여자한테 더욱 잘해주고 챙겨주는 언니 같은 여자도 마찬가지다. 그러니까 남자에게는 관심이 없는, 경쟁자가 될 가능성이 전혀 없는 여자다.

어느 자리에서나 여성들의 '공적公敵 1호'는 정해져 있다. 남성들에게 잘 보이려고 혼자만 튀는 여자다. 이런 여자를 만나면, 모든 여성이 분연히 떨치고 일어나 연대의 위력을 과시한다.

연대의 위력은 소문으로 금방 나타난다. '그 여우'는 소문으로 둘둘 말려 고립무원의 신세가 된다. 여성들에게 있어, 자신에 대한 소문은 치명적일 수도 있는 문제다. 오죽하면 여성의 건강에 중대한 영향을 미치는 요소로 '주변사람들과 잘 지내고 있다는 느낌'을 꼽을까.

남성들이 삶을 경쟁에서 승리하는 과정으로 인식하는 데 비해 여성들은 무리 속에서 자신의 위치를 확고히 하고 안정된 관계를 유지하는 과정으로 인식한다. 갑자기 혼자가 된 여성은 심리적 공황에 빠질 수밖에 없다.

여성들의 연대와 응징이 내숭 떠는 여자만을 겨냥하는 것은 아니다. 다른 사람들에게 인정받는 여자라면 누구나 그 표적이 될 가능성으로부터 자유롭지 못하다. '내가 받지 못한 관심을 받았다'는 시기심이 여성들 특유의 친근함과 동질성을 확인하려는 특성과 결합된다. 희생자의 모든 행동이 색다르게 해석되어 근거 없는 억측과 추문을 양산한다.

여성들 사이에서 인기 있는 여자에 대한 경계심은 진화와 환경의 산물이라고 볼 수 있다. 특히 남성들의 관심을 모으는 여자는 모두에게 공평하게 돌아갈 기회(배우자)를 위협하는 침입자로 여겨진다. 마을 주민들이 침입자에게 일제히 달려들어 공격하는 것처럼 여성들 역시 강력한 경쟁자를 에워싸 무력화시키고 만다.

———

남자 상사에게 인정받는 여자 후배란 '되바라지지 않으면서 좋은 결과를 내는 사람'이다. 남자들은 똑 부러지기보다는 망설이며 말하는 스타일의 여자 후배를 좋아하는 경우가 많다. 그녀의 태도에서 '당신의 권위에 도전할 의사는 없지만 제 의견은 이래요'라는 의지를 읽을 수 있기 때문이다.

대부분의 남자에게는 권위가 최우선이지만 그 못지않게 '결과' 또한 중요하다. 회사 일이란 결과로 승부하는 것이고, 일을 잘한다는 것은 좋은 결과물을 내놓는 것이기 때문이다.

그런데 여성들의 생각은 좀 다르다. 그녀들은 회의를 할 때 깐깐하게 따지고 보고서의 허술한 논리를 꼼꼼하게 짚어낸다. 여성들에겐 이런 '과정'이 곧 일이며 일을 잘 한다는 것은 '과정을 잘 살피고 문제를 제기하는 것'이다. 결과는 그 다음의 문제다.

그래서인지 남자 상사에게 인정받는 여자 동료를 보면 납득하지 못한다. 그 여성이 일하는 과정에서 똑똑함을 입증하지 못했는데 왜 상사의 인정을 받아야 하는지 이해할 수 없고 부당하다는 생각마저 하게 된다.

부당하다는 생각은 '혹시 남자의 보호본능을 일깨우는 기술을 발휘한 것이 아닐까' 하는 의심으로 이어지고, 의심의 증거들을 해당 여성의 말투와 행동 등에서 찾아낸다. 상사에게 말할 때 주저하며 말하는 스타일부터가 '재수 없는 내숭'이었다고 믿는다.

그래서 여성이 다수인 조직의 남자 상사들은 공공연하게 경쟁을 부추기지 않는다. 칭찬해줄 일이 생기면 다른 여성들 앞에선 조심하고 해당 직원만 따로 부르는 경향이 있다. 섣부른 경쟁 유도와 칭찬이 대다수 여성들에게 역효과만 낼 가능성이 높다는 것을 알기 때문이다.

많은 여성이 성과만을 강조하는 남자 상사 때문에 자신의 실력을 인정받지 못한다면서 조직에 실망감을 드러낸다. 빈틈없이 일해서 많은 프로세스를 개선했는데도 그런 뛰어난 능력에 대해 높이 평가해주기는커녕 충성심과 결과만을 강조하는 회사 시스템이 잘못되었다고 성토한다. 그들이 원하는 바는 '열심히 했으니까 그만한 평가를 받고 싶다'는 것이다.

조직의 성과와 자신의 이해득실부터 따지는 남자 상사 역시 여성들에게는 이기적으로 비춰진다. 후배들을 고생시켜 자기 출세의 밑천으로 삼으려는 비인간적인 상사로 그려지는 것이다.

하지만 회사가 잘 굴러가기 위해서는 과정도 중요하지만 결과가 어떠한가도 중요하다. 문제는 그것을 어떻게 조화시키느냐는 것이다. 남자 상사들은 여성들이 본연의 자신을 어떻게 봐주는지에 민감하다는 점을 깊이 인식할 필요가 있다. 그들에겐 열심히 일하고 있는 자신이, 수시로 바뀌는 성과보다 훨씬 중요하기 때문이다.

이런 양상은 가정에서도 비슷하게 나타난다. 남편은 아이의 조기유학에 실패하고 돌아온 아내에게 "돈만 허비했지, 성과가 뭐가 있느냐"고 따지는 반면, 아내는 "어떻게 그런 말을 할 수 있느냐"고 서운해한다. 남편은 유학에서 돌아온 아이의 영어 실력이 별로 늘지 않았다는 결과를 탓하는 데 비해 아내는 외국에서 자신이 얼마나 동분서주했는지 남편이 이해해주지 않는 것이 억울하다.

남성들 간의 투쟁이 폭력적이고 잔인하며 권력 지향적인 데 반해 여성들 간의 투쟁은 조용하고 겉으로 드러나지 않으며 평등 지향적이다. 남성은 경쟁자들을 물리치고 홀로 솟아오르기 위해 투쟁하는 반면, 여성은 홀로 솟으려는 경쟁자를 다수가 힘을 합쳐 끌어내리기 위해 투쟁한다.

이처럼 여성들 간의 경쟁과 성공은 주변 여성들의 눈치를 봐가며 요령 있게 자신을 부각시키거나 또는 혼자만 튀려는 '재수 없는' 경쟁자를 다른 여성과의 연대를 통해 끌어내리는 선택 사이의 어느 지점에 놓여 있다.

하이힐과 성형

여성의 미모는 오래전부터 남성의 선택을 받는 중요한 기준으로 작용해왔다. 힘을 가진 남성일수록 더 많은 여성을 거느릴 수 있었으며 미모를 갖춘 여성이 부와 권력에 다가가는 데 유리했다.

여성은 자신의 아름다움을 타인의 시선을 통해 확인한다. 시선을 독차지하는 데는 하이힐만한 것이 없다. 키가 커 보이는 것은 물론 신체의 굴곡과 함께 날씬함을 강조하는 하이힐이야말로 여성으로 하여금 이목을 끌어 아름다움을 확인받기 위한 가장 탁월한 도구다.

하이힐은 유럽 절대왕정 때의 산물이다. 고대 그리스의 연극배우들이 통굽 신발을 이용했다는 기록이 있으나 현대적인 하이힐의 탄생은 16세기 무렵으로 알려져 있다. 베네치아의 여인들이 거리의 오물(당시는 대소변을 집 밖에 함부로 버렸다)로부터 발의 청결을 지켜내기 위해 신었다는 높은 굽의 쇼핀느Chopine가 원형이다. 프랑스 왕정의 군주와 귀족 부인들이 이를 애용하면서 오늘과 비슷한 형태로 진화했다.

하지만 하이힐에는 고통이 수반된다. 오랜 시간 신을 경우 허리 질환에 걸릴 위험성이 높다. 게다가 하이힐을 신는 여성들의 발은 예외 없이 굳은살과 상처투성이다. 새 하이힐에 적응할 때마다 견뎌낸 고통의 흔적이다. 고통을 피하는 특별한 방법이란 없다. 그냥 견뎌내는 것이다. 종이에 손가락을 벴다며 눈물을 찔끔 흘리는 여성이라도 하이힐의 고통만은 묵묵히 참아내는 불가사의한 인내를 보여준다.

고통을 감수하더라도 아름다움을 확인받고 싶은 여성의 욕망은 성형수술에서도 드러난다. 한 시장조사 업체가 수도권 거주 성인 여성 1100여 명을 대상으로 조사한 결과 5명 중 1명꼴로 성형수술을 받았다고 인정했다. 이들은 성형수술의 이유로 '예뻐지고 싶어서'와 '자신감을 얻으려고'를 나란히 들었다.

그런데 '자신감을 얻으려고 성형수술을 했다'는 의미는 무엇일까. 미국의 역사학자 엘리자베스 하이켄Elizabeth Haiken은 이를 열등감 해소로 풀이한다. 하이켄은 자신의 저서 『비너스의 유혹: 성형수술의 역사 Venus Envy : A History of Cosmetic Surgery』에서 열등감을 자존심으로 치환하기 위해 여성들이 미용성형에 정낭성을 부여한다고 해석했다.

적지 않은 여성이 '자존심'이란 표현을 자주 쓰며 스스로를 자존심이 센 여자라고 강조한다. 그러면서도 사소한 일에 자존심 상한다고 말한다. 강한 자존심이 어떻게 그토록 빈번하게 상할 수 있을까. 그러니까 '세다'는 자존심의 이면에는 '비교에 민감하며 여린 나'가 숨어있는 셈이다.

하이힐은 20세기까지 여자의 자존심으로 불려왔다. 하이힐에 더하여 이제는 성형수술이 자존심의 기준을 더욱 높여가는 중이다. 여성들은 눈을 찢고 턱을 깎는 성형수술을 통해 '마음에 들지 않는 나'를 '타인의 마음에 드는 나'로 바꾼다. 생살을 째고 뼈를 깎는 고통은, 남들의 인정이라는 대가에 비하면 감당할 만한 것이다.

많은 여성에게 자존심은 방패이면서 칼이다. 여성들은 혼자만 잘난 척하고 싶은 남성들과는 달리 관계를 위해 자존심 모드를 발동할 때가 있다. 상대방과 수평적인 관계를 유지하고 싶을 때 자존심이 방패로 활용된다. 친구가 결혼기념일 선물을 슬쩍 자랑하면 "예쁘네! 잘 어울린다!" 하고 칭찬을 해줌으로써 자존심을 지키는 동시에 관계에 윤활유를 뿌린다.

하지만 여성의 자존심은 자신의 우월함을 반드시 확인하고 싶을 때 날카로운 칼이 된다. 친구의 결혼기념일 선물에 자존심이 크게 상한 여성이라면, 남편을 졸라 더 비싸고 화려한 선물을 기어코 받아내 그 친구에게 과시할 수도 있다. 경쟁이 강점인 여성이라면 이런 선택을 할 가능성이 높다.

그런데 비교와 경쟁을 통한 자존심 추구는 차츰 그 범위와 강도를 확대하는 성질을 가지고 있다. 이런 게임에 깊이 빠져든 여성은, 자신이 이뤄낸 성공 외에 남자친구의 외모와 스펙 혹은 남편의 직업과 연봉, 아이의 용모와 탁월함 등 곁에 있는 모든 사람을 자존심 경쟁의 대상으로 내놓는다.

여성들 간에 가장 치열한 자존심 경쟁이 벌어지는 영역은 자녀교육이다. 아이를 자기 자존심과 동일시하는 엄마들이 적지 않기 때문이다. 자기 힘으로 벌어 아이의 교육에 투자하는 여성도 있지만 남편에게 상당한 투자를 요구하는 경우도 많다. 무리를 해서라도 아이를 좋은 교육기관에 보내며 그곳에서 만난 상류층 엄마들로부터 때론 자존심에 상처를 받으면서도 경쟁을 멈추지 않는다. 아이를 기죽게 하지 않으려면 등교 혹은 학원 순례를 위해 남부럽지 않은 고급 승용차가 필요하다고 주장하기도 한다.

그러나 이런 선택을 오로지 이기심만으로 몰아붙이기는 어렵다. 그들로서는 어떤 희생을 감내해서라도 아이를 잘나가는 집단의 일원으로 편입시키고 싶은 것이다. 여성은 소속된 무리가 어느 정도인가를 기준으로 성공 여부를 가늠하는 속성도 가지고 있다. 소속 집단을 자기 정체성과 동일시하므로 관계가 곧 자존심이 된다.

이 때문에 아이를 매개로 자존심 경쟁을 벌이는 여성 가운데 상당수는 스스로를 궁극의 희생을 하는 착한 엄마라고 여긴다. 자신의 어린 시절과는 달리 특별함을 누리는 아이를 보는 것이 그녀의 만족이며 희망이다.

하지만 다른 관점에서는 그런 선택이 희생으로 보이지 않을 수도 있다. 상류층 엄마 무리에 끼어들어 신분 상승 욕구를 충족시키기 위해 아이를 수단으로 삼았을 뿐이라는 비판도 가능한 것이다. 여성들의 희생 가운데는 이처럼 주관적인 것들이 있다. 가족을 위한 고결한 희생인지 아니면 자존심 경쟁에서 승리하기 위한 것인지 한마디로 정의하기 어렵다.

남성들이 자존심에 목숨까지 건다지만, 일부 여성들 사이의 과열된 자존심 경쟁은 남성들의 그것보다 훨씬 집요하고 거대하다. 이런 경쟁은 온 가족을 자존심의 자루에 담는다. 겉으로는 은근하면서도 속으로는 활활 타오르는 자존심 덩어리들이 한 발짝도 물러설 수 없는 경쟁의 각축장으로 모여드는 것이다.

이길 확률이 희박한 게임일 경우, 스스로를 지키는 동시에 우호적인 관계를 유지하기 위해 자존심을 방패로 활용할 수 있다. 그러나 어떤 여성들은 굳이 높은 차원의 경쟁 무대에 칼을 빼들고 불나방처럼 에너지를 불사른다. '허영'이라는 불꽃이다.

이따금 독특한 분위기의 여성을 주변에서 발견할 수 있다. 겉으로는 잘 드러나지 않는 자신만의 가치를 추구하는 부류다. 이들은 무엇을 하든, 약간 다른 특성을 보인다. 옷이나 물건보다는 자신의 건강부터 챙기고, 부지런하게 배워 익히며 자기관리를 한다. 남에게 보여주는 것보다 내면적 깊이와 가치를 추구하는 경향이 있다. 그런데 이런 여성의 온화한 말투와 절제된 세련미, 두루 통하는 교양은 오랜 기간 동안 다져진 스스로에 대한 생각의 깊이에서 우러나오는 것이다.

자존심 혹은 자존감은, 알고 보면 '자기에 대한 자기의 생각'의 결과물이다. 스스로를 소중하게 여긴다면 남들 앞에 자신이 얼마나 소중한 사람인지 굳이 드러내야 할 필요가 없다. 스스로를 아껴 제대로 관리하는 사람은, 가슴을 내밀지 않아도 다른 이들로부터 인정을 받게 되어 있다.

　결국 여성의 자신에 대한 생각은 두 가지 범주 사이를 오간다고 볼 수 있다. 한 지점은 있는 그대로의 자신을 받아들이는 동시에 다른 이와의 호혜적인 관계를 추구하는 안정적인 자존감이며, 다른 하나는 스스로뿐 아니라 곁의 사람들까지 자존심 자루에 담아 경쟁 속에 뛰어드는 공격적이며 거대한 자존심이다.

알파걸과 유리절벽

'알파걸'은 그리스 알파벳의 첫 글자인 '알파(α)'에서 짐작할 수 있는 것처럼 학업이나 리더십 등에서 남성을 능가하며 선도하는 엘리트 여성을 일컫는다. 2006년 미국 하버드대 댄 킨들런Dan Kindlon 교수가 저서 『새로운 여자의 탄생 : 알파걸Alpha Girls』(개정판 『우리딸 알파걸로 키우기』)에서 처음 사용한 용어다.

킨들런 교수는 알파걸이 탄생하기까지 아버지의 역할이 중요하다고 분석하며 이를 '아버지 요인Father Factor'이라고 불렀다. 알파걸은 4명 중 3명꼴로 아버지와 좋은 관계를 유지하며 많은 대화를 나눈다는 면담 결과에 따른 것이었다.

교수는 아버지 요인으로 인해 그간 아들만의 영역으로 통했던 수학, 과학, 컴퓨터, 운동 등의 분야에서 딸들이 두각을 드러낼 수 있었다고 꼽았다. 또한 아버지와 다양한 대화를 자주 나누며 자라난 딸일수록 남성과 대등한 위치에 서서 리더십을 발휘하는 경향이 있다고 설명했다. 알파걸은 '남성적인 이성'과 '여성적인 감성'을 잘 조화시키고 있어 사회생활 전반에서 유리하다는 것이 킨들런 교수의 주장이었다.

전통적으로 수학이나 과학은 여학생들이 남학생들에 비해 고전을 면치 못하던 과목이었다. 알파걸들은 이들 과목에서도 남학생들보다 월등한 성적을 냈다. 그런데 알파걸의 이런 측면은 테스토스테론의 영향을 많이 받는 21세기의 여성들에게서 자주 찾아볼 수 있는 모습이다.

알파걸이 과연 남성과 여성의 장점을 고루 갖춘 인간인가 하는 점은 지금까지도 논란이 계속되고 있다. 그러나 분명한 것은, 20세기까지 스스로를 부각시키지 못했던 새로운 여성 인류들이 점차 늘어나고 있다는 점이다. 많은 여성들이 성공의 정점에서 맹렬하게 활동한다. 이런 추세는 여성의 고학력화 및 사회 진출 확대라는 요인과 맞물려 앞으로도 더욱 급물살을 탈 것으로 보인다.

한편 '유리절벽glass cliff'이라는 말이 있다. 2005년 영국 엑스터대학의 미쉘 라이언Michelle Ryan과 알렉스 하스람Alex Haslam 교수가 만들어낸 개념으로 '자신감 있고 높은 지위에 있는 여성들이 남싱들보다 더 쉽게 추락할 수 있다'는 의미다.

유리절벽은 기업들이 실패 가능성이 높은 프로젝트의 책임자로 여성을 승진시킨 뒤 해고하는 현상을 뜻하기도 한다. 이는 불안정하고 실패의 위험이 높아 남성들이 꺼리는 자리를 여성이 차지할 가능성이 높으며, 일이 잘 풀리지 않을 경우 "동등한 기회를 부여받았음에도 능력이 없어 실패했다"는 구실로 여성을 희생양으로 삼는 것에 다름 아니다.

많은 알파걸이 유리천장을 깨뜨리고 정상에 서는 데는 성공하지만 곧이어 만나는 유리절벽 앞에서는 뾰족한 방법을 찾지 못한다. 그래서 성공한 알파걸의 지위는 남성들에 비해 매우 불안하다. 작은 실수 하나조차 예사롭게 넘겨버리지 못하는 여성 리더들의 '결벽성 완전주의'에는 이런 배경이 깔려 있다.

예일대의 빅토리아 브레스콜Victoria Brescoll 교수팀이 유리절벽을 둘러싼 실험을 시도했다. 그들의 실험은 다음과 같은 의구심에서 시작됐다.

'높은 자리에 오른 여성의 실수는 비록 작은 것이라도 같은 지위의 남성에 비해 더욱 가혹한 평가를 받는 것이 아닐까.'

실험은 시나리오를 바탕으로 이뤄졌다. 이성적 판단이 필요한 직업의 책임자(여자 경찰서장과 여자대학의 남성 학장)가 위기 대응에 성공 혹은 실패한다는 시나리오였다. 연구팀은 책임자가 업무를 잘 수행했을 때와 실수를 했을 때의 시나리오를 비교해 설명한 뒤 실험 참가자들의 평가를 조사했다.

결과는 예상대로였다. 실험 참가자들은 실수가 없을 경우에는 남자나 여자 상관없이 비슷하게 평가를 내렸지만, 실수를 했을 때에는 여성에 대해 훨씬 냉혹한 반응을 드러냈다. 이 같은 결과는 승승장구하던 알파걸이 작은 실수에도 책임을 집중 추궁당하고 유리절벽에서 미끄러질 가능성이 높다는 점을 보여준다.

성공한 여성에 대한 반응은 평소에도 이중적이다. 긍정적 평가 뒤에는 '기만적이다' '미덥지 못하다' '결단력 없다' '매섭다' '싸움닭이다' 같은 뒷담화가 따라붙는 경우가 많다.

한국의 알파걸들에게 유리절벽은 성공에서 삽시간에 미끄러지는 절벽만의 의미가 아니다. '미끄러워서 오르기 힘든 절벽'이란 의미도 내포하고 있다.

학교에서 승승장구를 거듭했던 알파걸이 처음으로 맞닥뜨리는 유리절벽은 취업이다. 요즘은 대부분의 청년들에게 취업이 뚫기 힘든 난관이 되었지만 특히 여성들에게 취업은 웬만한 학력과 스펙을 갖추고도 서류전형조차 통과하기 어려운 바늘구멍이다. 비슷한 조건의 남자 동기들은 여러 곳에서 합격 통지를 받지만 알파걸 앞엔 대부분 유리절벽이 놓여 있을 뿐이다. 그러나 이런 불리한 조건을 뚫어내고 유리절벽을 오르는 알파걸의 수는 계속 늘어나고 있다.

두 번째 유리절벽은 결혼과 출산이다. 취업이라는 첫 번째 유리절벽에 매달리는 데 성공해 조금 익숙해질 만하면 결혼이라는 변화가 닥쳐온다. 절반가량의 직장 여성이 결혼생활에 충실하겠다는 이유로 힘들게 올랐던 곳에서 미끄러진다. 결혼과 출산이라는 절벽을 거친 후 30대 여성의 경제활동 참가율은 56%로 크게 떨어신다.

이처럼 잘나가던 알파걸이 결혼 후에는 평범한 아이 엄마로 살아가는 경우가 많다. 자기 삶을 송두리째 빼앗긴 것 같은 상실감과, 그래도 뭔가 다시 시도해야 할 것 같은데 그게 뭔지는 알 수 없는 막막함 사이를 오가며 일상을 견뎌내는 경우가 적지 않다.

또 다른 유리절벽은 여성들에게 내면화되어 있는 '마음속 유리절벽'이다. 일부 알파걸들은 성공에 대한 공포심과 부정적인 자아를 갖고 있다. 일을 할 때는 남성 경쟁자들에게 거칠게 저항해 여성의 입지를 대변하지만 마음속으로는 그런 스스로를 경멸한다. 자기희생적일 만큼 열심히 일하고 남들의 인정과 주목을 받으면서도 기쁨을 만끽하지 못한다. 억압을 내면화시켜 스스로를 초라하고 열등한 존재로 여기며, 자신의 성공은 요행의 결과였을 뿐이라고 믿는 것이다.

미국 심리학계에서 가장 뛰어난 저술가로 꼽히는 캐롤 길리건Carol Gilligan 뉴욕대 교수는 저서 『다른 목소리로In a Different Voice』를 통해 여성들이 경쟁 상황에서 느끼는 불안 요소를 이렇게 설명한다.

"남성들은 공적인 성취보다 사적인 인간관계에서 더 많은 위험을 느끼고 인간관계의 친밀성 때문에 위험에 처하는 것으로 해석하는 반면, 여성들은 공적인 성취에서 위험을 느끼며 경쟁적 상황에서 얻은 성공 때문에 위험에 처한다고 해석한다."

길리건 교수는 남성들이 친밀한 관계에서 감지하는 위험으로 두 가지를 꼽았다. 첫 번째는 숨이 막힐 정도로 조여오는 인간관계의 덫에 걸릴지도 모른다는 위험이었고, 두 번째는 친하다고 생각했던 상대방에게 거절 또는 기만을 당해 굴욕감을 느끼게 될지도 모른다는 배신의 위험이었다.

반면 여성의 경우 성공에서 감지하는 위험으로 첫 번째도 두 번째도 '고립될지도 모른다'는 공포를 꼽았다. 성공해서 선두에 나서거나 다른 사람들에게 특별한 대접을 받을 경우 따돌림을 당할 수도 있다는 두려움이었다.

알파걸들이 유리천장 철폐를 주장하면서도 한편으로는 스스로에게 반감을 느끼는 것은 이처럼 추구해야 할 '경쟁과 성공'이라는 당면 목표와, 내면화되어 떨쳐내기 어려운 '전통적인 여성다움'이란 가치가 마음속에서 충돌을 일으키기 때문이다.

　남성 중심의 비즈니스 세계에서는 강해져서 승리하는 것이 성공의 가장 중요한 가치다. 반면 여성들의 세계에서는 사람들과 얼마나 친한지가 성공적인 삶의 기준이다. 그런데 성공한 알파걸에게는 남자와 여자의 두 가지 성공 척도가 동시에 요구된다. 경쟁자들을 확실하게 이겨내면서도 사람들과 두루두루 친하게 지낼 수 있는 능력이다. 그리하여 알파걸은, 힘들고 외롭다.

FEMALE

RISK

인형 놀이 본능

유치원생인 여자아이들과 남자아이들에게 각각 인형을 나눠주고 관찰해보면 뚜렷한 차이점이 드러난다.

여자아이들은 인형과 대화를 한다. 인형에게 말을 걸어 기분이 어떤지, 무엇을 원하는지 알려고 한다. 인형에게 감정이나 생각이 있을 리 없으니, 아이가 정해준다. 기쁜지 슬픈지 화가 났는지 혹은 아픈지 배가 고픈지 인형을 대신해 표현하며 홀로 1인 2역의 역할을 맡아 대화를 나눈다. 인형에게 감정을 이입해 소통하며 보살펴주는 것이다. 여자아이들은 누가 시키지 않아도 인형을 정성스레 보살핀다. 어떤 인형은 변신을 시키기도 한다. 인형의 옷을 갈아입혀 탐험가로 변화시켰다가 미인대회 우승자 혹은 공주로 탈바꿈시키기도 한다.

반면 남자아이들은 사람 인형보다 로봇 인형에 더 관심을 보인다. 그러나 로봇 인형을 손에 쥐고도 말을 걸거나 원하는 게 무엇인지 알아보려 하지 않는다. 인형을 높이 던지거나 다른 아이의 인형과 부딪혀 싸움을 시킨다. 어떤 아이는 인형의 팔과 다리를 잡아 뽑고 바닥에 팽개치기도 한다. 정성껏 보살피는 여자아이들과는 완전히 다른 양상을 보인다. 남자아이들의 행동 역시 누군가가 가르쳐준 대로 하는 것이 아니다.

이런 행동의 차이는 어디서 유래된 것일까. 영국 케임브리지대학 연구팀이 원인을 파악하기 위해 실험을 진행했다. 생후 하루밖에 안 된 신생아들의 머리맡에 모빌을 달아주면서 아기들의 행동을 관찰한 것이다.

남자 아기들은 모빌에 관심을 보였다. 모빌이 작동하자 눈을 움직여 그 방향을 좇았다. 사람에는 관심을 보이지 않았다. 반면 여자 아기들은 모빌보다는 그것을 매달아주는 사람의 얼굴을 빤히 쳐다보았다. 모빌을 설치한 사람이 물러서자 그 방향으로 눈을 돌렸다. 물체보다 사람에 흥미를 더 많이 보인 것이다. 남녀의 차이는 이렇게 출생 직후부터 뚜렷하게 나타난다. 남자 아기는 사람보다 물체에, 여자 아기는 물체보다 사람에 본능적으로 끌린다.

케임브리지대학 연구팀은 그 원인을 테스토스테론에서 찾아냈다. 남자 아기들은 엄마의 자궁 속에서 테스토스테론의 영향을 받아 사물 및 공간을 지각하는 능력이 주로 발달하는 데 비해 테스토스테론의 영향을 크게 받지 않는 여자 아기들은 사람 및 감정을 관찰하는 능력을 갖고 태어난다는 것이다.

여성은 이렇게 '사람 전문가' 자질을 타고난다. 인형 놀이를 통해 갈고닦은 사람 전문가 자질은 또래와 어울려 관계를 맺고 감정을 주고받는 관계 놀이를 통해 더욱 정교하게 발전하며 차츰 '보살핌'이라는 여성성으로 수렴된다.

사람들은 배우자를 선택할 때 자신과 가치관이나 취향이 통하는 상대를 선호하는 경향이 있다. 비슷한 사람과 어울리면 유대감은 물론 잘 살고 있다는 안도감까지 느끼기 때문이다.

그러면서도 다른 한편으로는 사고방식이나 기질이 다른 이성에게 마음이 끌린다. 이질적인 상대를 알아가는 과정에서 전에는 알지 못했던 삶의 다양한 측면을 접하고 그런 경험을 일상의 활력소로 삼기도 한다. 그러니까 결국, 사람들이 원하는 가장 이상적인 배우자감은 자신과 통하는 부분이 많아 편안하면서도, 약간의 다른 기질 또한 지니고 있어 다양성의 즐거움을 누릴 수 있는 정도일 것이다.

매력은 '비슷하면서도 다르다'는 절묘한 조합에서 비롯된다. 특히 약간 다른 부분이 마찰을 일으켜 상대에 대한 호기심이라는 동기와, 점차 알게 될 것들에 대한 기대감이라는 작은 불꽃들을 연속으로 튕겨낸다. 이 불꽃들은 호감으로 잘 숙성되고, 사랑의 감정으로까지 발전된다.

하지만 그렇게 사랑을 시작한 연인이 서로에게 익숙해진 뒤에는 사정이 바뀐다. 변화는 대개 여성에게서 시작될 때가 많다. 그녀는 매력을 느꼈던 남성의 다른 점 혹은 싫은 점을 바꾸거나 없앰으로써 자신이 원하는 방향으로 길들이려는 성향을 드러내기 시작한다.

"자기, 담배 언제 끊을 거야? 이번 달부터 끊는다고 했던 게 벌써 몇 번째야?"

"그 사람은 기분 나쁘단 말이야. 그러니까 이제는 어울리지 마."

"피곤하다면서 왜 새벽까지 술을 마시고 다니는 거야? 약속해. 12시 전에 집에 들어가서 나한테 확인 전화 하기."

상대가 어떻게 해야 하는지 여성이 정해주는 것이다. 어린 시절 인형에게 정해주었던 것처럼.

여성에게는 이런 일상의 습관이나 규칙들이 비교적 사소해 보이기 때문에 남성이 조금만 노력하면 금방 고칠 수 있을 것이라고 믿는다. 그러나 남자 입장에서는 전혀 사소한 것들이 아니다. 십년 가까이 피운 담배를 하루아침에 끊기란 보통 어려운 일이 아니다. 친구 문제는 더하다. 어릴 때부터 단짝이었던 친구를, 연인이 싫어한다는 이유로 헌신짝처럼 버릴 수 있을까. 술자리도 남자의 노력 범위 밖인 경우가 많다.

남자가 자기 입장을 공들여 설명해도 소용없다. 여자는 자신의 입장을 이런 식으로 재차 강조한다.

"다 자기를 위해서 그러는 거잖아."

남자는 마지못해 노력하겠다고 말하지만, 얼마 지나지 않아 약속을 지키지 않은 무책임한 남자가 되어버린다. 어떤 여성들은 남자의 소소한 일상까지 간섭한다. 특유의 버릇에서부터 옷차림, 말투, 식사 습관, 취미생활에 이르기까지 남자의 모든 것이 그녀의 레이더망에서 벗어나지 못한다.

따지고 보면 간섭은 '관심을 두는 방법의 차이'이기도 하다. 큰일에만 관심을 보이는 사람에게 '간섭쟁이'라고 부르는 경우란 없다. 그런데 여성들은 대개 작은 일들까지 꼼꼼하게 챙기는 경향이 있고, 특히 연인과 관련된 일의 경우엔 더욱 그렇다.

'마더링mothering'이라는 말은 원래 어머니가 아기를 따뜻하게 보살피는 일이라는 뜻이다. 그러나 요즘은 '지나치게 엄마같이 구는 행동'이라는 다소 부정적인 의미로도 사용된다. 정도가 심한 일부 여성의 경우 배우자 또는 남자친구를 어린애처럼 여겨 '나 없이는 아무것도 못할 것'이라고 생각하기도 한다. 이들은 잘못을 자주 지적하거나 명령을 내리고 따르기를 종용한다. 지적하거나 꾸짖는 말투를 사용해 자기 방식을 강요하는 것은 물론 그의 습관, 심지어는 믿음까지 바꾸려고 한다.

마더링은 나이 차이도 초월한다. 서른 살 차이가 나는 남성과 결혼한 20대 여성이 남편을 아이처럼 여기고 쥐락펴락하려는 경우도 있다. 여성들 특유의 수평적 사고로는 남편의 나이가 그저 숫자에 불과한 것이다. 물론 대다수 여성은 자신이 그런 간섭쟁이에 해당하지 않는다고 생각한다.

여성들은 곁의 사람을 자신이 원하는 대로 움직이기 위해 강인한 의지를 사용하려는 경향이 있다. 사랑하니까 혹은 가족이니까, 자신이 원하는 대로 그들을 변화시켜야 한다고 믿는다. 이런 믿음은 여성들 자신부터가 그렇기 때문에 상대 또한 같은 마음일 것이라는 생각에서 비롯된다. 여성들은 언제라도 스스로 탈바꿈할 준비가 되어 있을 만큼 변화와 적응에 유연하기 때문이다.

길리건 교수는 저서 『다른 목소리로』에서 "여성들은 문제 혹은 갈등 상황에 처할 경우, 이를 보살핌과 책임, 인간관계의 문제로 이해하는 경향이 있다"고 분석한다. 길리건은 이런 경향을 여성들 특유의 '보살핌의 도덕'이라고 명명했다. 관계를 중시하며 다른 이에 대한 배려를 바탕으로 하는 도덕 체계로써, 남성들의 권리와 의무 배분을 중시하는 '정의의 도덕'과 구분된다.

여성들에게 있어 관계란 곧 '인형 놀이의 연장'이다. 누군가를 보살펴주고, 또한 자상한 보살핌을 받으려 한다. 특히 연인 혹은 부부관계에서는 보살핌의 차원을 높여 상대를 자신이 원하는 대로 바꾸고 싶어한다. 그런데 아이러니하게도 여성들의 이런 욕망은 대부분의 남성들이 추구하는 독립성은 물론 남성들이 무의식적으로 두려워하는 (앞에서 길리건 교수가 지적했던) '사적인 인간관계의 덫'이라는 우려와 정면으로 충돌할 때가 많다.

보이지 않아서 더 잔혹한 인형극

많은 남성들의 로망이자 이상형인 '착한 여자'는 사실 양면성의 산물이다. 착한 여성에 대한 막연한 동경과, 그들이 원하는 착한 여자를 현실에서는 찾아보기 어렵다는 희소성의 측면이 서로 양립하는 것이다.

남성들의 기준에서 착한 여자란, 대개 어머니 같은 여성을 의미한다. 권리보다는 의무에 충실해 배우자 혹은 가족, 동료들을 위해 기꺼이 헌신하는 여성이 남자들에게는 착한 여자다. 반대로 자기 권리에 민감하며 그것을 열심히 챙기려는 스타일은 착하지 않은 여성으로 분류될 가능성이 높다.

여성의 경우에는 남자들이 이해하기 어려운 '묘한 영역'을 가지고 있다. 남성 위주의 세상이 그들에게 요구하는 가치에 맞춰 진화를 거듭하면서 '좋지 않은 의도'를 어떻게 처리해야 하는지 고도의 기술을 개발해온 것이다. 그래서 내숭은 남자들에게 보호본능을 일깨우는 기술인 동시에 의도를 감추고 로망이라는 착시를 일으키는 포장의 기술이기도 하다. 포장 기술로 처리된 '좋지 않은 의도'는 남성들의 눈에는 여간해선 발견되지 않지만 같은 여성의 눈에는 대번에 파악된다.

그러니까 여성들이 다른 여성의 내숭에 치를 떨며 응징에 나서는 데는, 경쟁자에 대한 반감 외에도 사악한 속셈을 좌시하지 않겠다는 그들 나름의 정의감 또한 담겨져 있는 셈이다.

미국 LA 중산층 거주 지역의 초등학교 1학년 교실.

시끌벅적 떠들던 아이들이 선생님과 함께 등장한 전학생을 바라본다. 전학생에 대한 선생님의 소개가 끝나고 빈자리가 채워지면 수업이 시작된다. 모습을 드러내지 않은 채 지켜보던 대학 연구팀이 아이들의 행동과 반응들을 체크하기 시작한다. 연구팀이 파악하려는 내용은 낯선 아이에 대한 기존 아이들의 공격 성향이다.

물론 남자아이들과 여자아이들은 행동 특성이 서로 다르다. 남자아이들이 위협이나 폭력 등 직접적으로 반감을 나타내는 반면 여자아이들은 도움을 주지 않거나 무시하는 식의 간접적 공격 성향을 드러낸다.

연구팀은 전학생이 자리에 앉은 지 불과 4분 만에 첫 공격에 노출되는 장면을 포착한다. 옆자리 여자아이에게 무시당한 것이다. 또 다른 여자아이도 눈을 마주치자 고개를 돌려버린다.

이 연구를 진행한 UCLA의 교육심리학 교수 노르마 페시바흐Norma Feshbach는 "일반적으로 여성들이 남성들보다 악의를 빈번하게 품는 경향이 있으며, 그런 악의는 은밀한 공격 성향으로 나타날 때가 많다"고 분석했다.

그의 테스트에서 남자아이들의 첫 공격은 16분이 지난 후부터야 드러나기 시작했다. 여자아이들의 공격 성향이 남자 아이들보다 빠르게 반응한 것이다.

남성들의 전통적인 관점에서 보면 여자아이들의 이런 행동은 그다지 대단한 공격으로 보이지 않는다. 더구나 당한 쪽이 사내아이라면 피해를 입었다는 자각조차 하지 못하는 경우도 많다. 그러나 여자아이들이라면 이야기가 달라진다. 여자아이들의 공격 성향은 시간이 흐를수록 급물살을 타며 '피해 아이의 정서에 대한 공격' 쪽으로 발달하게 된다.

뉴욕시립대 심리학과의 필리스 체슬러Phyllis Chesler 교수는 『여자의 적은 여자다Woman's Inhumanity to Woman』라는 저서를 통해 "사람들의 선입견과 달리, 여성도 남성만큼의 공격적인 성향을 가지고 있지만 남성만큼 신체가 강하지 않기 때문에 간접적인 폭력을 통해 공격성을 표출하는 쪽으로 진화해왔다"고 분석한다.

여성들은 자신의 안전을 먼저 확보한 상태에서 다른 이를 공격하는 방법을 진화 과정에서 익혔다. 미운 상대를 등 뒤에서 공격하는 것이다. 여성들의 공격은 그 대상이 없는 곳에서 감정의 표현을 통해 이뤄진다. 따라서 당하는 쪽은 언제 누구에게 당했는지 알지도 못한 채 험담이나 따돌림에 둘러싸일 때가 있다.

그들의 이런 공격성은 사실 '보살핌의 다른 얼굴'이라고 볼 수 있다. 둥지 수호자 본능을 발휘해 낯선 이에게 경계심을 드러내기도 하지만, 친하게 지내던 이에게 적대감을 표출할 경우에는 연민과 동정심을 은밀하게 거둬들임으로써 공격을 시작한다. 다만 보살핌 성격의 세심함이 집요함으로 바뀌어 '상대에게 최대한의 심리적 타격을 가하는 쪽'으로 돌봐주게 된다.

집단화된 가해 여성들은 피해 여성을 집요하게 괴롭히면서도 은근한 어투를 사용한다. 피해 여성이 제3자에게 하소연할 경우 장난인데 오해가 있었다거나 우연이었을 뿐이라며 핑계를 대기 쉬운 것이다. 학교에서 교사들이 남자아이들의 집단 따돌림은 비교적 쉽게 적발해내는 반면, 여자아이들의 따돌림은 잡아내기가 매우 어렵다고 입을 모으는 것도 이 때문이다.

보살핌의 도덕 체계를 가지고 있는 여성들 사이에서 따돌림 공격을 당한다는 것은 끔찍한 경험이다. 피해자는 보살핌을 주고받을 가치가 없는 아웃사이더로 낙인 찍혀 교묘한 무시와 경멸에 노출되어 인격적 모멸감을 느끼며, 심할 경우 자존감에 회복하기 어려운 상처를 입을 수도 있다.

여성늘 사이에서는 경쟁심을 드러내는 것, 이른바 '잘난 척'이 금기 사항과도 같다. 그들은 경쟁이나 투쟁, 전략전술 같은 남성형 용어에 강한 거부반응을 보인다. 그들의 보살핌 특성이 평화를 추구하기 때문이지만, 경쟁심 또는 우월감을 공공연하게 드러냈다가는 무리에서 배척당할 것이라는 공포가 내면화되어 있는 데 따른 무의식적 반발감이기도 하다. 따라서 여성 무리 속에서는 뛰어난 측면을 지닌 동료가 '잔혹한 인형극'의 주인공으로 내몰릴 가능성이 높다.

여성들이 경쟁심을 감추지 못하는 여성을 잔혹한 방식으로 보살펴주는다고 해서, 남성 방식의 경쟁 심리를 투영시켜 간단하게 해석할 수 있는 문제는 아니다. 남성의 경우 정당하게 경쟁자를 뛰어넘으려고 하거나, 악한 마음을 품고 음모를 꾸며 경쟁자를 제거함으로써 자신이 그 자리에 오르려고 한다. 그러나 대부분의 여성들은 앞서가는 여성에게 공격을 가함으로써 그녀를 넘어서거나 자리를 차지하려고 하지는 않는다.

여성들은 그저 '같아지려는 것'뿐이다. 또한 같아지지 못할 바에는 차라리 튀는 여성을 무리에서 내쫓고 싶은 것이기도 하다.

남성들은 경쟁심과 이기심을 공공연하게 드러낼 수 있는 관계 속에서 살아간다. 그런 남성들의 시점에서 보면 여성들의 이런 은밀한 동맹이야말로 이해할 수 없는 부당한 '집단적 간섭'이다. 하지만 여성들 사이에서는 그들만의 규칙이 통한다. 그들 대부분이 일종의 '편 먹기'를 통해 관계의 게임을 이어 나간다는 점에 주목할 필요가 있다.

여성들의 '우리 편'은 밝고 활기 넘치며 서로를 잘 보살펴주는 '이상적인 무리'의 모습을 보여준다. 그러나 한편으로는 배타적인 이중성을 보이기도 한다. '포함'과 '배제'라는 선택에 의해 경계선이 그어지기 때문이다. 여성 호르몬인 옥시토신은 일반적으로는 결속력과 이타심을 끌어내는 것으로 알려져 있다. 하지만 때로는 자기가 소속감을 느끼는 그룹에 지나치게 감정을 몰입시키는 동시에 그룹 외부 사람에게는 폐쇄적이며 배타적인 행동을 유발하기도 한다. 그렇다면 소속감 속에서 서로에게 지나칠 정도로 감정 몰입을 하다가 하루아침에 그룹 외부로 밀려난 여성의 경우에는 어떤 심정일까?

옥시토신이 언제나 '착한 역할'만 하는 것은 아닌 셈이다.

여성들은 이처럼 남자들이 이해하기 어려운 '묘한 영역'을 가지고 있다. 그들 특유의 심리와 사고방식 때문에 욕망의 표출 구조가 남성들의 그것에 비해 복잡하게 보이며, 따라서 욕망을 충족시키기도 어렵다.

자애로운 보살핌 혹은 상대를 변화시키려는 간섭, 심지어는 잔혹한 배척. 타인에 대한 여성의 에너지는 이 세 가지 갈래 사이에 있다. 여성들은 수많은 관계 속을 살아가며 수시로 바뀌는 주변의 분위기와 자신의 기분에 따라 변화를 거듭한다. 때로는 극단을 오가기도 한다. 그래서 여성에게 표정이 많은 것인지도 모른다.

친밀한 비평과 신랄한 비난 사이

미국의 신화 분석가 로버트 블라이Robert Bly가 쓴 『무쇠 한스 이야기 Iron John : A Book About Men』에 이런 대목이 나온다.

"남서부의 아프리카 원주민 사이에는 소년이 열두 살이 되면 '키바'라고 하는 남자들만 있는 곳으로 보내는 전통이 있다. 소년은 6주간 거기 머물고 1년 반 동안 어머니를 보지 못한다."

소년은 전통에 따른 엄격한 통과의례를 기쳐야만 남자로 인정받을 수 있었다. 많은 전통사회가 이와 비슷한 풍습을 가지고 있는데 대부분의 통과의례는 소년을 어머니로부터 떼어놓는 것을 출발점으로 삼았다. 어머니와의 분리, 그것을 통해야만 비로소 소년이 남자가 된다고 보았던 것이다.

불과 수십 년 전까지만 해도 소년들은 아버지와 삼촌, 친척 형들로부터 삶의 지혜를 배우며 남자로 자라났다. 남자 세상에서 살아남는 지혜와 가족을 지켜야 한다는 도덕률 같은 것을 전수받았다.

그런데 지금의 남자아이들 곁에선 남자 어른을 찾아볼 수 없다. 걸음마를 뗀 후부터 다니는 어린이집의 교사들은 전부 여성이며 유치원에도 남자라고는 통학버스 운전기사밖에 없다. 남자 어른이 없는 세상에서, 남자아이들은 남성성을 발휘할 기회를 충분히 갖지 못한다. 성인 여성의 사고방식을 기준으로 통제를 받으며 남자아이들끼리 놀 때에도 여자 선생님의 판단이 투영된다.

이렇게 '남자에 의한 남자의 재생산' 전통이 단절되면서, 남성은 점차 여성에 의해 수월하게 다뤄지는 존재로 변했다.

엄마와 여자 선생님의 다음 차례는 여자친구다. 여자친구가 남자의 생활 규칙을 정해주고, 남자에게는 반드시 지켜야 할 의무가 줄을 잇는다. 남자를 관리하려는 여성의 노력은 두 사람의 관계가 가까워진 이후에 그 강도가 더욱 높아지는 경향이 있다. 급기야 결혼을 계기로 예전부터 눈엣가시처럼 여겨왔던 것들에 대한 일제 소탕에 나서는 경우도 있다.

당하는 남성의 관점에서 보면, 아내가 터무니없는 요구를 하면서 자기의 이상에 맞는 남자로 바꾸려고 안달이 난 것처럼 보인다. 남자의 정체성이나 특성을 이해하기보다는, 마치 그리스 신화 속의 '프로크루스테스의 침대'처럼 자기 기준에 맞춰 잡아 늘이거나 잘라 맞추려고 한다는 점에서 그렇다. 그러나 여자의 입장에서는 관심과 애정을 표현하는데 남자가 왜 그렇게 성가시게 여기고 짜증을 내는지 이해하기 어렵다. 여자는 눈에 띄는 것들에 대해 관심을 가지고 이야기하는 것

뿐이다. 그저 작은 것들까지 한눈에 다 들어온다는 점이 남자들과 다른 것이다. 여자들끼리 만나면 첫인사가 이렇다.

"머리 새로 했네?" "귀걸이 예쁘다." "어머! 날씬해졌다." "그 구두 어디서 샀어?"

매일 보는 남편도 발견하지 못했던 새로운 것들을 그녀들은 대번에 발견해낸다. 이렇게 예리하고 민감한 관심이 남자에게로 방향을 틀면 애정 어린 참견과 잔소리로 변하는 것이다.

심리학자 셸리 테일러Shelly Taylor는 보살핌이 여성의 모성 본능에서 비롯된다며 옥시토신을 예로 들었다. 산모가 아이를 낳으면 옥시토신 수치가 평소보다 월등히 증가하는데, 산모는 이로 인해 매우 평온한 상태에서 아이에게 애정을 쏟아 붓는다는 것이다.

그런데 옥시토신은 '사랑의 묘약'으로도 알려져왔다. 남녀가 사랑에 빠졌을 때 두 사람이 친밀감을 가지도록 각자의 뇌에서 분비되기 때문이다. 다만 여성의 옥시토신이 감정 상태의 영향을 받는 반면 남성의 옥시토신은 신체 접촉에 주로 반응한다.

보살핌 특성과 옥시토신의 작용을 종합해보면, 왜 여성들이 애교를 부리며 연인 노릇을 하다가도 사소한 일에 갑자기 얼굴을 바꿔 엄마 행세를 하려 드는지, 그 극적인 변화의 이유를 비로소 깨닫게 된다. '보살핌의 도덕'이라는 프리즘을 통해서 보면, 두 살배기 애기나 아홉 살 연상의 남편이나, 관심을 가지고 보살피며 간섭해야 할 대상이라는 점에서 별 차이가 없다.

옥시토신 외에 에스트로겐도 여성의 강한 보살핌 특성을 설명해주는 호르몬이다. 에스트로겐 역시 만족과 평온한 느낌을 주는 여성 호르몬인데, 여성들로 하여금 한꺼번에 여러 가지 일을 하면서도 주의력을 잃지 않게 해준다. 여러 가지 일을 한꺼번에 해내면서도 남편의 잘못들을 한눈에 발견하고 낱낱이 지적하는 능력이 여기에서 나온다.

남녀관계는 구속과 무관심 사이의 외줄타기와도 같다. 남성에게는 구속처럼 느껴지는 사소한 간섭이 여성에게는 애정의 척도로 받아들여지기도 한다. 예컨대 이성 친구들과 클럽에 같이 간다는 여성에게 남자친구가 "하고 싶은 대로 해"라고 반응하는 경우, 이 여성은 실망할 가능성이 높다. 그녀가 남자친구에게 듣고 싶은 말은 "꼭 가야 되겠어?"라는 말이다.

그녀는 자신을 살짝 구속하려는 남자의 의지가 어느 정도냐에 따라 자신에 대한 관심과 애정의 정도를 측정한다. 따라서 자신 역시 남자친구에게 수시로 관심과 애정을 표현하고 때로는 구속하면서 보살피려는 경향을 보인다.

그런데 언어학자 데보라 태넌에 따르면 관심이란 속성이 원래 '친밀함'과 '통제'라는 두 가지 측면을 동시에 가지고 있기 때문에 자칫 통제(구속) 성향이 강해질 경우 예기치 못한 갈등을 불러올 수 있다.

여자는 남자가 가급적이면 모든 일을 미리 상의해주기를 기대한다. 그것이 서로에 대한 존중이라고 믿기 때문이다. 반면 남자는 미리 상의한다는 것을, 간섭을 자청하거나 허락을 구하는 일로 여겨 자신의 독립성에 대한 위협이라고 여긴다. 게다가 그는 자신의 동성 친구들에게 '말 잘 듣는 어린아이'로 보이고 싶지 않다.

여성들이 추구하는 '관심'(친밀함과 통제)과 남성의 '독립성'이라는 상반된 요소를 조화시키는 것은 생각만큼 쉽지 않다. 그녀가 관심을 가지고 하는 말이 그에게는 회피하고 싶은 내용일 수 있고, 그녀는 그가 이해하지 못한다고 생각해 같은 얘기를 반복하는 반면, 그는 어쩔 수 없는 것을 자꾸 언급하는 그녀가 자신의 무능력을 들춰내려는 것만 같아서 언짢을 때도 있다.

때로는 시기나 질투보다 위험한 것이 바로 열등감이다. 시기 혹은 질투는 남에 대한 감정이지만 열등감은 스스로에 대한 느낌이어서 눈을 뜨고 있는 한 벗어나기가 쉽지 않다. 그는 자신의 열등감을 끊임없이 자극하는 그녀가 불편하기 때문에 자꾸 대화를 회피하려고 한다.

이런 행동이 그녀에게는 자신을 회피하고 부정하는 것으로 받아들여진다. 사랑하는 이에게 존재를 부정당했다고 믿는 그녀는 격렬한 분노와 함께 신랄한 비난을 퍼붓는다.

데보라 태넌은 저서 『남자를 토라지게 하는 말, 여자를 화나게 하는 말You Just Don't Understand : Women and Men in Conversation』에서 "남자가 여자의 말을 남자 방식으로 이해하면 그녀가 자신을 비난하고 있다고 생각해 무시하거나 맞서 싸우려고 하지만, 여자의 입장으로 이해할 경우 사실은 돌봐주고 싶은 의도임을 알게 된다"고 말한다. 남편이 하루아침에 바뀌기를 기대하며 아내가 '친밀한 비평가' 역할을 하는 것은 아니라는 의미다. 여성들은 자신의 관심과 보살핌에 대한 남자의 긍정적인 피드백과 소통을 기대한다. 또한 스스로에 대해서도 남성이 적당한 구속 욕구를 드러내며 일체감을 확인해주기를 바란다.

그러니까 '관심'과 '독립성'의 충돌로 인한 관계의 악순환에 빠지지 않으려면 서로가 상대의 언어로 대화나 태도를 풀이해보는 노력이 필요하다는 얘기다. 간섭이 많은 여성일수록 자신에 대해서도 많은 관심을 원하며, 그들에게 부족한 것은 충분한 보살핌을 받고 있다는 만족감이다. 자신이 주고 있는 보살핌을 확인하고, 관심과 애정으로 돌려받는 여자는 외로움에 빠질 일이 없으며 누군가에게 책임을 전가하기 위해 비난할 일 역시 없다.

그런데 남성에게도 누군가를 보살피는 능력이 있을까.

철학자 엘리자베트 바댕테르Elisabeth Badinter는 "그렇다"고 단언한다. 그는 『만들어진 모성L'amour en plus』에서 "아버지와 어머니의 역할에 더는 차이가 없으며 남성과 여성이 점점 서로를 닮아간다"면서 "유니섹스의 징후가 아리스토파네스의 신화에 나오는 '양성일체'의 생명체와 같이 미래에는 남성과 여성을 아우르는 실낙원을 창조할 수 있을 것"이라는 희망을 피력했다.

서로에 대한 보살핌이란, 결국 '고무줄 게임'과 비슷하다. 양쪽에서 잡아당기는 힘에 따라 거리가 조절되는 것이다. 상대를 '제2의 나'로 만들려는 불가능한 요구로 세게 잡아당긴다면 반대편에서도 절대로 지지 않겠다는 각오가 운동 에너지로 전환된다. 둘 사이의 간극은 점점 멀어질 뿐이며 급기야 서로를 잇는 줄이 끊어지고 만다. 상대의 입장을 헤아려가며 잡아당기던 손의 힘을 뺄수록 거리는 가까워진다. 대부분의 친밀한 관계는 고무줄을 잡은 손에 힘을 주지 않으려는 자제력으로 이루어진다.

김치냉장고에 담긴 고도의 함수관계

엄마는 아들이 인생에서 만나는 첫 여성이자, 그의 삶에 평생 동안 그림자를 드리우는 거대한 존재다. 아들은 엄마의 물샐틈없는 관리 속에서 자란다. 학교에 들어간 후에는 더욱 치밀하게 관리된 여자아이들에게 뒤져 불이익을 당함으로써 엄마를 애태우기도 한다. 엄마는 아들에게 불리한 일이 생기면 두 팔 걷어붙이고 나서서 해결해준다. 아들은 그런 엄마를 점점 거나란 존재로 인식하며 엄마가 항상 옳다고 생각하게 된다.

엄마의 여성적 잣대로 온순하게 키워진 아들은 엄마가 바라는 대로 잘 자라나 학업을 마치고 남들이 부러워할 만한 직장에 취직을 한다. 그런 다음 '강한 엄마의 아바타' 같은 여성을 아내로 만난다.

여자의 인생은 평생에 걸쳐 인형 놀이의 연장선에 있다. 엄마에게 아들은 혼신의 작품이자 영원히 돌봐줘야 하는 인형이다. 그런데 그토록 소중한, 세상에서 유일한 인형을 갑자기 나타난 젊은 여자에게 하루아침에 빼앗겨버렸다.

더구나 아들을 차지한 며느리는 그에게서 어머니의 흔적을 지워내는 데 골몰한다. 자기 것이 된 인형에 새로운 옷을 입혀 자신의 방식으로 보살피려 한다. 어머니가 아들에게 그러했듯이, 새롭게 아들을 차지한 아내 역시 자신의 취향과 방식으로 남편을 보살피려 하는 것이다.

남자는 점차 아내의 인형이자 작품으로 변모해간다. 시간이 흐를수록 '엄마표 김치찌개'에서 벗어나 처음엔 낯설었던 '아내표 맹탕 건강식'에 익숙해진다. 엄마는 자기 흔적이 지워지는 아들을 보며 안타까움에 어쩔 줄 모른다. 자신의 보살핌을 받아야 마땅한 아들이 괜한 고생을 하는 것 같아서 안쓰러운 마음에 자꾸 손을 내민다.

어떤 엄마는 아들을 지켜내는 것은 물론, 며느리까지 인형 놀이 대상으로 삼아 보살펴주려고 한다. 청바지와 티셔츠 차림인 며느리가 마음에 차지 않아 자기 기준의 스타일을 요구한다. 며느리의 아름다움과 젊음을 그냥 두고 볼 수가 없는 것이다. 그러나 여자의 스타일은 자기 정체성과 직결된다. 자기 정체성을 부정당한 며느리는 자연스레 시어머니에게 반감을 품게 된다.

결혼생활이란 결국 '인형 쟁탈전'과도 같다. 남자라는 인형을 놓고 예전부터 돌봐왔던 어머니란 여성과 이제부터 돌보게 된 아내라는 여성 사이의, 때로는 은밀하고 때로는 노골적인 보살핌 권한 투쟁이다.

어머니는 아들을 자기 취향에 붙들어놓기 위해 끊임없이 간섭을 하고 행동에 나선다. 주말에 들른 아들을 보자마자 "해쓱해졌다"면서 은근히 며느리를 타박한다. '내 아들에겐 내가 해준 밥이 최고'라는 메시지다. 며느리에게 살짝 캐물으며 아들이 좋아하는 것을 챙겨주지 않은 잘못을 따진다. "옷은 저게 뭐냐. 결혼 전에는 잘 입고 다녔는데……"라며 왜 마음대로 바꿔놓았느냐는 책임 추궁을 하기도 한다.

며느리는 요즘 여성답게 쾌활하게 회피한다. "회사 피트니스클럽에서 매일 운동을 해서 건강해졌다"고 둘러대고 "몸짱이 되겠다면서 가려 먹는 바람에 식성이 바뀌었다"고 시어머니의 공세를 맞받아친다. 옷차림도 마찬가지다.

"저 옷, 옛날부터 입던 거라고 쉬는 날이면 저것만 입던데요?"

시어머니는 아들을 바꿔놓고도 안 그런 척하는, 게다가 한마디도 지지 않는 며느리가 더욱 얄밉다. 시어머니와 며느리는 식사를 준비하고 과일을 깎으며 마치 '어디 가면 뭐가 싸더라'는 투의 대화로 치열하게 공격과 방어를 넘나든다.

여자들은 웃으면서 다정하게 싸운다. 일상적인 대화에 뼈를 심어 공격하는 게 여자들의 방식이다. 남자들의 관점으로는 시어머니와 며느리가 평화롭게 대화를 하는 것처럼 보인다.

소통에는 두 종류가 있다. 하나는 문자 그대로의 소통literal communication이고, 다른 하나는 맥락을 읽는 소통contextual communication이다. 여성들은 맥락 소통을 즐겨 사용한다. 남 얘기를 전하듯 상대를 경멸하는가 하면 치켜세워주는 척하며 말 속에 폭탄을 슬쩍 넣는다.

그래서 아들에겐, 부모님 댁을 나서는 것과 동시에 표정이 사라진 아내의 얼굴이 더욱 놀랍게 느껴지는 것이다. 아들은 어머니가 바리바리 싸준 반찬들의 행방이 묘연해져도 물어보지 못한다. 아내가 "그럴

거면 평생 데리고 살지, 장가는 왜 보냈느냐"고 투덜거리면 남편은 "우리 엄마가 그런 뜻으로 말씀하시지는 않았을 것"이라는 반박을 쉽게 하지 못한다.

그 시간, 어머니 역시 자신의 남편을 붙들고 여우 같은 며느리에 대한 불만을 한도 없이 늘어놓는다. 시아버지는 아내가 방금 전까지 며느리와 잘 지내고서는 갑자기 왜 그러는지 이해할 수 없다. 아내의 얘기를 들어봐도 며느리가 뭘 잘못한 것인지 짐작이 가지 않는다. 괜히 며느리 편을 들었다가 밤늦게까지 아내의 성화 때문에 잠을 자지 못한다.

여성들은 이따금 감정에 지나치게 몰입할 때가 있다. 시어머니가 며느리에 대한 미움에 깊이 빠져들 경우, 자신의 행동이 결국에는 아들의 목을 조르게 될 뿐이라는 사실을 까맣게 잊기도 한다. 며느리를 괴롭힐 경우 그 남편 역시 힘들 수밖에 없다는 이치를 알고 있으면서도, 며느리의 남편이 자신의 아들이라는 점은 떠올리지 못하는 것이다. 어떤 시어머니는 며느리에 대한 미움을 주체할 수 없어 남편을 충동질해 아들 부부를 궁지로 몰기도 한다. 아들을 돌봐주려는 마음과 기대가 도를 넘어 아들 부부의 행복을 파괴하는 극단으로 치닫는 것이다.

그러나 대부분의 경우에는 인형 놀이 싸움에서 며느리가 이긴다. 아들은 며칠 후 어머니의 확인 전화에 이런 식으로 천연덕스럽게 대답하는 것이다. "그럼요. 엄마가 싸주신 반찬, 아침저녁으로 잘 먹고 있어요." 그 어머니의 아들도, 자기 가정을 지키기 위해선 어쩔 수 없는 것이다. 하지만 어머니는 아들이 거짓말하는 것을 알고 있다. 전화를 끊고 나서도 한참을 외로움에 사로잡힌다.

심리학자 문은희 박사는 『엄마가 아이를 아프게 한다』라는 육아 에세이를 통해 한국 여성의 특징적 심리를 이해하는 핵심 키워드로 '포함단위'를 제시했다. 서구 여성들이 자신을 독립된 '개인'으로 인지하는 반면, 한국 여성들은 자녀를 자신의 마음속에 '포함'하고 평생을 살아간다는 것이다. 자녀의 행복과 불행을 자녀 개인의 것이 아니라, 자녀를 포함하고 사는 어머니의 것으로 간주한다. 자녀가 독립해 새로운 가정을 꾸려도 심리적으로는 독립시키지 않는다. 이것이 며느리 혹은 사위와의 크고 작은 갈등이 끊이지 않는 원인이 된다.

여성들의 보살핌 투쟁은 시어머니와 며느리 사이에서만 일어나는 것이 아니다. 새로 생겨난 가정에 대한 보살핌 권한을 놓고 양쪽 어머니가 신경전을 벌이기도 한다. 상견례 때에는 화기애애했던 양쪽 어머니가 자식의 신혼집을 자신과 가까운 곳으로 끌어들이려고 감정싸움을 벌인다. 적지 않은 어머니가 결혼 후에도 자주 왕래하며 김치와 반찬을 공급하려고 한다. 일부 친정어머니는 미리부터 그 점을 염두에 두고 혼수에 커다란 김치 냉장고를 딸려 보낸다.

김치나 반찬은 보살핌을 지속적으로 주기 위한 일종의 '파이프'라고도 표현할 수 있다. 파이프를 박아놓으면 수시로 연락해 김치가 떨어지지 않았냐면서 자주 집으로 불러 자식을 돌봐줄 기회를 얻게 된다. 특히 김치는 식성 헤게모니 경쟁의 첨병이다. 여성들은 상대를 보살펴주고 싶은, 또한 통제하고 싶은 욕망을 반반씩 담아서 음식을 장만한다. 그럼으로써 상대의 입맛을 자기에게 맞춰 길들이려고 한다. 이는 시어머니의 반찬을 외면하는 며느리와, 며느리가 해온 반찬을 식탁에 내놓지 않으려는 시어머니의 행동으로 많은 가정에서 공통적으로 나타나는 현상이다.

이처럼 남성은 결혼을 하는 순간, 자신을 둘러싼 여자들의 보살핌 권한 투쟁 속으로 말려들게 된다. 결코 피할 수 없는 투쟁이며, 많은 남자가 화해나 중재를 꿈꾸지만 그 같은 소망이 이뤄졌다는 기록은 아직 없다.

여성들의 보살핌 욕망의 본질이 '곁에 있는 이를 어찌하려는 것'이라면, 그런 욕망끼리 충돌하는 다툼은 더 이상 어찌할 수 없음을 깨닫는 최후의 순간까지 웬만해선 끝나지 않는다.

그래서 남자란 족속은 어머니와 아내, 심지어는 장모라는 세 여자의 틈바구니에 낀 채, '자기 취향대로 바꾸기'와 '취향 지켜내기' 심리가 격돌을 일으키는 사이를 절묘하게 헤치고 나가는 눈치 빠른 인형일 필요가 있다.

여자의 눈물, 악어의 눈물

남자 선배가 여자 후배를 회의실로 부른다. 잦은 실수에 몇 번 주의를 주었는데도 또 사고를 치는 바람에 따끔하게 혼을 내주겠다고 마음을 먹은 터다. 선배는 그녀의 잘못을 하나씩 거론하며 그런 행동들이 팀의 성과는 물론 사기에 어떤 영향을 미쳤는지 따진다.

후배는 연거푸 잘못했다고 사과를 한다. 그러나 이번에야말로 제대로 야단을 쳐주겠다고 결심한 선배는 고삐를 늦추지 않고 꼼짝 못하게 밀어붙인다.

후배의 아랫입술이 떨리는 게 보인다. 선배가 할 말을 잠시 잊은 사이, 그녀의 눈에서 눈물이 흐르기 시작한다. 선배는 어쩔 줄 몰라 허둥대다가 그녀를 달래려고 한다. 후배는 이제 소리 내어 운다. 선배는 어떻게든 울음을 그치게 해야 한다는 생각에 미안하다고 사과를 하고 만다. 선배의 사과까지 받은 후배는 더 서럽게 흐느끼기 시작한다.

실수투성이 후배를 바로 잡아보려던 선배의 의도는 그녀의 눈물에 말려 흔적도 없이 사라진다. 잘못을 꾸짖던 선배가 이제는 잘못을 저지른 후배에게, 그녀를 울린 잘못에 대해 사과를 하고 또 한다.

상황을 역전시킨 것은 그녀의 눈물이다. 프랑스 철학자 볼테르의 말대로다. 남자가 아무리 이론을 늘어놓아도, 여자의 눈물 한 방울에는 당하지 못한다.

남자는 왜 여자의 눈물에 약한 것일까.

이스라엘 와이즈만 과학연구소가 그런 궁금증을 풀어보기 위해 실험에 나섰다. 연구진은 우선 눈물을 잘 흘리는 여성 60명을 공개 모집한 다음, 슬픈 영화를 보게 하고는 그들의 눈물을 병에 담았다. 눈물의 효과와 비교하기 위해 식염수를 여성들의 뺨 위로 흐르게 한 뒤에 그것도 따로 담았다.

연구진은 24~32세 남성 50명을 불러 여성들의 눈물 및 식염수의 냄새를 맡게 한 결과, 남성들이 여성의 눈물에 특정한 반응을 나타내는 것을 확인할 수 있었다. 남성들의 테스토스테론 분비량이 뚜렷하게 감소한 것이었다. 테스토스테론은 공격 성향 및 성욕과도 관계가 있다.

남성들의 테스토스테론 수치는 여성들의 눈물 냄새를 맡은 뒤로 평균 13%가량 떨어졌으나 식염수 냄새에는 변화가 없었다. 여성들의 눈물에 남성의 흥분과 공격성을 누그러뜨리는 요소가 있다는 사실이 드러난 것이다.

연구를 이끈 노암 소벨Noam Sobel 박사는 "장님 두더지 쥐의 경우에도 자신의 털에 눈물을 문지르는데, 다른 두더지 쥐들이 이에 반응해 공격성을 거두는 반응을 보인다"면서 "인간도 마찬가지로 눈물을 동원해 무방비 상태의 자신을 보호함으로써 유리한 입장을 만들어가는 경향이 있다"고 분석했다.

가부장 시대의 여성들에게는 힘이 없었다. 그러나 그들은 배우자를 통해 힘을 발휘할 수 있는 방법을 찾아냈다. 바로 남자에게서 보호본능을 불러일으키는 기술이다. 눈물은 그 정점이자 최후의 수단이기도 하다.

여성들이 눈물이라는 최후 수단을 얼마나 자주 활용했으면, 남자용 수트의 행커치프handkerchief가 그들의 눈물을 신속하게 닦아주기 위해 고안된 것이라는 속설도 있다. 행커치프가 마주본 여성의 얼굴(눈)과 가장 가까운 동선에 위치한 이유가 그렇다는 것이다.

셰익스피어는 『오셀로』에서 여성의 눈물을 '악어의 눈물'에 빗댄다.

"아, 그녀가 흘리는 저 눈물방울은 악어의 눈물일지니."

악어의 눈물이란, 실제로는 슬픔을 느끼지 않으면서 위선적인 감정을 나타내기 위해 슬픈 듯이 흘리는 눈물을 의미한다. 여성의 눈물이 이런 악어의 눈물과 다름없다면, 평상시에도 필요할 때마다 의도적으로 흘릴 수 있어야 한다. 슬픈 상황에서만 나오는 눈물이라면 '남자에게서 보호본능을 불러일으키는 기술'의 정점이자 최후의 수단이라고 할 수는 없는 것이다.

여성들 가운데 상당수는 악어처럼 슬프지 않아도 울 수 있다. 또한 악어와는 달리, 자기 의지에 따라 마음만 먹으면 금세 눈물을 흘릴 수 있는 능력을 보유하고 있다. 울기로 결심한 후부터 눈물을 떨어뜨리는 데까지 몇 분이 채 걸리지 않는 경우가 많다.

어떤 여성들은 눈물 흘리는 모습을 셀프 카메라로 찍어 친구들과 공유한다. 한 커뮤니티 포털 사이트가 '내 애인, 인터넷에서 이것만 안 했으면 하는 것은?'이라는 설문조사를 실시한 결과 '눈물 셀카 올리기'가 4위를 차지했다. 이는 '온라인 허세'와 '손발이 오그라드는 글쓰기' '애니메이션 오타쿠질'에 이은 것이었다.

여성들의 눈물에만 의도가 있는 것은 아니다. 남자 역시 눈물을 무기로 사용한다. 눈물만큼 확실한 소통 수단이 없기 때문이다. 아기 때는 배고프고 졸리거나 기분이 좋지 않을 때 눈물과 울음으로 엄마에게 호소했다. 자라면서도 장난감을 얻기 위해, 혹은 혼나지 않기 위해 눈물로 상황을 바꾸려고 했다. 나이가 들어서는 자신의 입지와 가족의 밥줄을 지키기 위해 비참한 심정으로 눈물을 흘리기도 한다. TV만 틀어도 우는 남자가 나온다. 드라마에서 울고 예능 프로그램에서도 울며, 심지어는 뉴스에도 우는 남자들이 자주 등장한다. 그럼에도 남성이 여성에 비해 눈물을 덜 흘리는 것만은 확실하다.

───

여성이 울 때는 눈물 중 일부가 콧속으로 흘러든다. 코 선반(비갑개)에 흘러든 눈물이 틈새를 메우게 되면 비강의 공명 공간이 줄어 코맹맹이 소리가 난다. 코맹맹이 소리는 어린애의 목소리처럼 듣는 이의 보호본능을 자극, 판단력과 사고력에 영향을 미친다.

많은 여성이 어린 시절부터 거듭된 경험을 통해 눈물과 코맹맹이 소리의 효과를 알고 있다. 이 마법은 합리와 당위성, 효율 같은 남성의 판단 기준을 대번에 무력화시키는 동시에 몇 마디 말을 늘어놓지 않고도 자기의 주장을 짧은 시간 안에 관철시킬 수 있는 '관계의 채찍'이 된다.

여성들은 아무리 뻣뻣하고 냉정한 남자라도 눈물 몇 방울이면 인형놀이 대상으로 삼을 수 있다. 부드러운 채찍이 주는 고통은 강철처럼 단단하거나 송곳처럼 뾰족한 것보다 훨씬 아프다. 다만 이 마법에는 부작용도 따른다. 눈물 마법의 메시지를 남발할 경우, 상대 남성이 동일한 자극에 의해 무감각해지는 경향, 즉 내성이 생긴다. 직장 상사들이 여자 후배가 처음 울 때에는 잘 보살펴주다가도, 눈물이 잦아질 경우 부담스러워하며 '방출 대상 1순위'로 꼽는 이유다.

게다가 의지를 관철하기 위한 방편으로 눈물을 애용하다가는 서로의 생각을 이해하거나 조율할 수 있는 기회를 자꾸 뒤로 미루게 됨으로써, 불만이 누적되고 오히려 관계를 악화시킬 수도 있다.

그렇다고 여성들의 눈물이 항상 '관계의 채찍'으로 사용되는 것만은 아니다. 눈물 본연의 역할인 불순물 침투를 막는 여과기 역할과 동시에 감정을 순화시켜 맑게 해주는 스트레스 정화 역할도 한다.

미국 화학자들이 양파 껍질을 깔 때 나오는 눈물과 슬플 때 나오는 눈물의 성분을 비교해본 결과, 슬플 때 흘린 눈물에 스트레스 유발 호르몬이 더 많이 들어 있는 것으로 확인됐다. 에피네프린과 노르에피네프린이라는 물질인데 혈관을 수축시키고 심혈관에 부담을 주는 것으로 알려져 있다.

램지재단 알츠하이머 치료연구센터는 여성이 남성보다 평균수명이 긴 이유로 남성보다 잘 울기 때문이라는 보고서를 발표했다. 연구센터의 분석 결과 조사 대상 여성의 85%, 남성의 73%가 실컷 울고 난 뒤에 심신 상태가 호전된 것으로 나타났다. 다만 여성의 평상시 우는 횟수가 남성의 5배에 이르는 등 차이가 현격했다. 그러니까 여성의 눈물에는 감정 조절을 통한 기분 전환이라는 잠재의식도 다분히 작용하는 것이다.

다시, 처음 장면인 남자 선배에게 혼나다가 눈물을 쏟은 여자 후배에게로 돌아가보자. 그녀는 자신을 야단치는 남자 선배를 컨트롤하기 위해 눈물을 흘린 게 아닐 수도 있다. 그저 감정에 북받쳐서 자기도 모르게 눈물이 나왔고, 그 감정에 빠져들어 펑펑 운 것일 수도 있다.

여자의 눈물이 진심인지 아니면 위선인지, 자기 의지를 관철시키기 위한 관계의 채찍인지, 한마디로 단언하는 것은 어렵다. 심지어 눈물의 당사자마저도 자기 마음을 명확하게 알 수 없을 때가 많다. 눈앞의 상황이 서럽지만 꼭 그것만도 아니다. 울다 보면 온갖 생각들이 그녀의 머릿속에서 마구 뒤섞이는 것이다. 예전의 억울했던 일들로부터 오늘 아침에 기분이 상했던 일, 일주일 전에 상사에게 상처받은 말, 사람들로부터 관심을 받고 싶은 마음, 눈물에 쩔쩔 매는 선배를 조금 더 코너로 몰고 싶은 의지가 복합적으로 작용했을 수 있다.

여자의 눈물이 '남을 움직이려는 의도'와 '자기감정의 순수한 표출' 사이 어딘가에 있는 것만은 확실하다. 그녀들이 이따금 자기 마음을 잘 알지 못하는 것은, 이런 양극단의 생각에서 자유로울 수 없기 때문일 것이다.

우리 집 CEO는 누구인가

어느 사제가 문득 궁금한 마음을 참지 못해 신에게 물었다.

"하느님. 하느님께서는 왜 여자보다 남자를 먼저 만드셨나요?"

신이 코웃음 치면서 대답했다.

"그걸 질문이라고 하느냐? 내가 만약 여자를 먼저 만들었다고 생각해봐라. 그 다음에 남자를 만들 때 얼마나 심한 간섭을 받았겠느냐? 여기는 크게, 지기는 직게 해딜라면서 온깃 침견을 헀을 덴데 내 마음대로 너희 남자를 만들 수 있었겠느냐?"

우스갯소리지만 예리하다. 여성들의 간섭 본능은 이처럼 신도 감당하기 어려울 정도다.

여성의 간섭은 남성의 그것과 확실히 차이가 있다. 남성들은 자신이 상대보다 우위에 있는지 확인하기 위해 간섭을 한다. 자기가 낫다는 것을 인정받으면 더 이상 간섭하지 않고 결과를 기다린다. 그러나 여성들은 타인을 보살펴주기 위해 간섭을 한다. 따라서 일이 벌어지는 내내 쉼 없이 참견을 하는 것이다. 그들은 타인의 문제에 자신이 관여해야 할 권리와 책임이 있다고 느낀다. 결과적으로 효과가 없을지라도 보살펴주는 일 자체가 그들에겐 즐거움이자 보람이기 때문이다.

남성들은 나(또는 조직)의 이익을 위해 타인(혹은 경쟁자)을 희생시키면서 다른 이와 거리감을 유지한 채 자신의 원초적인 불안을 해소하려 한다. 반면 여성들은 타인을 위해 자주 희생하면서 자신의 감정을 남들과 함께하려 한다.

여성들은 언제나 남을 보살펴주려 하며 자신 또한 보살핌 받을 정당한 권리가 있다고 믿는다. 그들이 곧잘 '감정적 채권자' 행세를 하는 심리적 토대이기도 하다. 남을 생각하는 마음은 타인에게 그것을 돌려받을 수 있는 권리 즉, 채권을 가지고 있는 것이며 호의를 확인했다면 그것은 그에게 갚아야 하는 의무 즉, 채무를 지고 있다는 것이다.

영어 표현 'thank you'만 봐도 그런 정서가 드러난다. 누군가 호의를 나타냈을 경우 그에 대한 보답으로 'thank you'라는 표현을 쓴다. 'thank you'는 'I thank you'의 줄임말이고, 'thank'란 단어는 'think(생각하다)'에서 유래했다. 결론적으로 '(당신의 호의를) 잊지 않겠다'는 의미이며 당신에게 갚아야 할 의무, 즉 채무를 졌다는 것이다.

그러면 호의를 베푼 쪽에서는 'You're welcome'이라고 대답해준다. '당신은 제가 원하던 사람입니다. 그러니 이것은 제가 원해서 하는 일입니다'라는 뜻을 담고 있다.

이렇게 감정에도 채권과 채무 관계가 분명히 존재하며, 여성들은 대부분 채권자들이다. 늘 상대를 헤아리고 세심한 신경을 써주므로 상대가 그 채무를 갚아야 한다는 채권자로서의 자세가 내면에 깔려 있다. 자신에게 다른 이를 변화시킬 권리가 있다는 여성들 특유의 믿음도 여기서 출발한다.

부서의 회식 자리. 한 남자가 5분 간격으로 진동하는 휴대폰 때문에 쩔쩔맨다. 아내의 전화다. 회식 때문에 늦는다고 얘기를 했는데도 남자의 아내는 언제 오냐고 성화다.

맞은편에 앉은 부장은 후배의 아내가 의심을 하는 거라고 여긴다. 그는 후배 부부의 오해를 풀어주기 위해 전화를 넘겨받는다. 부장은 신분을 밝히고 부서 회식이니까 걱정 말라면서 그녀를 안심시켜주려 한다. 자신의 권위라면 후배의 아내를 충분히 설득할 수 있다는 자신감의 발로다.

하지만 후배의 아내는 마침 잘 만났다는 듯 반갑게 인사를 하고는 질문 공세를 편다. "회식이 많은 것도 이해는 하지만 그때마다 집에서 새벽까지 기다리는 가족에 대해서는 어떻게 생각하는지"부터 "야근이 왜 자꾸 늘어나는지" "주말을 이용한 등산대회며 야유회 같은 일이 부장님을 피곤하게 하지는 않는지" 따박따박, 그러나 예의 바르게 걱정 섞인 목소리로 묻는다.

기가 질린 부장은 쩔쩔 매다가 남편을 일찍 보내겠다는 약속을 몇 차례나 한 뒤에야 전화를 끊을 수 있었다. 마치 어머니에게 호되게 야단을 맞은 기분이었다. 경험해보지 않은 사람들로선 '과연 이런 여성이 얼마나 될까?' 하는 의문이 들 수도 있다. 그러나 실제로는 꽤 많다. 웬만한 직장에선 심심치 않게 일어나는 일이다.

남성은 자신의 일과 업적으로 정체성을 규정해온 반면, 여성은 인간관계로 자신의 정체성을 확립해왔다. 그런데 이처럼 인간관계를 중시하는 여성이 때로는 파트너 남성의 인간관계에는 어깃장을 놓으려 들 때도 없지 않다. 일부 여성의 경우 남자의 동성 친구가 그녀의 보살핌 범주 안으로 들어오지 않아 통제하기 어려울 때에는 두 남자의 우정을 갈라놓기 위해 다양한 수단을 구사하기도 한다.

'마마보이'의 시대가 저물고 2000년대 이후 결혼한 젊은 층을 중심으로 '와이프보이Wife Boy'의 시대가 열렸다. 와이프보이란 능력이 있지만 아내에게는 순종적인 남성을 뜻하는 신조어다. 여성들의 보살핌 속에서 성장한 젊은 남성들이 어머니 세대보다 더욱 강해진 알파걸을 만나 '아내 말 잘 들어 손해 볼 것 없다'는 자세로 살아가고 있는 것이다.

직장인들 사이에 회자되는 우스개 하나.

아들 집에 며칠 다니러 온 아버지가 이런 편지를 남기고 돌아갔다. '3번아 잘 지내라. 6번은 간다.' 아들은 사람들에게 물어물어 그 뜻을 풀이해냈다. 집안의 1번은 며느리, 2번은 손녀, 3번은 아들, 4번은 강아지, 5번은 파출부 아줌마, 6번이 아버지 본인이라는 의미였다.

아들은 아버지에게 전화를 걸어 이렇게 말한다.

"아버지, 틀렸어요. 강아지가 3번이고 제가 4번이에요."

여성은 누군가를 돌봐주는 데 자신의 에너지를 사용할 때 행복을 느낀다. 이런 여성적 가치가 알파걸 세대의 성공 지향적인 능력주의와 결합하자 개벽(?)이 일어났다. 여성들은 집념 어린 감정적 채권 행사를 통해 남성을 바꾼 데 이어 마침내 가부장제라는 엄청난 바위에 구멍을 뚫고 말았다. 이제 세상은 가모장제의 시대로 접어들고 있으며, 여성은 집안의 최고경영자 겸 가족의 성공 지휘자로 변신 중이다.

그러나 한편으로는 여성들의 집념이 주변에 대한 과도한 간섭으로 이어질 경우 동반의존증이나 관계 중독 같은 부작용으로 이어질 위험성 또한 크다.

동반의존증으로 발전하면 남의 일에 간섭하면서도 즐겁지 못하고 오히려 고통과 스트레스를 받게 된다. 그러면서도 돕는 것을 그만둘 수가 없다. 그러나 정작 상대방은 도움을 반기지 않을 때가 많아서 관계는 점점 악화되기만 할 뿐이다.

관계 중독이란 동반의존증과 쌍을 이루는 개념으로, 관계를 맺지 않으면 불안해서 견딜 수 없으며 관계가 바람직하지 않다는 것을 알면서도 끊어내지 못하고 끌려 다니는 경우를 말한다.

인형 놀이가 즐겁게 이어지기 위해선 양쪽이 어느 정도의 심리적 거리를 유지하기로 합의하느냐가 관건이다. 어느 정도까지가 보살핌이며, 또한 어느 선을 넘을 경우 과도한 간섭 혹은 마더링인지 시행착오를 통해 경험을 쌓아 나가는 수밖에 없다.

다만 남성 입장에서는 파트너 여성의 보살핌 혹은 간섭이 순수한 격정의 산물이라는 점을 이해할 경우 '심리적 거리'를 두는 협상과 그 이후의 '상호 학습' 과정 전반에 걸쳐 보다 유연한 자세로 임할 수 있다.

FEMALE

RISK

원나잇 스탠드, 그녀들은 행복했을까

화면 가득 시계가 들어온다. 아침 8시를 조금 넘긴 시간. 남자는 벌 거벗은 채 침대에 엎드려 잠들어 있다. 카메라가 남자의 옆얼굴을 클 로즈업하는 순간, 그가 눈을 뜨고 깜짝 놀란다. 벌떡 일어난 남자는 술 이 덜 깬 것이 분명한 부스스한 모습으로 사방을 둘러보고서야 이곳 이 호텔방임을 깨닫는다. 그리고는 뭔가 생각하는 듯한 표정.

어젯밤 기억의 조각들이 마구 섞이며 머릿속을 혼란스럽게 한다. 미 간을 찌푸린 남자의 시선에 다른 사람이 들어온다. 욕실에서 이제 막 샤워를 마치고 나오는 여자다. 남자는 외마디 소리를 지르며 경악한 다. 누군지도 모르는 여자다.

드라마에 자주 등장하는 원나잇 스탠드one-night stand(하룻밤의 정사) 이 후의 장면이다. 최근 들어 원나잇 스탠드가 영화나 드라마의 단골 소 재로 등장한다. 낯선 남녀를 느닷없는 상황에 던져놓고는 이들이 티격

태격하며 사랑을 이뤄가는 과정을 그린 로맨틱 코미디물이 대부분이다. 우리 사회의 변화된 성의식을 반영하는 대목이기도 하다.

그러면 실제 미혼 남녀들은 원나잇 스탠드에 대해 어떻게 생각하고 있을까. 미혼남녀 2,113명을 대상으로 한 결혼정보회사의 조사 결과, 남성의 57.7%와 여성의 36.6%가 "원나잇 스탠드를 해본 경험이 있다"고 응답했다. 또 다른 여성 포털사이트가 20~30대 회원 2만 명을 대상으로 실시한 조사에서는 남성의 56%, 여성의 28%가 "원나잇 스탠드를 해볼 의향이 있다"고 응답했다.

그간의 통념상 '하룻밤 사랑'은 남성들의 전유물처럼 여겨졌다. 사냥꾼의 후예이자 결과 지향적인 그들은 매력적인 여성이 사정권에 들어오면 정복(복잡한 과정을 생략한 하룻밤)을 목표로 삼아왔다. 욕구에 동기가 있었다.

반면 한국 여성들에겐 전통적으로 '하룻밤 사랑'이란 상상하기 어려운 일이었다. 채집가의 후예이자 과정 지향적인 이들은 남자를 받아들이기에 앞서 까다롭게 가려냈으며 그 이후에도 지속적으로 애정 혹은 신뢰를 쌓아 나가는 것을 전제로 했다. 따라서 모르는 남자와의 하룻밤이란 '불의의 사고' 또는 '사탕발림에 피해를 입은 사건'에 다름 아니었다. 여성들에게는 과정으로서의 애정이 중요한 것이다. 그런데 이제는 여성 10명 가운데 3명가량이 낯선 이와의 하룻밤도 좋다고 자신 있게 의지를 드러내고 있다.

이 시대를 살아가는 많은 사람들에게 사랑은 혼란스러운 개념이다. 일단 사랑은 계산적인 관계의 셈법이다. 남녀는 요모조모 계산을 하고 나서야 사랑에 빠진다. 상대가 어떤 사람인지, 또한 나에게 어느 정도 의미인지 탐색을 한 뒤에야 비로소 사랑(하룻밤이든 지속적이든)을 이루기 위한 행동에 들어간다. 사랑이라는 감정과 연인으로서의 관계를 통해 스스로를 향상시키는 것은 물론, 상대가 자신의 욕구 또는 신분 업그레이드에 얼마나 보탬이 될 수 있는지를 주도면밀하게 따진다.

그러나 한편으로 사랑은 '부담스러운 것'으로 여겨진다. 특히 지속적인 관계를 전제로 하는 사랑은 할 일이 많은 이 시대의 청춘들에게는 시간 낭비로 여겨지기도 하며, 많은 비용이 요구되는 부담스러운 과정이기도 하다. 당면한 경쟁에서 패배할지도 모른다는 두려움이 누군가에게 마음을 쏟고 사랑하는 여유를 허용하지 않는다. 더구나 어린 시절부터 과열 경쟁 속에서 승자 독식 사회를 온몸으로 경험하고 있는 세대에겐 더욱 그렇다.

스스로 합리적이라고 생각하는 여성들은 부담스러운 관계의 덫을 피하기 위해 '사랑' 대신 '필요'라는 실용적 개념을 애용한다. '시급時給 남편'이 단적인 예다. 시급 남편은 시간당 정해진 금액을 받으며 남편 행세를 해주는 사람이다. 최근 30~40대 골드미스들이 모임이나 부동산 계약 등 남편을 내세울 필요가 있을 때 주로 이용하는 것으로 알려져 있다.

다른 한편으로는 결혼에 대한 통념이 흔들리면서 여성들 사이에 사랑과 결혼을 분리하고 싶다는 목소리가 커지고 있다. 한 포털 사이트에서 여성들을 대상으로 실시된 조사(4411명 참여)에서 무려 87%가 "달콤하고 화려한 연애는 하고 싶지만, 무겁고 심심한 결혼은 하고 싶지 않다"고 응답했다.

사랑의 권리는 누리되 결혼의 의무와 책임의 굴레로부터는 자유롭고 싶다는 의지의 표현이다. '사랑'에 늘 붙어다니던 '결혼'이란 개념이 떨어져 나가고 그 대신 '니즈needs'가 결합된 형태다.

사실 인류사적으로 사랑과 결혼이라는 개념이 결합된 것은 그리 오래된 일이 아니다. 스테파니 쿤츠Stephanie Coontz는 『진화하는 결혼Marriage : A History』에서 '사랑으로 묶인 두 남녀의 결합'이라는 결혼은 비교적 새로운 발명품에 지나지 않는다고 지적한다.

매우 오랜 기간에 걸쳐 결혼은 이질적인 사람들을 친족이라는 이름으로 묶어 협력하게 하는 생존의 방식이었다. 중세와 근대에도 귀족이나 부유층이 부를 얻고 유지하는 수단으로 결혼을 이용했으며 평민들 또한 경제적인 이해득실에 따라 결혼하는 경우가 대부분이었다.

현대사회에서 이상적으로 여겨지는 '사랑을 기반으로 하며 남자가 생계를 책임지는 결혼'은 근대 후기에 나타난 모델이다. 북아메리카와 서유럽에서 지배적인 형태로 자리를 잡는 데 150년 이상이 걸렸지만 무너지는 데는 25년이 채 걸리지 않았다는 것이 스테파니 쿤츠의 분석이다.

쿤츠의 분석을 바탕으로 한국사회의 현재를 들여다보면 19세기와 21세기가 혼재되어 있는 모습이다. 흔들리는 가부장 질서 속에서 집중적인 지원을 받으며 자라난 딸들이 혼란스러운 시선으로 사랑을 바라본다. 사랑이 부담스러우며 결혼의 덫에 빠지고 싶지 않으나, 그럴수록 다른 한편으로는 로맨틱한 '영원한 사랑'에 천착한다. 그러나 그런 순수한 사랑은, 치열한 경쟁만이 횡행하는 현실에선 찾아보기 어렵고 순수성을 지켜내는 것 역시 쉽지 않다. 결국 로맨틱한 사랑의 결핍을, 이 사람 저 사람과의 '필요에 의한 사랑'을 반복함으로써 채워보려는 여성이 생기기 마련이다. 멋진 남성과의 원나잇 스탠드가 그것이다.

그렇다면 멋진 남성과의 하룻밤이 여성들에게 만족을 안겨줄까? 영국 더햄대 앤 캠벨Anne Campbell 박사팀이 분석한 바에 따르면 '그렇지만은 않았다'로 나타났다. 연구팀은 성인 남녀 1,743명을 대상으로 원나잇 스탠드 후의 느낌을 조사했는데, 하룻밤 파트너를 구할 때 여성이 남성보다 엄격한 기준을 적용하기 때문에 사랑을 나눈 뒤에 남성보다 만족도가 클 것으로 기대했다.

그러나 결과는 전혀 달랐다. 남성의 80%가 흥분이나 도취, 행복 같은 긍정적인 감정을 드러낸 반면 여성 가운데 "만족했다"고 응답한 이는 54%에 그쳤다. 여성의 만족도가 연구팀의 예상에 비해 크게 떨어졌던 것이다.

여성들은 '후회' '크게 후회' 같은 부정적인 감정을 느꼈다고 답변했다. 특히 '사용 후에 버려진 느낌' 및 '나 자신을 쉽고 값싸게 내던졌다'는 모멸감을 표현하는 답변도 있었다.

우리나라 여성들의 경험도 비슷하다. 원나잇 스탠드를 해본 적이 있는 여성 10명 중 8명(79.2%)이 '관계 후에는 만나지 않았다'고 답했고, '원나잇 이후 사귄 적이 있다'고 대답한 여성은 7.6%에 그쳤다. 로맨틱한 사랑으로 이어졌던 영화나 드라마의 원나잇 스탠드와는 달리, 현실에서 필요에 의한 하룻밤 사랑은 대부분의 여성들에게 긍정적이지 않은 경험으로 남았던 셈이다.

역사적으로 여성들은 사랑이라는 감정을 끈처럼 활용해 남성을 움직여왔다. 사회적인 약자였을 때에는 사랑만이 유일한 무기였다. 그러나 이제는 사회적 능력이나 지위에서도 남성들에게 결코 밀리지 않는 입장이 되었다. 여성들은 그 어느 시기보다도 강해지고 있지만 불안과 외로움에 취약한 여성 특유의 성향은 아직 변하지 않았다.

21세기의 사랑은 불안이라는 사막 위에서 자란다. 지그문트 바우만Zygmunt Bauman은 『리퀴드 러브Liquid Love』에서 현대의 인간관계를 이렇게 분석한다.

"당신은 원하고 또 원하지 않는다. 고독한 당신은 관계를 갈망하나, 관계가 맺어진 당신은 자유를 갈망한다. 한 발은 관계에 두고 다른 한 발은 그 밖에 둔다. 그리하여 당신은 관계, 유대, 연대를 연결로 대체한다. 원할 땐 곧바로 소통하고 원하지 않을 땐 그 즉시 불통할 수 있도록 네트워크에 접속한다. 당신은 되뇐다. '타인에게 발목이 잡혀서는 안 된다. 너무 숨 막히는 포옹은 피하라. 더 깊이 그리고 더 밀도 있게 헌신하고 애정을 기울이고 관여할수록 그만큼 리스크도 크다는 것을 기억하라.'"

이 같은 현상은 우리의 언어 습관에도 깊숙이 배어 있다. 어느덧 관계보다는 연결이라는 말에 익숙해진 것이다. 인간관계를 일컬을 때에도 네트워크라는 말을 선호한다. 네트워크는 바우만의 말대로 원치 않을 때에는 '즉시 끊을 수 있다'는 의미를 담고 있다.

정착 없이 네트워크 세계를 헤매는 디지털 유목민의 사회에서는 안정적인 관계가 해체의 위협을 받을 수밖에 없다. 사랑하는 연인끼리 만나도 서로를 마주보는 시간은 의외로 많지 않다. 각자의 스마트폰을 들여다보거나 영화 혹은 뮤지컬을 관람한다. 마주보기에 익숙하지 않으며 심지어는 마주보기를 두려워하는 유형이 대량생산되고 있다.

경쟁과 불안에 시달리는 여성들에게 그래서 다시 도피처이자 안식처는 '초월적인 사랑'이다. 모든 것을 뛰어넘는 운명과도 같은 사랑을 영화와 드라마를 통해 갈망하며 열광하고 소비한다. 그런 사랑이 불가능해졌음을 알기 때문에 더욱 종교처럼 매달린다.

많은 사람들이 평생 동안 지속되는 순수한 사랑을 주고받기를 원한다. 미국 작가 컬린 하이타워Cullen Hightower의 말처럼 '이기심이 제거된 후에 남는 순수로서의 사랑'을 꿈꾸는 것이다.

하지만 현실의 사랑은 로맨스와 니즈 사이의 어느 지점에서 결합되고 해체된다. 심정적으로는 영원히 변치 않는 순수한 사랑을 꿈꾸면서도 현실주의적인 필요에 상당 부분 좌우되는 것이다. 사실 로맨스와 니즈를 나누는 경계는 명확하지 않다. 사랑은 대가를 생각하지 않고 상대의 '필요'를 채워주는 것이기도 하니까 말이다.

호기심, 그녀들의 변화 관리 시스템

배우 리처드 버튼이 아내 엘리자베스 테일러에게 말했다.

"당신의 몸은 기적의 작품이야."

그는 얼마 후 이렇게 말했다.

"당신은 뚱뚱하고 다리가 너무 짧아."

배우 리타 헤이워드는 세 번째 남편 알리 칸 사우디 왕자에게 말했다.

"나의 왕자 중의 왕자!"

그녀는 곧 이렇게 말을 바꾸었다.

"알리는 원하는 것은 무엇이든 할 수 있다. 나는 그가 진절머리 난다."

헤이워드는 네 번째 남편이었던 딕 하임즈를 두고는 이렇게 말했다.

"나는 지구 어디든 그를 따라갈 것이다."

얼마 후에 그녀는 다시 냉정하게 말했다.

"난 그가 어디에 있는지 모른다. 그리고 관심도 없다."

독일 사회학자 울리히 벡Ulrich Beck이 아내 엘리자베트 벡Elisabeth Beck과 함께 집필한 『사랑은 지독한 그러나 너무나 정상적인 혼란Das Ganz normale Chaos der Liebe』에 나오는 대목이다.

벡 부부는 이 책을 통해, 첫눈에 반하는 것으로 시작해 만족시킬 수 없는 기대감 속에 관계를 질질 끌다가 결국에는 실망만 남기고 끝나버리곤 하는 '낭만적 사랑의 덫'을 생생하게 묘사한다.

어떤 연인도 이런 식으로 사랑을 끝내고 싶어하지는 않는다. 지구상의 거의 모든 사랑은 운명에라도 맞설 수 있다는 각오와 평생을 지켜내겠다는 다짐으로 시작한다. 그러나 여성들은 십중팔구 시간이 흐르고 난 뒤 이렇게 하소연한다.

"어쩌면 그럴 수가 있죠? 처음 연애할 때랑 완전히 달라졌어요. 제가 속은 것 같아요."

연애 초기에는 하루에도 수십 번씩 연락을 하고 약속 장소에 일찍 도착해 기다려주는 것은 물론 생각지 못했던 선물로 감동을 안겨주던 남자가, 이제는 연락을 자주 하는 것은 고사하고 약속에 한 시간 이상 늦는가 하면 네이브 계획도 없이 나타나 내내 볼통기리디기 집에 바래다주지도 않는다는 것이다. 선물은커녕 생일조차 잊어버리는 게 예사다.

이때 여성들은 남자의 사랑이 식었다고 의심한다. 잡은 고기에겐 더 이상 먹이를 주지 않는다는 속설이 점점 신빙성 있게 다가온다.

일반적으로 남성은 관계가 한번 성립되면 특별한 노력을 기울이지 않더라도 변하지 않을 거라고 안심을 하는 속성을 가지고 있다. 반면 여성은 관계가 변하지 않을 것이라는 점을 상대가 계속 확인해주기를 바란다.

게다가 남성은 새로운 것에 도전해 쟁취하는 것을 소유라고 생각하는 반면, 여성은 가진 것을 지켜내기 위한 노력을 소유라고 생각한다. 따라서 남성들은 사랑이라는 목표를 달성하고 나면, 열의의 방향을 다른 곳으로 돌릴 가능성이 높다. 싫증이 났다기보다는 목표가 이뤄졌으므로 '다 된 것'이다. 이들에게 결혼은 사랑의 종착역이다. 그 이후에는 자신이 새롭게 추구하는 명예나 성공에 '가족을 위한 것'이라는 가치를 부여하고 몰입한다.

이에 비해 여성에게 사랑은 행복한 인생을 위한 필수 요소다. 결혼은 사랑의 결과이며, 동시에 평생의 사랑을 지켜내기 위한 중요한 첫걸음이다. 결혼이야말로 사랑의 본격적인 시작인 것이다.

그러니까 남성의 관점에서 보면, 목표를 이뤘으니까 이젠 됐는데도 자꾸 뭔가를 캐묻고 조바심을 내는 여성을 이해하기 어려울 수도 있다. 게다가 가족을 위해 불철주야 노력하고 있는데, 왜 그것을 아내가 납득하지 못하는지 답답하기도 하다. 물론 이런 관점은 남자의 것으로, 여성에겐 이기적인 변명으로 받아들여질 수도 있다.

이런 차이에도 불구하고 사랑을 수시로 확인하려는 여성들의 내면에는 역시 그만한 합리적인 이유가 있었다는 사실이 최근 과학자들의 연구를 통해 밝혀졌다.

미국 미시건 주립대의 리처드 루커스Richard E. Lucas 교수팀은 연인의 정열이 2년이면 소진된다는 연구 결과를 내놓았다. 연구팀은 15년에 걸쳐 남녀 2만 4000명을 분석한 결과 "결혼으로 정점에 이른 행복감은 시간이 흐를수록 풍선의 바람이 빠지듯 줄어들어 2년이 지난 후에는 원점으로 돌아간다"고 밝혔다.

가슴을 두근거리게 하는 신경 전달 물질들이 2년을 전후해 자취를 감추게 되어 있으며, 남녀가 의식적으로 노력을 기울여도 초창기의 열정적인 사랑은 18~30개월을 넘기 어렵다는 얘기다.

사랑에 빠진 여성에겐 연인의 모든 것이 궁금하다. 아침은 무엇을 먹었는지, 지금 어디에서 무엇을 하고 있으며 어떤 생각을 하는지, 또한 이토록 그에 대해 궁금한 것들이 넘쳐나는데 그는 나에 대해 얼마나 궁금해하는지도 궁금하다.

남성은 소유하기 위해 사랑을 하는 반면 여성은 호기심 때문에 사랑을 한다. 그를 알고 싶고, 나에 대한 그의 마음을 더 많이 알고 싶다. 정보통신 기술의 발달로 24시간 내내 연락을 주고받으면서도 궁금한 것들이 꼬리에 꼬리를 문다. 알면 알수록 늘어나는 불확실한 것들 때문에 괴로울 때도 있다. 남자의 스케줄을 파악하고자 때로는 그의 휴대폰과 이메일 등을 몰래 뒤져보고 싶은 충동을 억제하기 어렵다.

여성들의 이런 호기심은 '변화의 가능성'에 안테나를 바짝 세운다. 상대 남자가 원하는 방향으로 변하고 있는지, 아니면 혹시라도 예상치 못했던 쪽으로 변화하고 있는 것은 아닌지 수시로 확인하고 싶은 것이다. 그녀들은 점검을 통해 남자의 미세한 변화에도 신경을 곤두세운다. 몇 가지 포인트만으로 남자의 변화가 어떤 방향을 향해 있는지 감지해낸다.

남자의 얼굴에서 불쾌한 기색을 읽어낸 여성은 그가 바람직하지 않은 방향으로 변화한 게 아닐까 하는 의구심과 함께 그의 진심에 대한 궁금증이 걷잡을 수 없이 커지는 것을 어찌할 수 없다. 호기심의 안테나가 높아질수록 여성은 외로워진다.

바우만은 『리퀴드 러브』에서 외로움을 사회적인 틀로 풀이하는데, 현대사회가 상호 신뢰할 수 있는 인간관계를 유지하는 데 필요한 기본을 제공해주지 않기 때문이라는 것이다. 모든 게 불안정한 유동적인 사회에서는 필요할 때만 쉽게 꺼내 쓸 수 있는 관계(가령 원나잇 스탠드 같은)가 늘어날 수밖에 없다는 지적이다.

경쟁 혹은 계산만 남은 인간관계 속에서 사람들은 외롭다. 나를 순수하게 사랑해주는 이를 찾아보기 어렵고, 조건 없는 사랑을 믿어주는 상대를 만나는 것도 쉽지 않다. 타인을 믿지 못하며 어려울 때 의지할 곳이 없다는 막막함이 이따금 두려움으로 엄습해온다.

여성들은 한편으론 외로움을 잊기 위해, 그가 과연 나와 같은 마음인지를 확인하고 위안을 찾으려고 한다.

미국 럿거스대의 헬렌 피셔Helen Fisher 교수는 남녀 간의 사랑을 3단계로 분류했다. 피셔 교수에 따르면 남녀 간의 사랑은 '갈망'으로 시작해 '홀림'을 거쳐 '애착'으로 진화해간다.

사랑의 첫 단계인 '갈망'에서 주된 역할을 하는 것은 남성 호르몬인 테스토스테론과 여성 호르몬인 에스트로겐이다. 생식기능과 성적 욕구에 해당된다. 두 번째 단계인 '홀림' 시기에는 남녀 모두 페닐에틸아민과 엔돌핀 등의 왕성한 영향 아래 놓인다. 즐거움과 만족이라는 감정으로 연결되는 것이다. 앞서 리처드 루커스 교수팀이 2년이면 소진된다고 분석했던 연인의 정열이 이 시기에 해당된다고 볼 수 있다.

마지막으로 세 번째 '애착' 단계는 불처럼 뜨겁지는 않으나 훈훈한 관계로 발전하는 시기다. 이 시기에는 옥시토신과 바소프레신이 주로 작용한다. 서로를 돌봐주고 책임져주는 데 관여하는 호르몬이다.

피셔 교수의 3단계 이론에 여성들의 호기심을 접목해보면, 그들이 지향하는 바를 비로소 명확하게 짐작해낼 수 있다. 상대 남성의 사랑이 어디쯤 와 있는지 수시로 점검함으로써 관계를 부드럽게 발전시키고 싶은 것이다. 초기의 열정적이며 무모한 사랑에서 안정적이며 성숙한 사랑으로 안착되기를 원하는 마음이다. 울리히 벡의 지적대로, 만족시킬 수 없는 기대감 속에 관계를 질질 끌다가 결국에는 실망만 남기고 끝나버리는 '낭만적 사랑의 덫'에 빠진 것은 아닌지 수시로 돌아본다. 그러면서 상대 남성을 변화시키는 동시에 스스로도 변화에 대처하기 위한 일종의 변화 관리 시스템을 구축하는 셈이다.

여성의 호기심은 이렇게 수시로 남자의 마음을 감시한다. 자신이 원하는 방향인지 아니면 원치 않는 방향인지. 여성의 심리는 남자의 반응과 태도에 따라 조바심과 안심 또는 불행과 행복의 사이를 오간다. 대부분의 경우에는 조바심과 불만 쪽에 위치해 있다. 남자의 마음이 늘 궁금하지만, 남자는 자기 기분을 좀처럼 표현하지 않는 족속이기 때문이다. 그래서 더욱 그의 마음이 궁금하다. 여성들에게 있어 호기심은 작동을 멈출 일이 결코 없는 변화 관리 시스템이다.

롤러코스터와 권력투쟁

서로에게 홀딱 반한 두 연인이 욕정으로 가득 차 있을 때라도, 언제나 그들 중 한 사람은 더 침착하고 덜 몰두해 있는 법이다. 그 사람이 남자이건 여자이건, 한 사람은 수술 집도의 또는 사형 집행인의 역할이고 나머지 사람이 환자이며 사형수가 된다.

-샤를 보들레르, 『벌거벗은 내 마음Mon coeur mis à nu』 중에서

나폴레옹은 전쟁터에서 부인 조제핀 생각에 애간장이 탔다. 작전회의를 앞당겨 마치고 편지를 쓰는 데 많은 시간을 할애했으며 때로는 자신이 있는 곳으로 와달라고 애걸복걸하는 내용을 보내기도 했다. 그러나 조제핀은 나폴레옹의 간청을 대개는 거절했다. 어쩌다 한 번씩 못 이기는 척하며 들어줄 뿐이었다. 그럴수록 나폴레옹은 조제핀에게 매달렸다.

로버트 그린Robert Greene은 『유혹의 기술The Art of Seduction』에서 나폴레옹과 조제핀의 사례를 이같이 해석한다.

"사람들은 쉽게 얻은 것을 가치 있게 생각하지 않는다. 한번에 상대를 완전히 소유할 수 없을 때 더욱 애를 태우는 게 인간의 본능이다. 유혹자는 이런 심리를 십분 이용한다."

남녀의 사랑은 어떤 형태로든 유혹과 끌림을 통해 시작된다. 누가 먼저였는지는 시간이 흐르면서 희석된다. 남녀는 가까워지면서도 서로를 유혹하고 한편으로는 상대의 매력에 끌리며 사랑을 키워간다. 특히 사랑은 사람전문가인 여성들에게 있어 인형 놀이와 쌍벽을 이루는 '감정 놀이의 양대 산맥'이다.

여성들은 사랑을 통해 롤러코스터를 타는 듯한 흥분과 감동을 맛본다. 이뤄질 듯 말 듯 가슴 졸이는 초기 오르막의 긴장감이, 뚝 떨어지는 무서운 질주의 위기로 이어지는가 하면, 거꾸로 뒤집혀 빙글빙글 돌며 아슬아슬한 쾌감을 불러오기도 한다. 궤도가 끝나 편안한 속도에 긴장감이 풀릴 즈음이면 안정감과 함께 성취감에 젖는다. 그렇게 안심하는 순간 두 번째 순환이 시작되며 새로운 긴장에 직면한다.

사랑이라는 롤러코스터는 여성들에게 다이내믹한 감정의 파노라마를 선사한다. 기쁨과 분노, 슬픔, 즐거움으로 크게 구분되는 것들 외에 말로 표현하기 어려운 온갖 섬세하고도 복잡한 감정들을 사랑하는 이와의 어울림에서 경험하게 되는 것이다. 여성들은 그런 느낌들을 통해 삶의 재미와 의미를 찾고 되새긴다. 사랑과 관심을 주고받는다는 만족스러운 느낌이 그녀들의 행복이다.

그런데 관계가 지속될 것이란 확신이 서지 않을 경우, 롤러코스터의 안전장치가 헐거워진 것이 아닌가 하는 의심에 빠지게 된다. 남성의 열정은 수직으로 급상승했다가 결과를 확인하고 나면 급전직하한다. 이에 비해 여성의 사랑은 차분하게 시작해 완만하게 오르며 뒤늦게 발동이 걸리는 경우가 많다. 시작은 늦었으나 뒤늦게 사랑에 몰입한 여성의 입장에선 갑자기 맥이 풀려버린 남성의 사랑을 이해하기 어렵다.

롤러코스터의 즐거움은커녕 어딘가에서 뚝 떨어져 크게 다칠지도 모른다는 두려움이 그들로 하여금 점검에 나서게 한다.

점검은 무관심을 연출하거나 연락에 늦게 반응하고, 때로는 다른 이성에게 관심을 보여 질투심을 유발하는 방식으로 이루어진다. 그런 과정에서 서로 상처를 주고받는 경우도 많다. 여성들은 이런 아픔까지 포함된 드라마와도 같은 연애를 꿈꾼다. 안정과 불안정의 사이를 절묘하게 달리는 감정의 파노라마를 갈구하는 것이다.

여성들에겐 이런 안전 점검이 빼놓을 수 없는 사랑의 즐거움이기도 하다. 상대 남성을 시험하고 애타게 하면서 자신이 그만큼 사랑받고 있다는 짜릿한 만족을 찾아내는 것이다. 여성들의 안전 점검은 모순된 원칙으로부터 출발한다.

원칙 1. 상대를 신뢰하지 말라

원칙 2. 상대의 사랑을 최대한 끌어내라

믿지도 않는 이의 사랑을 최대한 추구한다는 것은, 논리적으로 모순이다. 그럼에도 불구하고 상당수의 여성들이 이처럼 모순된 원칙에 따른 행동을 '밀당(밀고 당기기)'이라는 이름으로 자주 구사한다.

밀당의 주요한 수단 가운데 하나가 '연락'이다. 누가 가르쳐주지 않아도, 그들은 본능적으로 '연락을 받기만 하는' 연애 전략을 구사한다. 상대 남자가 어떤지 궁금해도 먼저 연락을 하지 않고 그가 전화를 걸어올 때까지 기다리는 것이다. 문자에도 곧바로 답을 주지 않아 그를 초조하게 만든다. 그가 자신감을 잃어 포기하려는 기색을 보일 즈음에야 희망 섞인 메시지를 넌지시 전해준다. 용기를 얻은 그의 사랑은 다시 불타오른다.

일본의 동시통역사 겸 작가 요네하라 마리米原万里의 지적처럼, 여성은 겉으로는 아닌 척하지만 사실은 매우 계산적인 동물이어서 의식적으로는 진짜 홀딱 반해서 사랑하지만 잠재의식 저 깊은 곳에서는 이것저것 계산을 하고 있는 것이다.

밀당은 관계에 자극을 줌으로써 적당한 긴장감과 소소한 즐거움을 안겨준다. 계산적인 연애 방식에 익숙한 일부 젊은 남성도 자연스럽게 밀당 전술을 구사한다. 그런데 밀당의 무게중심이 자칫 한쪽으로 쏠릴 경우 판세가 금방 끝나버리거나 균형이 들어실 수 있나. 균형이 틀어지면 감정적 주도권을 갖는 쪽이 권력을 행사하게 된다.

사실 밀당은 권력과는 무관한 연인들의 사소하며 유치한 자존심 다툼 정도로 여겨지는 경우가 많다. 게다가 순수해야 할 사랑에 '권력'이라는 단어는 좀처럼 어울리지 않아 보인다. 그렇다면 이런 '밀당 지침'은 어떨까?

"관심을 끌어당기는 자석이 되어야 합니다. 상대에게 화려하며 신비

롭게 보이도록 하세요. 당신이 먼저 사랑을 맹세하지 않는 한, 상대방은 당신의 마음을 얻기 위해 필사적으로 노력할 것입니다. 일정한 거리를 유지하세요. 당신의 독립과 자립을 지켜낼 때, 당신은 더욱 존경과 사랑을 누리는 지위에 오를 수 있습니다. 한마디로 관심을 덜 보일수록 당신은 더 우월해 보입니다.”

남자친구를 사귀어본 경험이 풍부한 여성이라면 쉽게 공감할 수 있는 ‘밀당의 정석’이다. 하지만 위의 글은 ‘현대판 군주론’으로 불리는 로버트 그린의 『권력의 법칙The 48 Laws of Power』에 나오는 핵심 내용 가운데 일부를 문체만 바꾼 것이다. 『권력의 법칙』은 이 밖에도 남녀의 밀당에 그대로 적용할 수 있는 많은 권력투쟁 지침을 담고 있다.

소설가 알랭 드 보통Alain de Botton은 『왜 나는 너를 사랑하는가Essays in love』에서 “사랑이라는 게임에서 권력은 아무것도 안 할 수 있는 것”이라고 썼지만, 실제 게임에서는 이상적인 사랑을 추구하는 쪽이 언제나 손해를 보고, 상대를 적당히 필요로 하는 사람이 무자비한 권력을 휘두르기도 한다. 권력을 가진 이는 자기 마음을 조금만 보여주고, 상대방의 진심은 훤히 들여다봄으로써 언제나 이기는 게임만을 하게 된다.

사랑에서 권력을 쥔 쪽은 일방통행을 요구하는 경우가 많다. 그렇다면 이 같은 권력의 일방통행은 관계가 지속되는 한 계속 이어지는 것일까.

하버드대에서 여성, 젠더, 섹슈얼리티 연구 프로그램의 부소장으로 일하며 ‘사랑에 관하여’라는 강의를 이어왔던 마리 루티Mari Ruti 교수는 “그렇지 않다”고 단언한다. 그는 “남자를 힘들게 해야 자신의 가치가 올라간다거나 지속적인 관심을 얻기 위해 남자를 조종해야 한다고 여기는 것은 자신감 부족 때문"이라며 "오히려 상대의 주장을 잘 받아들이는 쪽이 궁극적으로는 관계에서 더욱 큰 힘을 발휘함으로써 사랑을 성숙한 관계로 이끌어가는 경우가 많다"고 분석한다.

장기적인 안목을 지닌 여성은 밀당을 지배 구도를 만들어가는 데 활용하지 않는다. 적당한 균형을 이루는 가운데 자기 쪽으로 조금 기울어지는 '51 대 49' 정도의 포지션을 취하려는 경향이 있다.

이들에게 있어 밀당 혹은 권력 싸움이란, 로맨틱한 사랑과 속물적 필요의 길항작용 속에 상대의 입장을 배려하면서도 내 입장을 조금 더 관철하는 것에 목적을 두고 있다. 더 침착하고 덜 몰두해 있더라도 상대에 대한 수술 집도의 또는 사형 집행인이 되려고 하지는 않는 것이다.

따라서 좋은 사랑을 빚어내는 사랑의 권력투쟁은 '너의 패배가 곧 나의 승리'라는 '제로섬zero-sum'이 아닌 '너의 만족이 곧 나의 만족'이라는 '포지티브 섬positive-sum' 게임을 추구한다. 이런 '만족의 균형'은 결국 사랑의 황금률이 된다.

"조공을 바치시오"

영국의 사회학자 앤서니 기든스Anthony Giddens는 감정적인 연루가 너무도 강렬해 자기의 통상적인 책무를 무시하게 만들 정도의 사랑을 아무르 파시옹amour passion 즉, '열정적 사랑'이라고 분류했다. 그는 이런 사랑이 때로는 희생뿐 아니라 극단적 선택을 하게 만들고 파괴적인 양상을 띠게 되므로 사회의 질서와 의무라는 관점에서 위험할 수도 있다고 지적했다.

기든스가 염려했던 상황이 현재 대한민국의 중학생들 사이에서 일어나고 있다. 아무르 파시옹에 빠져 통상적인 책무를 무시하는 것은 물론, 희생적이며 충동적인 선택에 스스로를 내모는 남학생들이 늘고 있기 때문이다.

서울의 한 중학교 3학년 교실. 쉬는 시간을 맞이한 학생들이 삼삼오오 모여 이야기를 나누는 중이다. 뒷문 쪽에 모여 있던 학생들이 키득

거리며 앞쪽의 남학생에게 소리를 지른다. "OO야! 새 여친 왔다!"

다른 반 여학생이 교실 밖에서 남학생이 나오기를 기다린다. 하지만 남학생은 듣지 못한 척 자리에 버티고 앉아서 일으켜 세우려는 친구들의 손을 뿌리친다. 두 학생은 아직 사귀는 사이가 아니다. 남학생이 호감을 드러냈다는 소문에, 여학생이 정말인지 확인하려고 찾아온 것이다.

그런데 남학생에겐 새 여자친구를 만들 수 없는 사정이 있다. 예전 여자친구와 사귀던 때의 뒷감당을 아직 수습하지 못했다. 어머니 지갑에 손을 댔던 사실이 들통 나는 바람에 사건이 커졌고 여자친구와도 헤어져야 했다. 100일 기념 '조공' 때문이었다.

남학생들은 여자친구에게 사주는 선물을 '조공'이라고 표현한다. 조공은 커플 티셔츠나 꽃다발, 간단한 화장품부터 금목걸이까지 다양하다. 남자친구로부터 '남다른 조공'을 받은 여학생은 친구들 사이에서 주목을 받는다.

중학생들 사이에서 '잘나간다'는 의미는 예전과 다르게 통한다. 성적이 우수하거나 힘이 세거나 매력적인 것보다 '얼마나 멋진 이성 친구를 사귀고 있는가'로 평가를 받는 것이다. 이런 분위기 때문에 일부 남학생들은 전단지 돌리기 같은 아르바이트까지 해서라도 여자친구를 감동시킬 '조공'을 준비하려 든다.

남아프리카에 서식하는 금란조라는 새가 있다. 금란조 수컷은 항상 바쁘다. 자기 영역 안에 여러 개의 둥우리를 지어야 하기 때문이다. 둥우리는 수컷이 암컷을 유혹하기 위한 미끼다.

암컷은 둥우리의 품질을 기준으로 배우자를 까다롭게 결정하는데, 오래된 둥우리보다는 새로 지은 튼튼한 둥우리를 좋아하므로 수컷들은 여러 개의 새로운 둥지를 지어놓고 구경을 시켜주면서 암컷을 유혹한다.

수컷 금란조가 암컷의 선택을 받기 위해 기울이는 노력은 '여러 개의 둥지를 튼튼하게 지을 수 있을 정도로 힘이 넘치며 부지런하다'는 자신의 우수성을 입증하기 위한 것이기도 하다.

인간의 경우도 크게 다르지 않다. 여성들은 남성의 마음과 능력을 파악하기 위해 최대한 많은 기회를 만들려는 속성을 가지고 있다. 수많은 기념일을 챙기는 것부터가 그렇다. 생일은 기본이고 만난 지 열흘 째, 22일째(투투데이), 100일째에는 사랑하는 마음을 한껏 담은 선물을 받고자 한다. 게다가 매달 14일은 언제부턴가 전부 '무슨 데이'로 지정되어 있다. 2월 14일(발렌타인데이)과 3월 14일(화이트데이) 외에도 장미를 선물한다는 로즈데이, 입맞춤을 한다는 키스데이, 은반지를 선물한다는 실버데이 등 헤아리기도 어렵다.

여성들이 부러워하는 선물에는 공통점이 있다. 남성의 트릿한 관점으로 보면, 비싸기만한 것들인데 쓸모가 없을수록 선호도가 높아지는 것 같다. 남자들이 보기에 실용성이 높은 것은 여자들이 별로 좋아하지 않는다고 믿는다. 진공청소기가 낡았다는 아내의 불만에, 생일 선물로 새 청소기를 선물한 남편이 좋은 얘기를 듣지 못하는 것과 같은 이치다.

불가사의하게 여겨질 수 있는 이런 측면은, 어처구니없게도 남성들에게서 퍼즐의 절반을 찾아낼 수 있다.

이스라엘의 생물학자 아모츠 자하비Amotz Zahavi는 공작 암컷들이 왜 크고 무거운 꼬리를 가진 수컷을 좋아하는지 의문을 품었다. 그런 꼬리를 가져봐야 실생활에는 도움되는 게 없다. 외려 맹수가 추격해올 경우 생존에 방해가 될 뿐이다. 그렇다고 암컷 공작들이 뛰어난 심미안을 가지고 있어 커다란 꼬리를 좋아하는 것 같지도 않다.

자하비는 건강하고 힘이 센 수컷만이 큰 꼬리를 가질 수 있으며, 약하고 병든 수컷은 가질 수 없다는 점에 주목했다. 그러니까 건강한 수컷 공작은 생존에 불리해 보이는 거대한 꼬리를 보여줌으로써 역설적으로 자신의 능력을 과시하는 것이다. 암컷은 커다란 꼬리를 보며 '목숨이 위태로울 정도로 요란한 꼬리를 갖고도 살아남은 수컷이라면 그 유전자도 훨씬 뛰어날 것'이라는 확신을 얻게 된다.

지구상의 상당수 동물들이 그렇다. 수컷은 '단순하고 쉬운 것'이 아니라 '힘들고 엄청난 비용이 드는 것'을 내놓아야 암컷을 배우자로 맞이할 수 있다. 강한 수컷일수록 얼핏 보기에는 쓸모없는 것에 노력을 투사함으로써 자신이 얼마나 위대한지 과시하려고 한다. 이른바 '핸디캡의 원칙'이다.

독일의 진화인류학 및 사회생물학 분야의 전문가 마티아스 울Matthias Uhl 박사는 "세계 문화유산의 상당 부분이 여자의 사랑을 얻기 위한 남성들의 과시욕으로부터 비롯됐다"면서 "근본적으로는 생존과 번식 때문이었지만 여성을 감동시키기 위해 정교한 언어가 발달하고 예술이 꽃을 피웠으며 이는 오늘날의 돈과 비싼 차, 저택, 박사 학위증, 각종

트로피, 고상한 취미 등으로 이어져 내려온다"고 분석한다.

조공을 바라보는 남성과 여성 간에는 약간의 시각 차이가 있는 것도 사실이다. 남성의 경우 '능력'의 문제로 인식해 비싸고 폼 나는 것으로 자신의 아무르 파시옹을 보여주려고 한다. 그러나 여성은 '정성'을 기대한다. 몇 달 동안 차근차근 돈을 모아 선물을 장만했다거나, 먼 곳에 있는 전문가를 찾아가 제작을 의뢰한 세상에 하나밖에 없는 작품이라는 식의 세심한 마음과 스토리를 원하는 것이다. 여성의 마음을 움직이는 것은 가격 외에도 그 안에 부여된 정성과 스토리다. 여성은 상대가 자신을 위해 얼마나 마음을 써주는지, 자신을 얼마나 특별하게 대접해주는지에 민감하게 반응한다.

앞서 살펴본 남녀 중학생들 사이의 조공 문화 또한 아무르 파시옹 외에, 아주 오래전부터 전해져 내려온 남성의 과시욕과 사랑을 저울질하려는 여성의 특성이 한꺼번에 어우러져 나타난 현상이라고 이해할 수 있다.

10대의 이성 친구 사귀기 열풍은 TV 예능 프로그램의 영향을 다분히 받은 것으로 보인다. 남녀 아이돌 스타들이 보여주는 가상 연애가 감수성 예민한 10대의 호기심을 자극, 유행처럼 번지고 있는 셈이다. TV에 나오는 아이돌 커플들은 거의 매회마다 서로에게 기발한 선물을 한다.

조공 열풍이 한때의 유행으로 그칠지, 아니면 그들만의 문화로 자리 잡을지 여부는 예단하기 어렵다. 확실한 게 있다면 아무르 파시옹을 입증하기 위해 자기 책무를 내던지고 희생과 파괴적인 선택을 두려워하지 않을 남학생의 수가 당분간은 지속적으로 늘어날 것이라는 점이다.

판타지 외에 더 필요한 것들

사랑에 빠진 사람에게는 연인의 결점마저 아름답게만 보인다. 이른바 눈에 콩깍지가 씐 것이다. 그런데 단순한 수사에 지나지 않는다고 생각했던 이 '콩깍지 이론'에 대해 과학적인 근거가 밝혀졌다. 뇌가 사랑하는 이의 '그림자'를 굳이 들여다보려고 하지 않는다는 것이다.

영국 런던대의 세미르 제키Semir Zeki 교수와 안드레아스 바르텔스 Andreas Bartels 박사팀은 자신이 사랑에 푹 빠져 있다고 확신하는 사람들을 모집, 애인의 사진을 봤을 때 이들의 뇌가 어떻게 반응하는지를 기능성자기공명장치fMRI를 이용해 분석해보았다.

그 결과, 감정을 느끼거나 이성적인 판단을 할 때 활성화되는 각종 부위에 혈류량이 증가한 반면, 유독 편도체 쪽은 혈류량이 줄어드는 현상이 뚜렷하게 나타났다. 편도체는 두려움이나 비판적인 사고 같은 부정적인 감정을 느끼고, 이를 뇌의 다른 부분에 전달하는 기능을 맡고 있다. 따라서 편도체가 비활성화되면 비판 기능이 떨어지며 위험을 인식하지 못하게 된다.

연구팀은 사랑이라는 감정이 편도체의 작용을 방해해 뇌의 주인으로 하여금 사랑하는 이의 결점에 둔감해지거나 관대하게 만든다고 해석했다. 사랑이라는 콩깍지가 씌면 시야가 좁아져 다른 모든 이에게 보이는 것들이 주인공의 눈에는 들어오지 않는다. 설혹 어떤 결점이나 어려움이 있을지라도 사랑의 힘으로 충분히 극복할 수 있다며 결의를 불태울 뿐이다.

문제는 콩깍지가 벗겨지는 순간이다. 상황의 심각성은 콩깍지의 두께에 비례한다. 상대의 결점이 눈에 거슬리는 순간, 동시다발적으로 문제가 발생하기 시작하며 몇 차례의 다툼이면 상대에 대한 '배신감'까지 불러일으킬 만한 위력을 발휘한다.

칼 융Carl Gustav Jung에 따르면 사람은 누구나 성장 과정에서 만들어진 '그림자'를 안고 평생을 살아간다. 늘 밝은 것처럼 보이는 사람에게도 가슴속에 드리워진 그림자가 있기 마련이다. 많은 사람이 불만족스러운 과거나 현재로부터 벗어나고 싶은 마음에, 싫어하고 부정하고 싶은 자신의 성향과 정반대 성향을 가진 상대를 찾으려고 한다. 하지만 그림자는 내면 깊은 곳에서 자리잡고 있다가 이따금 고개를 내밀어 새롭고 건강한 관계를 맺지 못하도록 방해한다.

그림자는 대개 '못난이 인형의 기억'과 연결되어 있다. 부모, 특히 엄마에게 못난이 인형 취급을 받았던 기억이 무의식에 아프게 남아 있다가 연인의 농담 한마디에 갑작스레 튀어나오기도 한다. 그림자는 당사자조차 명확하게 규정짓기 힘든 경우가 대부분이다. 가족 환경 자체가 마치 드렁칡처럼 혼연일체로 얽혀 있어서 어디까지가 몸체이고 어디부터가 뿌리인지 분간하기 힘들다.

따라서 어린 시절에 상처를 입고 지금까지 그 영향을 받으면서도 뭐가 잘못됐는지 인식하지 못하는 것은 물론, 제3자의 지적이나 충고에도 끝내 인정하지 못하는 경우가 많다. 부모를 객관적인 시각으로 다시 보기보다는 차라리 회피한 채 마음 편하게 지내기를 원하는 것이다.

안드레아스 바르텔스 박사가 다시 연구팀을 이끌고 실험에 나섰다. 젊은 엄마들을 불러 모은 뒤, 이들에게 다양한 사진을 보여주면서 뇌가 어떻게 반응하는지 추적해보았다. 사진은 크게 세 가지 범주였다. 자기 아이와 주변 아이들, 마지막으로 성인 친구들이었다.

연구팀은 엄마들의 뇌가 자기 아이의 사진을 볼 때에만 특정한 반응을 나타낸다는 것을 발견했다. 행복감이나 도취감을 느끼는 영역이 활성화된 반면, 비판적 사고를 조절하고 부정적 감정을 일으키는 편도체 영역의 활동이 확연하게 줄어든 것이다.

연구팀은 이런 패턴이 로맨틱한 사랑에 빠진 연인들의 뇌를 촬영했던 과거 연구 결과와도 비슷하다는 것을 발견했다. 다만 로맨틱한 사랑에서는 흥분을 조절하는 시상하부가 활성화된 데 비해 모성애에서는 두드러지지 않았다.

런던대 연구팀의 두 가지 실험을 통해 확인해본 '콩깍지'란 결국 '조건 없는 사랑'을 의미한다. 무조건적인 사랑이 비판이나 부정적 감정을 원천적으로 봉쇄함으로써 상대의 결점이나 잘못에 관대해지거나 너그럽게 수용하도록 만드는 것이다. 이런 무조건적인 사랑은 연인의 사랑보다는 모성애에서 두드러진다.

━━━

어린 시절, 부모로부터 조건 없는 사랑을 받아보지 못한 못난이 인형은 어른으로 자란 후에도 사랑을 할 줄 모르는 여성이 되기 쉽다. 사랑을 믿지 못하거나 사랑을 지나치게 이상화시킴으로써 상대의 눈에 콩깍지가 씔 여유를 주지 않는다.

다행히도 상처를 지닌 여성에게만 특별한 매력을 느끼는 남성도 있다. 정신과 의사 출신의 심리치료사 제럴드 엡스타인Gerald N. Epstein은 못난이 인형에 대한 남성들의 구출 욕구를 '흑기사'에 빗댄다. 엡스타인은 "힘겨운 상황에 처해 있는 여성을 선택해 흑기사가 되려는 성향의 남성들이 있는데, 이는 억압적인 환경으로부터 그녀를 빼내줌으로써 자신의 능력을 입증하고 싶은 생각을 가지고 있기 때문"이라고 뷰석한다. 사랑과 능력을 동시에 입증하는 로맨틱한 남성 드라마를 완성하고 싶은 심리라는 것이다.

사람은 누구나 사랑을 주고받고 싶어한다. 경제학자 애덤 스미스Adam Smith는 『도덕감정론The Theory of Moral Sentiments』에서 "인간은 본성적으로 사랑받기to be loved를 원할 뿐 아니라, 사랑스러움을 지니기to be lovely를 원하며 또한 칭찬받고 싶은 마음과 더불어 칭찬받을 성품을 지니고 싶은praiseworthiness 욕구 또한 갖고 있다"고 강조했다.

다른 이의 사랑을 갈구하기에 앞서 스스로가 먼저 사랑받을 만한 사람이 되어야 비로소 온전한 사랑을 받을 수 있다는 의미이며, 이는 스스로를 사랑하는 이가 사랑을 받을 만한 사람이 된다는 뜻과도 통한다. 그런데 한편으로는 사랑받고 있다는 안심이 들 때에야 비로소 자신을 사랑할 수 있게 된다는 것 역시 진실이다.

그래서 콩깍지 외에 필요한 게 신뢰와 존중, 안정감 같은 것들이다. 신뢰와 안정감은 자신의 어두운 그림자에서 에너지를 끌어내 상대를 밝게 비춰줄 수 있다. 신뢰하는 연인들은 어린 시절에 머물러 있는 상처를 서로 보듬어주며 이해하고 이해받기를 통해 편안하게 스스로를 마주할 수 있는 용기를 키우게 된다. 마음의 오래 묵은 상처는 떠올리고 인정받는 것만으로도 치료 효과가 있다고 전문가들은 지적한다.

특히 여성의 사랑은 어린 시절의 상처와 매우 긴밀하게 연결되어 있으므로 눈에 씐 콩깍지가 '튼튼한 유대감'으로 발전하기 위해선 못난이 인형 시절의 그림자와 정면으로 맞서는 용기를 북돋을 필요가 있다.

마음의 상처를 받은 여자아이는 자라면서 상반된 두 가지 부류 사이의 어느 지점에 위치하게 된다. 한쪽은 그 상처에 혼자만 아파하기 싫어서 곁에 있는 사람의 상처까지 후벼 파는 부류다. 그리고 다른 한쪽은 그 상처의 기억으로 인해 다른 이의 아픔을 짐작하며 어루만져주는 지점이다. 자신이 아팠기에 남의 아픔을 알며, 자신이 받지 못했기에 더욱 조건 없는 사랑을 주고받으려고 노력하는 것이다.

FEMALE RISK

달걀은 노른자만으로 완성되지 않는다

여성의 사랑은 달걀에 비유할 수 있다. 사랑을 시작하면 단단한 껍질을 형성해 깨지지 않도록 조심조심 다룬다. 껍질 안에는 노른자와 흰자가 있다. 노른자가 '사랑의 핵'이라면 흰자는 '그 외의 감정들'이다. 이를테면 상대에 대한 증오나 의심, 실망, 불안 같은 것들이다. 그런 부정적인 감정들이 '사랑의 핵'을 부드럽게 감싸 충격으로부터 보호해주는 묘한 구조를 보여준다.

정신분석학 및 기호학의 대가 줄리아 크리스테바Julia Cristeva는 『사랑의 역사Histoires D'amour』에서 로미오와 줄리엣을 분석, 사랑에는 미움과 같은 부정적인 감정이 상당 부분 섞여 있다는 주장을 펼쳤다.

크리스테바의 분석에 따르면, 로미오는 "사랑이란 가장 이성적인 광기"라고 표현함으로써 사랑의 충동이 일어나는 가장 원초적인 지점에 복잡한 감정의 응어리가 함께 형성되어 있음을 시사한다.

그런데 남성은 복잡 미묘한 감정의 응어리가 어떤 것으로 이뤄져 있는지 세세하게 돌이켜볼 만큼의 감수성을 갖고 있지 못하다. 결국 줄리엣이 사랑의 이율배반성을 토로한다. 줄리엣은 로미오의 사랑에 대한 정의를 이어받아 "나의 유일한 사랑이 나의 유일한 증오로부터 싹텄다"며 사랑이라는 감정과 함께하는 열정적인 미움을 직접적으로 표현해준다.

크리스테바는 "타인과의 관계에서 미움은 사랑보다 앞서는 것으로 타인이 나와 다르게 보일 때부터 그는 이미 나에게 이상한 인간으로 인식돼 거부당한다"고 말한다. 그런 거부감과 함께 자라나 마침내는 거부감을 극복하는 것이 사랑이라는 얘기다.

로미오와 줄리엣의 사랑은 두 가문의 증오 속에서 싹텄다. 이 증오는 서로의 이질성에 강하게 반응한 결과였다. 강한 이질성이 우연한 사건들로 이어졌고 부정적인 인식과 함께 서로에 대한 불안과 금기를 만들어냈다. 줄리엣이 로미오에게서 찾아낸 것은 부정적인 인식만큼이나 강렬하게 끌리는 관심이었으며, 궁극적으로는 로미오인 그가 싫으면서도 로미오인 그를 좋아할 수밖에 없는 불안하고도 안타까운 사랑이었다.

여성의 사랑이 달걀과도 같은 것은, 사랑이라는 노른자가 불안과 실망, 의심 같은 흰자와 공존하면서 관계의 서사를 만들어 나간다는 측면이기도 하다. 관계의 서사는 노른자와 흰자, 양쪽으로부터 영양분을 공급받으며 맥락을 이어간다. 오로지 사랑만으로는, 사랑이 꽃을 피울 수 없다는 역설적인 얘기다.

다양한 감정이 서로 넘나드는 사랑은, 토마스 아퀴나스의 말처럼

'천 개의 눈'을 가지고 있다. 상대와의 관계 또는 급변하는 환경 속에서 균형을 잡기 위해 예리하게 관찰하고 반응한다.

━━━━

운명적인 사랑을 꿈꾸는 여성이 사랑만을 가지고 관계 속에 들어오는 것은 아니다. 그녀의 의지와는 무관하게, 사랑에는 의심과 불안 같은 부정적 감정이 동반한다. 그런데 노른자격인 사랑에 대한 기대가 크기 때문에 실망과 의심, 불안 같은 흰자 또한 커질 수밖에 없다. 여성은 상대가 일상에서 공부나 일, 취미 등에 몰입해 잠시 관계를 소홀히 하면 지체 없이 의심과 불안 감정을 발동시킨다. 달걀의 흰자 부위가 그녀에게 이런 생각을 떠올려주는 것이다.

'나는 저 사람에게 대체 무엇일까?'

남성의 머리는 On과 Off 상태가 구분된다. 일이나 고민이 많아도 일과가 끝난 뒤에는 자동으로 분류가 끝나고 저장되면서 전원이 꺼진다. 멍하니 앉아서 TV 채널을 돌리거나 컴퓨터 게임을 한다. 이에 비해 여성들의 두뇌는 꺼지는 법이 없다. 온갖 문제를 머릿속에서 바쁘게 돌린다. 하지만 그것들을 분류하거나 차근차근 우선순위를 찾기보다는 휘젓고 섞어버린다. 그 결과가 꼬리에 꼬리를 물고 이어지는 '걱정'과 '고민'이다.

사랑에서 즐거움이 차지하는 비중은 생각만큼 높지 않다. 달걀의 경우에도 노른자가 달걀 전체의 31%, 흰자가 58%로 흰자의 비율이 더 높다.

여성들이 사랑에서 끊임없이 불안과 결핍을 찾아내는 것은, 그녀들이 강해진 만큼 바라는 바가 많아졌기 때문이기도 하다. 즉, 강해진 데 따른 대가를 '좀처럼 만족할 수 없음'으로 치르는 꼴이다. 강해졌음에도 불구하고 안심하거나 만족할 수 없는 이율배반성이 그녀들을 더욱 초월적인 사랑에 집착하게 한다. 이는 사랑의 핵인 노른자만 남겨놓은 채 흰자를 배제하려는 것이며, 궁극적으로 상대방과 운명적인 하나가 되려는 욕구다.

에리히 프롬Erich Fromm은 『사랑의 기술The Art of Loving』에서 "만일 내가 혼자 내 발로 설 수 없기 때문에 다른 사람에게 집착한다면 그는 구원자일 수는 있겠지만 사랑의 관계는 아니다"면서 "역설적으로 말하면 혼자 있을 수 있는 능력이 곧 누군가를 사랑할 수 있는 능력의 조건이 된다"고 말한다.

그는 상대방과 억지로 하나가 되려 하지 않고 스스로 기준을 세움으로써 진정한 자신의 모습을 받아들여 사랑을 하는 것을 '개체화individuation'라고 하며, 나 자신을 잃지 않은 채 다른 사람에게 사랑을 주는 능동적인 힘이 곧 성숙한 사랑이라고 강조했다.

여성은 대체로 다른 사람과 사이좋게 지내는 화복을 중섬적으로 교육받는 반면 남성은 혼자 해결해야 한다는 태도를 갖도록 키워진다. 이를 에리히 프롬의 논리에 적용하면 남성에게는 여성과 더불어 조화를 이루는 것이 성숙한 사랑이며, 여성에게는 혼자 지내는 능력이 성숙한 사랑을 할 수 있는 선결 조건이다.

성숙한 사랑은 노른자만으로는 달걀일 수 없다는 진리를 부정하지 않는다. 사랑이라는 달걀 속에는 불안과 의심, 실망, 증오 같은 부정적인 감정들이 흰자의 형태로 공존해야만 영양분을 주고받으며 공생할 수 있다. 그런 부정적인 감정들로 인해 사랑이 더욱 깊어지며 가치를 갖기 때문이다.

그리하여 성숙한 사랑은 '초월적이며 완전한 사랑'을 감히 추구하지 않는다. 인접해 있는 실망과 슬픔, 증오를 두려워하지 않고 오히려 유연하게 어울리면서 한편으로는 끊임없이 부정적인 감정들을 극복해 스스로를 지켜내야 한다.

흰자와 노른자 모두 에너지라는 공통점이 있다. 에너지는 서로에게 작용해 영향을 미치고 영역을 넘나들면서 전환되기도 한다. 미움이 사랑으로 전환되는가 하면 사랑이 슬픔의 에너지로 바뀌기두 한다. 다만 상대를 지치거나 질리게 하는 것은 예외다. 이는 에너지를 소진시키는 것일 뿐이다. 그러니까 지금 사랑이 괜찮은지 알고 싶다면 스스로에게 질문을 해볼 필요가 있다. 나는 그 혹은 그녀에게 지쳤는지, 또는 나의 행동 가운데 혹시 상대를 질리게 한 것이 있지는 않은지 말이다.

프리드리히 니체Friedrich Nietzsche는 『차라투스투라는 이렇게 말했다Also Sprach Zarathustra』에서 여성에 대해 이렇게 말했다.

"여자는 어느 모로 보나 수수께끼다. 그리고 여자에게 있어서 그 모든 것에는 하나의 해결책이 있는데 그것은 바로 임신이다. 여자에게 있어 남자란 수단이다. 그 목적은 언제나 아이다. 하지만 남자에게 여자는 어떤 존재인가? 진정한 남자는 위험과 놀이, 두 가지 종류를 원한다. 그 때문에 남자는 위험천만한 장난감으로서 여자를 원한다."

여성이 남성에게 진정으로 원하는 것은 아이이며, 남성은 그런 여성을 도전 대상으로 여겼다가 오히려 책임지게 된다는 유머 섞인 통찰이다.

여성들은 앞으로도 강해질 것이며 그들의 사랑은 의존에서 독립 사이를 오가며 한 걸음씩 진보할 것이다. 다만 네트워크화된 세상은 그들에게 뛰어넘기 쉽지 않은 장애물이다. 한 발은 관계 속에 두고, 다른 발은 관계 밖에 둔 채 느슨하게 연결했다가 곧잘 끊어버리는 네트워킹된 세상에선, 사랑만큼이나 외로움과 절망도 빈번하게 찾아온다.

니체가 여성들의 해결책이라고 주장했던 '임신' 또한 마찬가지다. 여성은 임신과 출산, 육아를 통해 또 하나의 세계를 창조하는 위대한 사명을 맡아왔다. 그것은 무한한 가능성을 지닌 미래를 육신으로 품어내는 것이기도 했다.

하지만 인간관계를 로그인과 로그아웃으로 여기는 불확실성의 세계에서 미래를 생산하는 본연의 창조 작업에 수십 년을 안심하고 기꺼이 투자할 여성이 얼마나 되겠는가. 여성들의 결혼과 출산을 배제한 사랑 추구는 유동성 사회에서 능력은 물론 책임감마저 잃어버린 남성들에 대한 미움과 불신, 실망, 불안감을 반영하는 것이기도 하다.

그럼에도 어쨌든 대안은 만들어질 것이다. 토마스 아퀴나스의 말처럼 지성은 하나의 눈을 가지고 있지만, 사랑은 천 개의 눈을 가지고 있으니까 말이다.

FEMALE

RISK

죄인 스티커를 발급하는 사람

'어머니'는 마력의 단어다. 아무리 성공했거나 지위가 높은 사람이라도 '어머니'라는 말을 뱉고 나면 일단 눈물부터 짓게 된다.

자식을 위해서라면 자신의 모든 것을 기꺼이 내던지는 희생적 모성의 사례를 우리는 시골 밤하늘의 별만큼이나 많이 찾아낼 수 있다. 매서운 바람이 부는 시험 날, 하루 종일 교문 밖에 서서 기도를 올리는 어머니부터 교통사고로 부상을 입고도 아이부디 챙기는 엄마, 심지어는 지진으로 무너진 건물 속에서 자신을 희생하며 아기를 살려낸 모성에 이르기까지, 그녀들의 희생과 헌신은 이토록 고귀하면서도 보편적이다.

사람들은 그런 어머니들을 통해 "여성은 약하지만 어머니는 강하다"는 말을 실감한다. 어머니는 이렇게 여성이라는 보통명사에서 분리되어 신화 속 이미지로 다져진다.

여성의 사랑은 임신과 출산으로 궁극에 이른다. 여성들에게 사랑이란 상대를 완전히 받아들이는 수용이며, 여성은 임신 및 출산으로 신과 인간을 이어주는 '창조의 존재'로 거듭난다. 이 세상에서 인간을 만들어내는 능력을 가진 이는, 신과 여성밖에 없는 것이다.

그런데 창조의 존재로 거듭나는 일은 쉽지 않다. 여성들은 고난을 통해 인내와 관용, 감사와 베풂의 의지를 마음속에 새기고 또 새긴다.

피부에 돋은 트러블의 이질감도 견디기 어려워했던 여성이 뱃속에 다른 생명을 잉태하면 그 이질감을 모성이라는 숙명으로 받아들인다. 그러나 어머니가 되어가는 과정이 기꺼우며 아름다운 것만은 아니다. 여성들은 이 기간 동안 자신의 몸을, 아이를 위한 수단 혹은 도구로 온전히 제공한다. 춥지 않아도 태아를 위해 옷을 걸쳐야 하며 열이 오르고 기침이 계속돼도 감기약 한 번 먹지 못한 채 끙끙 앓아야만 한다.

모성의 사전적 정의는 '어머니로서의 여자가 지니는 정신적, 육체적 성질'이다. 남성들은 여성들이 열 달 동안 겪는 이중적 감정(자기 몸에 대한 박탈감 및 새 생명에 대한 일체감)이 어떤 것인지 곁에서 지켜보면서도 짐작하기 어렵다.

출산 이후에는 다른 고통이 시작된다. 새벽에도 수시로 깨는 아기 때문에 늘 수면 부족에 시달리고, 젖꼭지가 끊어질 것처럼 아파도 모유 수유를 하고, 울며 보채는 아기 때문에 마음 편하게 씻는 것은 고사하고 끼니도 제대로 때우지 못한다.

더욱 괴로운 것은 산후 우울증이다. 통계에 따르면 산모의 80%가 우울증과 정서 불안을 경험하며 그 가운데 20%는 치료가 필요할 정도의 심한 우울증을 앓는다. 출산을 전후한 급격한 호르몬 변화가 우울증을 유발하는 것이다. 여성이 임신을 하면 심리적 안정감을 주는 에스트로겐과 프로게스테론이 평소보다 30배나 늘어나는데, 출산 후에는 갑자기 줄어들게 되므로 우울증을 불러온다.

우울증에 빠진 여성은 아기가 자신을 괴롭히려고 일부러 울며 보챈다는 착각에 사로잡히기도 한다. 생활 리듬을 완전히 뒤바꿔버리는 아기가 무조건 예쁘게만 보이질 않아서 혼란에 빠진다. 아기를 볼 때마다 웃음을 지을 수 있어야 할 텐데, 오히려 아기를 원망하고 미워하는 감정을 갖게 된 스스로에게 죄책감을 느낀다. 남들도 다 키우는데 뭐가 그렇게 힘드냐는 식의 핀잔과 비난까지 더해지면 우울감은 더욱 심각한 상태에 이르고 아기에 대한 원망은 커져만 간다.

기본적인 생활조차 누릴 수 없는 양육의 시간을 이어가면서 여성은 생기 넘치던 아름다움을 잃는다. 아이를 돌보는 일에만 매진하다보니 얼굴에는 없던 기미가 생기고 머리카락은 늘 부스스하며 운동량이 부족해 살은 점점 쪄서 영락없는 아줌마가 되어 있다. 아이가 태어난 이후로는 드라마 몰아 보기나 영화 관람, 친구들과의 수다와 여행 같은 일상의 소소한 즐거움마저 누릴 수가 없다. 그렇게 세상과 단절되어 여성들은 차츰 자신을 잃어간다. 자신의 이름은 어느샌가 사라지고 누군가의 엄마로 불리게 된다. 이런 가사노동과 육아는 이렇다 할 경제적 보상마저 없다.

아이를 낳고 키우는 과정에서 스스로를 잃어버린 여성들은 자괴감과 죄책감을 해소하기 위해 애쓰기 시작한다. 엄마는 너를 위해 모든 것을 희생했다고, 너는 내 유일한 희망이라고, 매일같이 아이의 귀에 대고 반복적으로 속삭이는 것이다. 아이가 엄마로부터 '죄인 스티커'를 발급받는 순간이다.

'어머니'라는 단어의 찡한 울림에는 언제나 '희생'이라는 말이 붙어 다닌다. 자신을 희생해온 어머니를 고결하고 초월적인 존재로 여기며 찬미해 마지않는다. 그러나 그런 찬미의 한 구석에는 '엄마는 마땅히 희생해야 한다'는 여성 전체에 대한 압박 또한 자리잡고 있다.

토니 험프리스Tony Humphreys 박사는 『가족의 심리학Leaving the nest』에서 "전통적인 문화와 종교들은 어머니에게 가족을 위해 자신의 삶을 희생하라고 말하지만, 그런 사랑은 이타적인 것이 아니라 극도로 이기적인 것이며 그냥 베푸는 것이 아니라 '돌려받기 위해 베푸는 것'이고, 받는 사람이 충족하기 어려운 조건을 내세우는 관계"라고 지적한다.

'희생'은 '헌신'과 자주 혼용되지만 엄밀하게 따져 보면 차이가 있다.

희생은 남을 잘되게 하거나 이익을 주려는 목적을 품고 있다. 따라서 보상을 바라는 심리가 개입될 가능성이 높다. 특히 그것이 '요구된 희생'이라면 보상을 원하는 마음이 더욱 클 수밖에 없다. 바랐던 보상이 돌아오지 않는다면 실망은 그만큼 더 커지게 마련이다.

희생은 투자와도 통하는 개념이다. 투자란 '미래의 불확실한 부를 얻기 위해 현재의 부를 희생시키는 것'을 말한다. 따라서 현재의 부를 희생한 대가로 이자(시간적 위험에 대한 보상)와 위험에 대한 프리미엄(불확실성에 대한 보상)을 받지 않으면 안 된다.

희생과 대비되는 헌신이라는 개념에는 특별한 목적이 없다. 어머니의 사랑 가운데 이타적인 부분이 이에 해당한다. 아무 조건 없이 자식이 잘되길 바라고, 자식의 배우자 및 친구들도 그에 못지않게 아끼는 마음이다. 헌신은 보상을 기대하지 않으며 그 자체에서 의미와 행복을 찾는 것이다.

안타깝게도 대한민국의 모성은 희생과 헌신 가운데 희생에 가까운 쪽으로 발현되고 있다. 모성은 희생의 보상을 원하지만 수혜를 받은 사람은, 그 어머니가 '돌려받기 위해 베푼 희생'의 까다로운 조건을 충족시킬 방법을 찾지 못한다. 그로써 평생 동안 죄인 스티커를 갖고 살아가야만 한다.

희생의 커다란 대가

여성은 어머니로서 가족 내의 '좋은 관계'를 위해 스스로를 희생한다. 탈무드에서는 "신이 도처에 있을 수 없기 때문에 어머니를 대신 보내주었다"고 하지만 신을 대신해 가족 앞에 선 어머니는 식구들로부터 추앙을 받기는커녕 희생을 도맡는 존재가 된다. 심지어 아이가 아픈 것을 자기 잘못으로 생각하고 아이가 저지른 잘못에 대해 대신 사과하고 책임을 진다.

전통적인 어머니들은 어머니라는 역할을 부여받기 전부터 가족을 위해 자신을 포기하는 데 익숙해져 있었다. 어머니의 어머니, 그 어머니의 어머니 시절부터 그렇게 배워왔기 때문이다. 여성들에게 자신을 위해 사는 것은 이기적이고 나쁜 것이었다. 여성은 마땅히 가족을 돌보며 그들을 위해 희생하는 게 옳다는 사회적 통념에서 자유로울 수 없었다.

아흔이 넘은 어머니도 일흔의 자식을 걱정하며 죽을 때까지 자신을 희생한다. 그러나 지나친 희생 의지는 자녀에게 과도한 의존 심리를 심어주어 결국에는 서로의 삶에 바람직하지 않은 영향을 미치는 경우가 많다.

프랑스의 신경정신의학자 보리스 시뤼니크Boris Cyrulnik는 『관계: 사랑과 애착의 자연사Sous le signe du lien』에서 '침팬지의 어머니'로 불리는 영국의 제인 구달Jane Goodall 박사가 아프리카에서 관찰한 이야기를 전해준다. 건강한 어미 침팬지 '플로'는 성장한 수컷 새끼들을 어른 침팬지 무리 속으로 밀쳐냈다. 새끼들은 겁을 먹고 어미에게 돌아오려 했으나 플로가 받아들이지 않자 체념하고 집단에 차츰 동화되었다.

막내아들 '플린트'만이 예외였다. 플로는 플린트가 다 자랐는데도 다른 새끼들과는 달리 내치지 않았다. 플로는 플린트를 위해 계속 희생했으며 플린트는 어미 곁을 떠날 기미를 보이지 않았다. 그러던 어느 날, 나이 들어 쇠약해진 플로가 발을 헛딛는 바람에 개울로 떨어져 죽고 말았다. 제인 구달은 플린트가 식음을 전폐하며 어미의 시체 곁에 머물다가 뒤따라 죽고 말았다고 해석했다.

하지만 시뤼니크는 좀 더 냉정한 관점으로 이를 분석한다. 그는 플린트가 어미의 희생 덕분에 먹이를 구하는 방법을 배울 필요가 없었고 무리에 껴서 생존을 함께 도모할 이유도 없었다는 점에 주목한다. 시뤼니크는 "아이의 모든 감각이 엄마의 애정적 울타리에 갇히게 되면 아이는 제대로 세상 정복에 나설 수 없게 된다"고 지적했다.

어미 플로는 플린트와 연결된 탯줄을 끊어내지 못하고 죽기 직전까지 희생을 마다하지 않았지만, 결론적으로는 가장 아끼던 새끼에게만 유독 '미안한 일'을 해왔던 셈이다.

독일에는 아펜리베Affenliebe라는 말이 있다. '원숭이 사랑'이라는 뜻으로 언제나 새끼를 업고 다니면서 핥고 이를 잡아주는 원숭이처럼 아이를 품에서 떼지 않는 엄마의 맹목적인 사랑을 상징한다. 대개는 희생에 대한 부정적인 의미로 받아들여진다.

많은 사람이 모성을 '여성이라면 누구나 가지고 있는 본능'으로 여긴다. 어미가 갓 낳은 새끼를 보호하고 키워가며 보여주는 애정은 사람이든 짐승이든 본능적으로 발현되는 것이라는 관점이다. 그런데 자연스럽게 쏟아질 줄 알았던 모성애가 아이를 낳은 후에도 좀처럼 드러날 기미를 보이지 않아 당황스러웠으며 심지어는 죄책감까지 느꼈다는 젊은 엄마들의 고백이 의외로 많다.

모성애의 부재에 당황했던 엄마들은 시간이 흐른 후에야, 모성애가 아기와 눈을 마주치면서 감정을 주고받고 보살피면서 서서히 쌓이는 감정이라는 사실을 깨달았다고 말한다. 본능으로서의 모성도 부정할 수는 없겠지만 실제로 아기와 함께하는 모성은 학습과 경험을 통해 발달되는 측면이 많다. 결국 어머니도 자식을 통해 모성을 체화하는 것이다.

남성들이 조직과 명분을 위해 희생하는 반면, 여성들은 아끼는 사람을 위해 희생한다. 여성들은 스스로를 위한 요구는 주저하면서 다른 이, 특히 가족이나 동료를 위한 요구와 주장에선 거리낌이 없다.

여성들의 희생은 상대에게 공감해줌으로써 시작되기도 한다. '건전한 공감'이란 자기의 세계를 지키면서 상대의 세상을 바라보는 것이다. 그러나 일방적인 희생은 자신의 솔직한 모습이나 의견을 드러내지 못하게 한다. 또한 자신의 희생을 알아줄 것이라는 기대를 품었다가 기대와는 다른 결과에 실망을 거듭하게 되는 경우가 많다.

결국 애초의 의도와는 달리 나만의 기대에 빠져 상대의 생각이나 정서로부터 오히려 멀어지게 되는 것이다. 이런 지경에 이르러서야 여성은 자기 삶을 살지 못했다는 자괴감에 빠지고, 희생의 의미를 찾아내지 못한 채 절망하게 되는데, 급기야는 '화병'으로 불리는 마음의 병까지 얻게 된다.

———

요즘은 자기희생 심리가 남성들에게서도 나타난다. 바로 '착한 남자 신드롬Nice guy syndrome'이다. 심리 치료 분야의 권위자인 로버트 글로버Robert A. Glover 박사가 정의하기를, 착한 남자 신드롬에 빠진 남자들은 다른 사람을 지나치게 배려하고 상대에게 무엇을 해줄지 항상 생각한다고 한다. 마찰을 빚는 것을 싫어해서 무조건 피하려 하고, 여자친구가 화났을 때에는 "전부 다 내 잘못이야"라고 말해버린다. 지나치게 나른 사람의 눈치를 살펴 자신의 결함이나 실수를 숨기려 들고 원하는 바를 제대로 표현하지 못한다.

게다가 희생하는 남성에겐 상대의 기분이 자신의 감정 축이 된다. 여자친구의 기분이 좋으면 자기 기분도 좋아지며 여자친구의 기분이 나쁘면 자기 책임인 것 같아서 우울해진다.

글로버 박사는 무엇보다도 이들에게는 '다른 사람에게 인정받고자

하는 욕망이 크다'고 꼽는다. 인정받기 위해 다른 사람들의 요구에 맞춰 희생하다 보니 자기 자신을 배신할 수밖에 없으며 항상 불안해한다는 것이다.

여성들의 희생 심리 역시 글로버 박사의 분석과 궤를 같이 한다. 그들도 자신의 희생을 인정받고 싶어한다. 잘 정돈된 집 안 소파에 누워 손을 뻗기만 해도 탁자 위에 가지런히 놓인 TV 리모컨을 쥘 수 있는 '당연한 습관'의 이면에는 언제나 분주하게 움직이는 아내 혹은 어머니의 손이 있었다는 점을 알아주기 바라는 것이다.

그녀들은 신격화된 모성처럼 대단한 것을 바라지 않는다. 다만 자신의 희생을 인정해주기를 바랄 뿐이다. 숭배되는 모성이 아닌, 누군가의 엄마와 아내 이전에 한 사람의 인간으로서 원하던 삶이 있었음을 알아주기를 원한다. 희생을 인정해주고 그들이 원해온 삶을 살도록 함께 노력해주는 것, 그것이 여성의 희생에 대한 최적의 보답이다.

엄마와 딸을 잇는 애증의 탯줄

그리스 신화에서 대지의 열매, 특히 보리의 풍요를 맡는 여신 '데메테르Demeter'는 '어머니'를 상징하기도 한다. 'De'는 대지를, 'Meter'는 어머니를 의미한다.

데메테르는 제우스와의 사이에서 페르세포네라는 딸을 낳았는데, 페르세포네가 저승의 신 하데스에게 납치되어 어디론가 사라지자 딸을 찾아 세상 방방곡곡을 헤맨다. 딸 대신 그녀가 떨어뜨린 허리띠만을 간신히 찾아낸 데메테르는 분노를 폭발시키며 농부와 소들을 몰살시키는가 하면 땅을 황폐화시켜 곡식과 과일이 열리지 않게 했다.

인간세계의 멸망을 그냥 둘 수 없었던 제우스가 나서, 페르세포네는 1년 중 3분의 1을 저승에서 지내고 나머지 3분의 2는 데메테르와 함께 지내는 것으로 데메테르와 하데스 사이에 타협안을 제시했다. 데메테르가 딸과 함께 지내는 동안은 인간이 비옥한 땅에 농사를 지을 수 있게 됐으나 데메테르가 하데스에게로 돌아가 지내는 동안에는 땅이 메마르고 황폐해져 농사를 지을 수 없게 되었다.

엄마와 딸 사이만큼 즐겁고 행복해 보이는 관계가 없다. 때로는 자매 같고 때로는 둘도 없는 친구 같다. 언제라도 마음을 터놓고 이야기하며 함께 울고 웃을 수 있는 준비가 되어 있다. 하지만 이들 사이를 파고 들어가보면 겉으로 드러나는 친밀함이 빙산의 일각일 뿐이라는 사실을 발견하게 된다. 엄마와 딸의 관계야말로 이율배반적인 감정으로 점철되어 있다.

엄마와 아들의 단순한 관계와는 달리, 엄마와 딸의 관계는 한마디로 설명하기가 어렵다. 애증으로 얽혀 있는 복잡 미묘 그 자체라고 할 수 있다. 엄마와 딸은 한 몸에서 이어진 같은 성性이어서, 엄마 속에 딸이 있고 딸 속에 엄마가 존재한다. 모녀가 하나의 자아상을 공유하는 것이다.

미국의 정신분석가 로라 아렌스 퓨어스타인Laura Arens Fuerstein 박사는 『왜 나는 엄마처럼 살아갈까my mother, my mirror』에서 제니라는 여성과 그녀의 엄마를 통해 '연결된 자아상'을 보여준다.

제니는 남자 같이 생긴 자신의 코를 싫어한다. 제니의 엄마는 머리를 그렇게 묶으면 코가 두드러져 보인다며 제니의 용모를 비하하는 말을 끊임없이 해댔다. 그래서 제니는 남들이 자신의 코를 이상하게 볼까봐 늘 두려워하게 됐다.

소극적인 성격은 친구를 사귀는 것은 물론 남자친구를 만드는 데에도 큰 장애가 되었다. 그녀의 자아상은 엄마의 왜곡된 자아상으로부터 생겨났으며 엄마의 왜곡된 자아상은 할머니로부터 유래되었다. 제니의 엄마 역시 할머니로부터 부정적인 말을 들으며 자란 것이다. 할머니는 "넌 왜 제대로 가꾸지 못하느냐"며 제니의 엄마를 자주 구박했었다. 제니의 엄마는 심한 열등감을 느꼈고 그런 자아상이 제니에게까지 이어졌다.

이른바 '투영'이라고 불리는 심리 현상이다. 프로젝터가 영상물을 스크린에 비추듯 내면에 숨어 있던 어떤 부분이 외부의 특정 대상에게로 비춰지는 과정이다. 싫어했던 자기 모습을 닮은 딸을 보며 엄마가 부정적인 감정을 갖는 것 역시 투영의 결과다. 은연중에 외모 또는 학력 콤플렉스를 가지고 있던 엄마는 자신을 닮은 딸에게 걸핏하면 화를 내면서도 그 원인이 자기 마음의 상처 때문이라는 진실을 인식하지 못한다.

엄마는 딸에 대해 미세한 부분까지 파악하고 있으므로 감정적으로 약한 부분이 어떤 지점인지 잘 알고 있다. 미국의 유명 여성 앵커 로빈 로버츠Robin Roberts는 이런 엄마의 속성을 비꼬면서 "엄마는 매년 소득세 환급 신청서를 작성할 때 직업란에 '딸의 자존심에 상처를 내는 사람'이라고 썼다"고 말하기도 했다.

하지만 엄마가 딸에게 부정적인 감정을 표출하는 것이 그저 딸에 대한 미움 때문만은 아니다. 오히려 딸을 너무 사랑해서 딸의 좌절과 절망을 자기의 고통으로 받아들이는 경향이 있기 때문이기도 하다. 딸의 성격 혹은 외모의 결함 속에서 엄마는 자신을 발견한다. 결국 엄마의 분노는 딸보다는 자신의 열등감을 겨냥한 것이다. 그렇게 분노를 토해놓고도 딸에게 미안해서 다시 한 번 자신의 마음에 커다란 못을 박는다.

엄마는 딸의 행복을 위해 헌신하면서도 한편으로는 성공한 딸을 시기하고 질투한다. 그 이면에는 소외감이 깔려 있다. 같은 뿌리를 가진 딸은 저렇게 행복을 누리고 있는데, 자신은 그 행복에서 소외되어 있다는 사실을 받아들이기 어려운 것이다. 소외감의 깊은 곳에는 딸이 떠날까봐 두려워하는 마음과 외로움이 자리잡고 있다.

일본의 사회학자 우에노 치즈코上野千鶴子는 『여성 혐오를 혐오한다女ぎらい ニッポンのミソジニ』에서 엄마와 딸의 관계에 대해 이렇게 정리했다.

"딸은 엄마로부터 여성 혐오를 배운다. 엄마는 딸의 '여자 같은 부분'을 증오함으로써 딸에게 자기혐오를 심어준다. 엄마는 딸에게 기대를 걸고 있으면서도 정작 자신이 달성하지 못한 일을 딸이 이루었을 때는 기쁨과 함께 복잡한 감정을 느끼게 된다. 딸이 엄마도 인정할 만큼 훌륭한 신랑감을 골라 결혼한다면 어떨까? 그런 경우에도 그 남자와 결혼하는 것은 딸이지 엄마가 아니다. 딸이 행복하면 행복할수록 엄마는 복잡한 기분을 맛보게 될 것이다."

딸 또한 엄마에 대한 이율배반적 감정 때문에 혼란에 빠진다. 엄마를 숭배하면서도 어느덧 엄마를 넘어선 자신을 자각하며 죄책감에 빠진다. 엄마에게 의존해 가까이 지내고 싶으면서도 엄마로부터 벗어나 독립하고 싶은 마음이 자라는 것을 어찌할 수 없다.

마침내 딸은 탈출구로서의 결혼을 선택하지만 엄마와 이어져 있는 끈이 '강철 탯줄'이라는 사실을 뒤늦게 깨닫게 된다. 엄마가 죽어도 딸은 엄마의 손으로부터 평생 자유로울 수 없다. 엄마가 딸의 마음에 가꿔놓은 자책감의 뜰을 거닐며 평생을 엄마의 그늘 속에서 살아가야 하기 때문이다.

정신과 의사이자 작가인 폴 투르니에Paul Tournier가 지적한 것처럼, 미래의 죄책감을 딸의 마음에 일찌감치 주입시켜놓는 엄마도 있다.

"두고 보면 알 거야. 내가 죽으면 네가 나를 괴롭힌 것을 너 자신도 용서하지 못할 거야."

많은 딸들이 그럼에도 불구하고 엄마를 위해 기꺼이 착한 딸 역할을 맡으며 정서적 유대를 이어간다. 딸들은 아이를 낳고 엄마가 되어서야 자신의 엄마가 왜 그렇게 실망스러울 수밖에 없었는지 비로소 이해하게 된다.

딸들은 엄마가 입버릇처럼 말했던 '너는 나처럼 살지 말아라'를 위해서라도 엄마보다 행복하게 살려고 다양한 노력을 기울인다. 엄마보다 나은 인생을 살려면 엄마의 한계를 넘어야 하기 때문이다. 딸들은 스스로 엄마가 되어 자식을 키우면서 '위대한 엄마'란, 자신의 엄마를 극복한 딸의 새로운 이름임을 깨닫게 된다.

엄마 이데올로기

방울뱀이 다람쥐를 발견하고 달려든다. 그런데 다람쥐의 행동이 이상하다. 뱀을 보고도 도망가기는커녕 버티고 선다. 뱀이 다람쥐를 물었다. 방울뱀의 치명적인 독이 다람쥐를 순식간에 마비시켜 목숨을 빼앗고 말 것이다. 그러나 이상하게도 다람쥐는 멀쩡하다. 오히려 이빨을 드러내 뱀을 위협한다. 그 기세에 눌린 방울뱀이 다람쥐를 피해 도망가기 시작한다.

미국 애리조나 사막에서 이 장면을 촬영한 과학자들은 다람쥐가 이틀 전에 새끼를 낳았다는 사실을 밝혀냈다. 다람쥐가 막고 선 보금자리 안에는 새끼들이 숨어 있었던 것이다. 학자들이 방울뱀에게 물린 다람쥐의 혈액을 채취해 검사해봤더니 이미 뱀의 독을 해독할 수 있는 물질이 형성되어 있었다고 한다. 새끼를 보호하려는 다람쥐의 모성이 만들어낸 기적 같은 일이다.

이처럼 동물들에게서도 거룩한 모성의 불가사의를 만날 수 있다. 사람의 모성 역시 동물의 본능으로부터 시작된다. 진화생물학자들에 따르면 모든 동물에게는 종족 보존이라는 유전적인 프로그래밍이 장착되어 있으며, 모성은 그 프로그래밍의 일환으로 발현되는 것이다.

그런데 대한민국 어머니들이 자식에게 지나치게 집착을 보이는 것 역시 이 같은 유전적 프로그래밍에 따른 것이라고 볼 수 있을까?

요즘 통용되는 모성의 개념에는 아이의 '양육' 차원을 넘어 '성공 지원'까지 포함되어 있다. 많은 어머니가 모성을, 아이를 독립된 성인으로 키워내는 정도를 넘어 사회적 성공까지 보장해주는 것으로 인식한다. 모성이 생물적 본능보다는 사회문화적 의무감에 가까워졌다는 의미다. 이제는 모성도 아이의 성공을 통해 평가를 받아야 하는 세상이 도래했다.

고등교육을 받은 여성의 높은 요구 수준이 모성에 결합되고, 과열 입시 경쟁과 사교육 투자 붐까지 맞물리자, '희생과 용서'로 대변되던 전통적인 어머니 이미지에도 뚜렷한 변화가 나타났다. 자식을 과잉보호하면서도 지배적인 양육 태도를 보이는, 경쟁적이고 이기적인 어머니상이 부각되는 것이다. 최근 매체에 자주 등장하는 어머니들은 아이의 친구까지 정해주며 지나치게 간섭을 하고 자신의 욕망을 자식을 통해 대신 성취하려는 집요하고도 강인한 의지를 보여준다.

이렇듯 모성은 시대의 산물이기도 하다. 모성은 여성의 본능이면서 체득해 나가는 것이기도 하지만 동시대의 사회 구조와 통념의 영향으로부터 자유로울 수 없다. '슈퍼맘 신드롬'이 단적인 예다. TV 프로그램이나 인터넷 뉴스 여기저기에는 흉내 낼 엄두조차 나지 않을 정도로 완벽한 육아법과 교육법들이 쏟아지고, 아이들에게 어마어마한 시간과 비용을 투자하는 엄마들의 이야기가 줄을 잇는다. 기가 질린 많은 젊은 여성들은 제대로 키우지 못할 바에는 차라리 아이를 갖지 않겠다는 결심까지 한다.

영국에서는 많은 여성들이 '완벽한 엄마'처럼 보이려고 수시로 거짓말까지 한다는 조사 결과가 발표되었다. 영국의 육아 전문 웹사이트 〈넷맘스〉가 자녀를 둔 여성 5000명을 대상으로 조사한 결과, 이들 가운데 3분의 2가 "다른 엄마들에게 훌륭한 엄마로 보이기 위해 거짓말을 한다"고 고백했다. 이들 중에서 25%는 "아이들의 TV 보는 시간을 실제보다 줄여서 말한다"고 털어놓았으며 20%는 "아이와 놀아주는 시간을 부풀려 말하는 경향이 있다"고 답했다.

엄마들은 또 아이를 위해 무슨 요리를 해주었는지, 남편과 얼마나 행복한 시간을 보냈는지 등에 대해 자주 거짓말을 했으며 경제적인 고민에 대해서는 말하지 않거나 숨기는 경향이 있다고 밝혔다.

〈넷맘스〉는 사회학자 프랭크 퓨레디Frank Furedi 박사의 분석을 인용, "엄마들이 다른 엄마들에 대한 열등감에서 벗어나기 위해 거짓말을 하는 등 사회적 압박에 시달리고 있으며 이런 경쟁적인 육아 문화가 아이를 잘 키우고 있다는 거짓말을 마치 자기 성과처럼 인식하게 만든다"고 전했다. 이처럼 TV나 인터넷, 잡지 등에 등장하는 '완벽한 엄마'는 연출된 이미지일 가능성이 높다. 특정 부분에서는 뛰어난 엄마일 수도 있지만 다른 쪽 측면에선 많이 부족한데도 절묘한 편집을 통해 '완벽한 엄마'로 비춰지는 것이다.

‘완벽한 엄마’가 환상에 지나지 않는다는 점은 ‘일부 자녀에 대한 편애’를 통해서도 드러난다. 구미에 맞는 자식과 그렇지 않은 자식에 대해 차별한다는 것부터가 그렇다.

미국 코넬대 연구팀이 2명 이상의 자녀를 둔 엄마 275명과 그들의 자녀 671명을 대상으로 면접 조사를 실시한 결과, 엄마 가운데 약 70%가 "자식 중 한 명에게 더욱 친근감을 느꼈다"고 고백했다. 자녀들은 이런 엄마의 편애에 훨씬 민감한 것으로 나타났다. 자녀 중에선 15%만이 "엄마가 공평하게 대해주었다"고 응답했다.

전문가들은 시댁(남편 포함)과의 갈등이나 아이에 대한 기대치 등을 편애의 이유로 꼽는다. 시댁과 사이가 좋지 않은 엄마는 시댁 어른을 닮은 아이를 배척하고 자기를 닮은 아이를 편애할 가능성이 높으며, 자식에 대한 기대치가 높은 엄마는 첫째 아이에게서 실망해 상대적으로 기대치를 낮춘 둘째 아이를 싸고도는 경우가 많다는 것이다.

하지만 미국의 인류학자 겸 진화생물학자 세라 블래퍼 허디Sarah Blaffer Hrdy는 이런 편애마저 ‘여성의 적극적인 전략’으로 풀이한다. 허디는 15년 동안 미국 등 선진국은 물론 남미·아프리카의 부족 등 다양한 문화권의 인류 집단과 영상류·포유류 등 동물 시회를 분석해 집필한『어머니의 탄생Mother Nature』을 통해 지금까지 우리가 알고 있던 것과는 사뭇 다른 어머니의 모습을 보여준다.

그는 여성 역시 남성과 마찬가지로 이해관계에 밝으며 아이에 대한 헌신의 정도를 놓고 남편과 협상을 벌이는 한편 자원의 배분을 놓고 타협하며, 때로는 자신에 대한 남편의 투자를 최대한으로 끌어내기 위해 부성을 교란시키고 분열을 유도하는 등 정치적 목표로 곡예를 하는 전략가라고 묘사한다. 어머니란 원래부터 헌신적이라는 믿음이 인류사적으로 사실이 아니었다고 폭로하기도 했다. 허디의 분석을 약간 과장스럽게 표현한다면, 아이는 엄마에게 붙잡힌 '인질'이 될 수 있으며 엄마가 아이를 볼모로 남편에게서 원하는 것을 하나씩 빼앗아 가는 장기 대치 국면이 곧 아이의 양육 과정인 셈이다.

프랑스의 철학자 엘리자베트 바댕테르는 모성을 '역사적 산물'로 파악한다. 그는 저서 『만들어진 모성』에서 18세기 프랑스 사회의 관행이었던 유모 위탁 사례를 들어 모성애의 신화에 대해 의구심을 제기한다.

당시 어머니들은 아이를 도시 외곽의 유모에게 맡겼는데, 사실 유모 위탁은 유아를 방기한 것이나 다름없는 행위였다. 아이들은 비위생적인 환경과 유모의 방치 속에서 사망하는 경우가 다반사였다. 1년 동안 31명의 영아를 방치해 죽게 만든 유모가 있었으며, 자기 아이 2~3명을 죽인 유모의 집에 신생아를 또 보낸 어머니들도 있었다.

지금의 상식으로는 받아들이기 어렵다. 그러나 우리나라에서도 자식을 일손 취급하거나 아들을 양자로, 딸은 가정부로 보내는 일이 불과 수십 년 전까지 비일비재했다. 과학기술이 비약적으로 발전하기 전까지, 아이는 그저 생기는 것이었고 부모들은 매번 자식을 낳을 때마다 지극정성으로 보살필 수가 없었다. 아이가 병이 들거나 죽고 사는 문제 역시 부모가 노력할 수 있는 범위를 넘어서는 것이었다.

바댕테르는 오늘날의 어머니상이 19세기 들어 계몽주의와 함께 나타났다고 지적한다. 산업혁명과 중상주의 정책으로 노동력이 중요시되자 국가가 여성들에게 모성애를 발휘해 직접 키울 것을 요구하게 됐다는 것이다.

게다가 그 이후 정신분석학이 등장하면서 어머니들은 무한 책임 앞에 서게 되었다. 문제가 있는 아이를 나쁜 어머니로 인한 트라우마의 결과로 보는 견해가 일반화되었기 때문이다. 바댕테르는 아이에 대한 부담감과 책임감 사이에서 어머니들이 자주 죄책감을 느끼게 됐으며 사람들도 습관적으로 어머니에게 이런저런 책임을 묻게 됐다고 분석한다.

———

오늘날 대한민국에서 어머니로 살아간다는 것은 곧 경쟁지상주의의 전방위 수행자로서의 역할에 전념한다는 의미다. '21세기 완벽한 슈퍼맘'의 이미지에는 자기 삶의 의미와 행복까지 포함되어 있다. 과거의 엄마들이 남편과 아이 이야기만 내내 늘어놓으며 경쟁을 벌였던 것과 달리, 21세기의 엄마들은 남편과 아이 외에 '나의 이야기'를 통해 자신이 얼마나 성공했으며 행복한지까지 입증해야만 한다.

엄마들은 남편과 아이의 성공을 위해 자신의 정열과 시간을 아낌없이 투자하는 동시에 집안의 최고경영자가 되어 가족들을 진두지휘하고 채찍질한다. 남편이 회사에서 실적으로, 아이가 학교에서 성적으로 경쟁하는 동안에 엄마들은 '가족의 대표 자격'으로 다른 엄마들과 종합 분야에서 경쟁을 벌인다.

여성들은 절반쯤은 강요된, 또한 절반쯤은 스스로 선택한 '완벽주의 삶'을 현실에서 이뤄내기 위해 '희생하는 엄마이자 아내'와 '무자비한 전략가'라는 두 얼굴 사이를 오간다. 그래서 가족 구성원에게는 가련

한 피해자인 동시에 가혹한 가해자가 되는 경우가 많다.

그런데 엄밀하게 보면 '완벽한 엄마'란 애리조나 사막의 어미 다람쥐가 독사를 수시로 물리치는 것만큼이나 어려운 기적이다. 여성들 역시 그런 사실을 자각하고 있으나 '완벽한 엄마' 이데올로기에서 좀처럼 벗어나기 어렵다. 슈퍼맘을 원하는 사람들이 너무도 많기 때문이다. 공식적으로는 모두가 "완벽한 엄마란 없다"고 말한다. 그러나 그들이 내세우는 어머니상을 하나씩 따져 보면, 결국 그 형상은 '슈퍼맘'이다.

모성 권력

이타적인 사랑의 대명사처럼 인식되는 어머니의 사랑은, 알고 보면 매우 이기적인 사랑에서 출발한다. EBS 방송팀은 모성에 관한 다큐멘터리를 제작하면서 한국과 미국의 엄마 11명씩을 불러 fMRI를 통해 그들의 뇌가 자신과 자녀, 타인을 판단할 때 각각 어떤 변화를 보이는지 알아보았다.

예상대로 엄마들은 자신에 대해 판단할 때에는 내측전전두엽(자기 판단영역)이 활성화되었고 타인을 판단할 때에는 다른 쪽 영역이 활성화되었다. 그런데 놀랍게도 자녀를 판단할 때에는 자기 판단의 영역인 내측전전두엽이 활성화되는 것으로 나타났다.

자녀를 자신과 같이 생각하는 '동일시 현상'이 엄마의 뇌 변화를 통해 뚜렷하게 나타난 것이다. 이런 변화는 한국이나 미국의 엄마 모두에게서 공통적으로 나타났다. 모성애는 문화적 차이와 무관하게 엄마의 자식에 대한 동일시와 깊은 관계가 있다는 점이 드러난 것이다.

제작팀은 이번에는 한국 엄마와 미국 엄마 각각 10명씩을 아이와 함께 불러 다른 실험을 해보았다. 아이에게 뒤섞인 단어를 재조합하는 단어 퍼즐 게임을 내준 다음 엄마는 아이가 퍼즐을 풀 때 옆에서 지켜보도록 했다.

이 실험에선 양국 엄마들 간의 차이가 뚜렷했다. 미국 엄마들은 시종일관 개입을 하지 않고 아이가 퍼즐을 못 풀더라도 지켜보기만 했다. 이에 비해 한국 엄마들은 아이가 헤맬 때면 은근히 힌트를 주거나 퍼즐 풀이를 도와주었다. 어떤 엄마는 지켜보던 제작진이 자리를 비우자 그 틈을 놓치지 않고 아이를 대신해 퍼즐을 풀기까지 했다.

한국 엄마들은 아이의 일에 신속하고도 깊숙하게 개입하는 특성을 가지고 있다. 낯선 상황에 직면한 아이가 당황할 경우, 적응할 때까지 기다리지 못하고 나서서 대신 해결해주는 것이다.

모성의 발현은 자신의 존재 의미와 능력을 자식을 통해 끊임없이 확인하는 '자아와의 소통'이라고도 볼 수 있다. 어머니들은 그래서 한편으로는 자신의 힘을 유지하기 위해 자식을 활용하며 자식의 인생이란 토대 위에 자기 인생을 겹쳐 그린다. 특히 우리나라 어머니들에게 그런 성향이 두드러진다.

우리나라의 가족 관계는 외양으로는 가부장적이지만 그 속까지 들여다보면 어머니를 중심으로 '자궁가족'의 형태를 취하고 있다. 자궁가족이란 미국의 인류학자 마저리 울프Margery Wolf가 중국 여성들의 삶을 분석하면서 정의한 개념이다.

결혼을 통해 낯선 가족의 낮은 지위로 편입된 젊은 여성이 아이를 낳아 자신의 핏줄을 이용함으로써 영향력을 키워 나가고 마침내 가부장 질서 내부에서 '비공식적인 권력의 정점'에 선다는 의미다.

외부에서 흘러들어온 씨앗으로서의 젊은 여성이 가부장 시스템이라는 단단한 땅에 뿌리를 내리고 꽃을 피우기 위해서는 상당한 인내와 노력이 필요하다. 여성은 그 핵심 수단으로 자식을 활용한다. 낯설고 거친 환경 속에서 안정적인 생존을 보장받는 방법은 아이(전통적인 사회에서는 '아들')를 낳아 구성원들로부터 인정을 얻는 길이었다.

전통 사회에서 여성들은 아들을 낳아 한숨 돌리는 즉시 구성원들의 또 다른 기대에 직면할 수밖에 없었다. 그것은 아들을 훌륭하게 키워 출세를 시키라는 집단적 요구였다. 결국 결혼한 여성의 성공은 아들을 얼마나 출세시키느냐로 판가름되었으며, 이 경우 자궁가족을 이뤄 자신의 권력 기반을 구축할 수 있었다. 그러니까 자궁가족이라는 비공식적인 권력은 아들을 크게 출세시켰을 경우, 그 어머니가 누릴 수 있는 최고의 보상이었던 셈이다.

자궁가족의 전통은 21세기에도 이어진다. 현대의 여성들은 매우 짧은 기간에 자신의 자궁가족을 만들어내고 권력을 획득한다. 출산율 저하에 따른 사회적 위기로 인해 아이를 낳는 것만으로 곧바로 권력의 중심에 다가설 수 있게 된 것이다. 이제는 아들이든 딸이든 구분이 없다. 젊은 엄마들이 "시댁에 아이를 낳아주었다"는 표현을 쓰는 데는 이런 의식구조가 밑바탕으로 깔려 있다.

엄마의 '방패막이'였던 아이는 차츰 적극적인 권력의 수단으로 변화해간다. 교육과 경쟁 속으로 편입되면서부터다. 웬만한 시부모는 아이

교육을 위해 동분서주하는 며느리에게 까다로운 요구를 하는 게 쉽지 않다. 오히려 며느리가 손자 혹은 손녀에 대한 애정과 교육을 책임지는 좋은 엄마 역할에 행여 소홀할세라 노심초사 눈치를 본다. 엄마들은 이런 점을 적극 활용해 더욱 아이 교육에 매달린다. 대한민국의 교육이 과열될 수밖에 없는 '수면 아래의 이유'다.

———

마저리 울프는 여성을 배제했던 유교적 가부장제가 여성의 적극적인 협력을 기반으로 돌아갈 수 있었던 이유를, 가부장 가족과 자궁가족의 목표가 서로 잘 맞아떨어졌기 때문이라고 분석했다. 공통분모는 아이를 낳아 성공시키는 것이었다.

울프가 정의했던 본원적 의미의 자궁가족에는 자신이 낳은 아들과 그 아들의 며느리는 포함되었지만 남편은 제외되었다. 이는 아들에 집착하는 시어머니로부터 남편을 빼앗을 방법이 사실상 없었으므로 말 그대로 '시어머니의 아들'로 간주해 포기한 것이었다.

그러나 21세기 들어 가부장 시스템이 뿌리째 흔들리자 젊은 여성들은 일찌감치 독립의 기치를 높이 드는 것은 물론, 시어머니의 아들까지 '자궁가족의 조력자'로 편입시킴으로써 자기 영역을 크게 넓히게 되었다. 이처럼 현대판 자궁가족의 딜레마는, 어머니가 무한한 희생으로 키워낸 아들로부터 마침내 보상을 기대할 즈음이면 어느새 그 아들을 떠나보내야 할 시기에 이르게 된다는 점이다.

하지만 에리히 프롬은 참된 모성애를 '분리를 견디고 그 이후에도 사랑을 계속할 수 있는 능력'이라고 풀이한다.

"아이는 지배욕이나 소유욕을 가진 여자들에게는 그 욕구를 채워줄 수 있는 만족스러운 대상이다. 그러나 아이는 성장한다. 어린아이는 언젠가는 어머니로부터 분리될 수밖에 없다. 참된 모성애는 모든 것을 주면서도 아이의 행복 이외에는 아무것도 바라지 않는 능력을 발휘해야 한다. 그러나 또한 이 단계에서 많은 어머니들은 실패를 경험하기도 한다. 자아도취적이고 지배욕과 소유욕이 있는 여자는 어린아이가 연약할 때에만 어머니의 사랑을 성공시킬 수 있다. 오직 참으로 사랑할 줄 아는 여자, 그녀 자신의 실존에 깊이 뿌리박고 있는 여자만이 아이가 분리의 과정을 밟고 있을 때에도 사랑하는 어머니일 수 있다. 사랑하는 어머니인가 아닌가를 가려내는 시금석은 분리를 견뎌낼 수 있는가, 분리된 다음에도 계속 사랑할 수 있는가 하는 것이다."

자식의 분리가 배신인지 독립인지는 어머니의 해석에 달려 있다. 어머니가 아들을 놓아주려 하지 않을 경우 품에서 벗어나려는 아들의 행동은 배신으로 규정될 것이다. 반면 어머니가 아들을 '며느리 가족의 일원'로 인정한다면 독립으로 자리매김된다. 며느리 또한 세월이 흐른 뒤에는 다음 세대에게 역할을 물려주고 뒤로 물러나 가속의 억사가 된다.

나쁜 릴리스와 착한 이브

독일의 정신과 의사 한스 요아힘 마츠Hans-Joachim Maaz는『릴리스 콤플렉스Der Lilith-Komplex』에서 유대교의 기록을 인용해 이브보다 먼저 존재했던 여성 릴리스Lilith를 소개한다. 성경에는 인류 최초의 여성이 이브라고 나와 있지만, 신은 이브에 앞서 아담과 똑같은 방법으로 릴리스를 만들었다고 한다.

릴리스는 남편에게 복종하기를 거부하고 신을 모독한 뒤 에덴동산 밖으로 도망쳐버렸다. 릴리스는 '인류 최초의 나쁜 여자'로 기독교의 금기가 되어 대부분의 기록에서 자취를 감출 수밖에 없었다.

신은 릴리스를 잃은 아담을 위해 두 번째 여성 이브를 만들었다. 이브는 아담의 갈비뼈에서 탄생한 만큼, 릴리스와는 달리 수동적인 성격을 지녔다.

마츠 박사는 그 이후의 기독교 문명이 희생적인 이브를 모성으로 숭배하는 반면 릴리스는 죄악시하는 가치 체계를 오랜 기간에 걸쳐 구축해왔다고 주장한다. 그가 일컫는 '릴리스 콤플렉스'란 사회에서 나쁜 여자로 일컬어지는 세 가지 측면을 말한다. 첫 번째는 남성에게 종속되지 않고 동등한 권리를 주장하는 여성이며, 두 번째는 성적으로 적극적인 여성, 마지막은 아이를 원하지 않고 어머니가 되기를 거부하는 여성이다.

여성들은 나쁜 여자로 낙인찍히지 않기 위해서라도 '착한 이브의 후예'로 행세해야만 했다. 착한 여성이어야 한다는 사회적 압력이 주변 사람들에 대한 희생을 앞세우는 '이타적인 여성상'을 내면화시킨 것이다.

비록 릴리스에게 결함이 많았을지라도, 자신의 아내와 소통하지 못하고 신의 분노로부터 그녀를 지켜내지 못한 아담도 실패의 책임으로부터 자유로운 것은 아니다. 사실 많은 현대 남성들 역시 아담의 실패를 답습하면서 살아간다. 아내를 고립시켜놓고도 무엇이 문제인지 인식하지 못하는 것이다.

아담 시절이나 지금이나 남성에게는 두 가지 능력이 기대된다. 하나는 가족을 먹여 살리는 부양 능력이며, 또 하나는 가족을 위협으로부터 지켜내는 보호 능력이다. 특히 적의 침입으로부터 가족을 지켜내던 능력은 현대사회에서는 소통과 공감을 통한 가족의 유대감 쪽으로 진화했다. '착한 이브의 후예들' 가운데 상당수는 안정을 추구하는 성향을 가졌고 자신이 세상의 위협으로부터 안전하게 보호받기를 바란다. 착함을 인정받기 위해 사람들이 원하는 것을 파악하고 그에 맞춰 행동하려고 한다. 그 결과 '남에게는 착하지만 스스로에게는 나쁜 여자'

가 될 가능성이 높아진다.

전통 방식으로 키워진 남자는 착한 여자의 불안정성을 더욱 자극한다. 이런 남성들은 결혼을 통해 만든 자신의 가족과 원래 가족 간의 경계를 세우려고 하지 않는다. 경계선을 긋지 않아 관계에 독점성과 배타성이 없는 새 가족이란, 주변의 누구나 흙 묻은 발로 들어와 거실과 안방에 지저분한 자국을 남겨놓을 수 있는 여지를 열어놓는 것과도 같다. 이로 인한 아내의 불만에는 '싸움(해결) 아니면 도피'의 규칙을 적용해 귀를 막아버린다. 불편한 진실을 마주하기를 포기하고 그저 회피하려 드는 것이다.

착한 여자는 남편에게서 따뜻한 배려와 격려를 기대하지만 그런 기대를 지속적으로 배신당한다. 그녀는 언제까지 이렇게 살아야 할지, 앞이 보이지 않을 때 비로소 자신이 불행하다는 사실을 인식한다. 사랑받지 못한 여성은 불행해지며, 불행한 여성은 위험하다. 그 불행을 누군가에게 전가하려는 경향 때문이다. 따라서 나쁜 여자보다 두려운 상대가 바로 불행한 여자다.

───

우리의 무의식에는 성장 과정에서 겪었던 아픈 기억들이 무수히 박혀 있다. 그런 응어리를 가지고 있던 여성이 자기밖에 모르는 귀머거리 남편, 그리고 그런 사람을 만들어낼 수밖에 없는 시댁 식구들을 만나게 되면 불행의 궁합이 완벽하게 맞아떨어진다.

불행한 여자는 '파괴와 재앙의 여신'이 되어 주변을 무너뜨리기 시작한다. 관계 게임에 능숙한 그녀는 편집의 기술을 발휘해 남편과 그 주변 사람들에게 서로에 대한 부정적 표현과 뉘앙스만을 전함으로써 반감을 부추긴다. 열등감을 자극해 사람들 간의 질투와 시기를 불러일으키며 남편을 자기 집안에서 소외시켜 아이에게 '냉장고만도 못한 존재'로 여겨지게 만들기도 한다.

그런데도 많은 남성들은 자신이 왜 아내에게 당하는지조차 모른다. 자신이 가족을 부양하고 있다는 사실만 되뇌며 억울해할 뿐 아내의 생각 근처에도 이르지 못하는 것이다.

불행한 여성은 배우자 개인의 차원을 넘어 한 집안을 좌우한다. 여자의 손끝에 3대의 운명이 달렸다고 해도 과장이 아니다. 다산 정약용은 유배지에서 서신을 통해 두 아들을 교육시켰는데 한 번은 다소 세속적인 비유까지 써가며 질타하기도 했다. 그는 "공부를 게을리 하면 좋은 여자를 만날 수 없다"면서 "비천한 집안과 결혼해 물고기의 입술이나 강아지의 이마 몰골을 한 자식이 태어난다면 그 집안은 끝장나고 만다. 이래도 학문을 게을리할 작정이냐"고 일갈했다. 그만큼 한 여성이 가정에 미치는 영향은 예나 지금이나 무시할 수 없는 위력이었던 것이다.

불행한 여자는 여러 가지 조건이 정확하게 맞아떨어질 때 비로소 만들어진다. 성장 과정에서 받은 상처를 보듬어줄 사람을 만나지 못하고, 결혼 이후에는 낯선 환경과 문화 속에서 희생양이 되어 외로움에 빠지며, 그러나 아무런 희망도 기대할 수 없을 때 비로소 불행한 여자가 껍질을 깨고 나온다. 이처럼 불행한 여자는, 그녀가 마음을 나누고자 했던 사람들의 배신과 그들의 긴밀한 협력을 통한 소외로 만들어진다.

어머니를 상징하는 대지의 여신 데메테르는 풍요를 맡고 있으면서 동시에 메마름과 황폐의 여신이기도 하다. 한없이 자애로우나 한편으로는 열화와 같은 분노를 품고 있는 것이다. 하지만 이 같은 모순된 성격은 '온전함을 이루기 위한 양립'이기도 하다. 탄생이 있으면 그 곁에 언제나 죽음이 있는 것처럼 사랑은 증오와 쌍둥이처럼 붙어다니기 마련이다. 평화를 유지하려면 그것을 위협하는 상대와 맞설 수 있는 물리적인 힘을 가지고 있어야 한다.

여성 또한 그렇다. 가정과 아이를 지켜내기 위해선 희생만 하는 착한 여성으로는 부족하다. 이기적이며 때로는 잔혹할 정도의 단호함 역시 지니고 있어야 마땅하다. 특히 아이의 독립과 성장을 감안할 경우 오로지 희생만 하는 어머니는 방해자일 뿐이다.

마츠 박사가 아이를 성인으로 키우는 데 있어 꼭 필요하다고 꼽는 것이 바로 '나쁜 역할'이다. 그는 금기시되고 억압되어온 '나쁜 릴리스'가 '착한 이브'에 통합되어야 비로소 온전한 모성상이 만들어진다고 주장한다. 그런 온전한 모성으로 자란 아이만이 엄마를 성공적으로 극복해 당당한 성인으로 살아갈 수 있다는 것이다.

결국 행복한 여성으로 살아가기 위한 관건은 '남에게 착하지만 스스로에겐 나쁜 여성'과 '스스로에겐 착하지만 남에겐 나쁜 여성'의 사이에서 선택을 통해 균형과 조화를 이뤄가는 게임이라고 할 수 있다. 여성 스스로는 물론 주변 사람들을 적당한 수준으로 만족시킬 수 있는 공통분모를 만들고 이견을 좁혀 윈-윈의 경우를 늘려가는 선택을 하는 것이다.

그러기 위해선 먼저 여성 자신이 현명해질 필요가 있다. 그녀의 삶을 좌지우지하려는 이들에게 기회나 빌미를 주지 않으면서 그들이 미워할 수만도 없는 '애매한 여자'가 되는 게 출발점이다. 알고 보면, 그들의 애매함은 속마음을 간파당하지 않음으로써 스스로를 위협에서 지켜내기 위한 수단이기도 한 것이다.

FEMALE

RISK

공감과 해결 사이

무조건 내 편

회의를 마치고 나오는 사람들을 살피다보면 얼굴 표정이 굳은 사람을 발견할 수 있다. 아이디어를 인정받지 못했거나 심한 질책을 당했다면 그 감정이 어떻게든 얼굴에 드러나기 마련이다.

많은 직장 상사와 동료들이 지시나 질책, 반대 의견 등에 자신의 감정을 은근히 혹은 노골적으로 섞는다. 이성적인 판단과 부정적인 감정의 표출이 혼연일체가 되어 있어 분리하기가 무척 어렵다. 이 때문에 반대 의견을 자신에 대한 공격으로 간주하거나, 단순한 실수 지적에도 인격을 송두리째 부정당했다는 느낌을 받곤 한다.

특히 주변인에 대한 감정 데이터를 마음속에 낱낱이 기록해놓고 이를 기준으로 판단하는 여성들의 경우, 사람들의 반대 의견이나 질책으로부터 자신에 대한 감정적인 동기를 찾아내는 데 능하다.

이에 대해 루안 브리젠딘Louann Brizendine 교수는 『여자의 뇌, 여자의 발견The Female Brain』을 통해 여성의 감정중추인 해마Hippocampus가 남성의 그 것에 비해 더 크기 때문이라고 주장했다. 측두엽의 일부인 해마는 정서와 기억을 형성하고 유지하는 데 절대적인 역할을 한다.

남성들의 경우 이해관계를 기준으로 내 편과 반대편, 중립 등 세 가지 경우로 상대를 분류하는 데 비해 여성들은 감정을 기준으로 삼기 때문에 내 편 아니면 상대편으로 나누는 경향이 있다. 평소에 친밀감을 추구하며 내 편에 대한 애착이 강한 만큼 반대편에 대한 부정적 감정 또한 크다.

여성들은 호감을 얻으려고 같은 편인 척하는지, 아니면 마음속까지 같은 편인지를 금방 판단한다. 반면 남성들은 좀처럼 여성의 마음을 이해하기 어렵다. 남성은 같은 남성의 감정은 쉽게 이해하지만 여성의 감정이 어떤지를 느끼기는 선천적으로 어렵다는 연구 결과도 있다.

독일 보훔루르대 LWL 병원 연구팀은 21~52세의 남성 22명에게 사람 눈을 찍은 사진 36장을 보여주고, 눈의 주인공이 어떤 감정인지를 알아맞히는 실험을 진행했다. 사진에는 남성과 여성의 눈이 절반씩 섞여 있었다.

남성들은 사진의 눈이 남성의 것인지 아니면 여성의 것인지를 가려내는 테스트에서는 93%의 높은 정확도를 보였다. 그러나 눈이 나타내는 감정을 읽는 테스트에서는 점수가 갈렸다. 남성의 눈에 대해서는 87%의 정확도를 보였지만, 여성의 눈에서는 정확도가 76%로 떨어졌다. 선택을 하는 데 걸린 시간에서도 여성의 눈 쪽이 평균 40밀리 초(1밀리 초는 1000분의 1초)가량 길었다. 여성의 눈 표정을 더 오래

봤으면서도 표정에 담긴 감정은 잘 못 읽는 경우가 많았다는 의미다.

원인은 남성의 뇌에 있었다. 연구팀이 스캔한 영상에서 참가자들의 뇌는 남성의 눈 표정을 볼 때 오른쪽 해마와 전대상피질 등에서 두드러진 활동을 나타냈다. 이들 부분은 감정과 관련된 자신의 과거 행동을 떠올리는 영역이다. 참가자들은 남성의 눈을 보고는 '나라면 언제 이런 표정을 지을까?' 하고 스스로에게 물어보고 해답을 얻은 것이다. 그러나 여성의 눈 표정을 보았을 때에는 자신이 접했던 여성들과의 에피소드를 떠올렸을 뿐 사진 속 눈의 감정을 제대로 읽어내지 못했다.

연구팀은 국제학술지에 이 연구 결과를 발표하면서 "남성의 뇌가 왜 남녀의 감정 판단에 차별을 두는지는 명확하게 밝혀지지 않았으나, 오래전부터 사냥이나 영토 싸움의 경쟁자인 다른 남성의 의도나 행동을 예측하는 것이 더욱 중요했기 때문일 수 있다"고 밝혔다.

오래전부터 남성들은 낯선 곳에서 낯선 이(십중팔구는 남성이었을 것이다)를 만나면 상대의 눈을 보고 그가 우호적 감정을 품고 있는지 아니면 적대감을 가지고 있는지부터 판단해야만 했다. 상대가 먼저 칼을 빼내 휘두르기 전에 순식간에 알아차려야 했다. 사칫 판단을 그르칠 경우 목숨을 잃는 것은 물론, 힘들게 사냥해온 먹을거리를 빼앗기거나 동족의 영역에 적의 침입을 허용할 가능성이 높았다.

사냥해온 먹을거리나 영역 싸움은 '이해관계'와 깊은 관련이 있다. 이런 상황에서 가장 기민하게 반응하는 감정은 분노와 적대감이다. 남성들은 상대의 눈에 나타난 표정을 자기 경험으로 해석한 뒤, 그것이 분노 혹은 적대감이라면 지체 없이 행동에 나섰다. 남성의 감정 체계는 오랜 기간에 걸쳐 이처럼 이해관계를 기반으로 발전해왔다. 이해관계를 중시하는 감정체계는 이익을 위해 때로는 감정을 억누르는 습성으로 발현되기도 한다.

육아 활동 혹은 이웃과의 교류 과정에서 다양한 감정을 표현하고 그런 감정을 통해 공감하며 소통해온 여성들과 다른 길을 걸어온 셈이다. 따라서 이해관계를 동반하지 않은, 말 그대로의 순수한 감정과 의도를 읽어내는 것은 남성들에게는 익숙하지 않은 일이었다. 더구나 그것이 천변만화千變萬化하는 여성의 것이라면 더욱 그럴 수밖에 없었다.

남성들이 이처럼 여성들의 감정과 의도를 제대로 읽어내지 못하는 가운데 여성들은 자기 남자에게 '조건 없는 내 편'이 되어주기를 원한다. 여자들의 무리 속에서 안심과 의심 사이를 헤쳐온 만큼 자기 남자로부터는 '무조건적이며 변함이 없는 지지'를 받고 싶은 것이다. 자신이 어떤 상황에 처해 있든, 어떤 생각을 하고 무슨 말을 하든 '같은 편'이라는 말부터 듣기를 원한다.

그런데 여성이 직장 상사에 대한 불만을 토로할 경우 남자친구는 상황을 객관적으로 재구성하며 논리적으로 하나씩 따지기 시작한다. 이해관계의 현안을 해결하기 위해 감정을 누르고 순차적으로 하나씩 따지는 특성이 발휘되는 것이다. 팀원들의 역할과 시스템의 문제점에 대한 자신의 생각을 장황하게 늘어놓으며 개선점을 몇 가지로 요약하려든다. 이 경우, 여성의 관점에서 남자친구는 '내 편'이 아닌 존재로 보이기 시작한다. 이것도 저것도 아닌 원칙적인 결론을 내고는 서둘러 덮어버리려는 의도로 풀이될 수도 있기 때문이다.

이런 점에서 여성이 감정을 토로할 때에는 "그녀가 원하는 것은 공감이므로 공감부터 표시하라"는 해결책은 상당 부분 맞는 것이다. 여성들이 불편하거나 억울함을 느끼는 대상 가운데 상당 부분은 사건이나 과제, 행동 같은 것들이 아니다. 사람 관계, 그 자체다. 잘 통하지 않는 사람 혹은 믿었는데 실망시킨 사람에 대해 쌓였던 감정이 어떤 일을 계기로 분출되는 것이다.

관계는 각자의 주관적 영역이므로 말처럼 쉽게 해결되지는 않는다. 따라서 남성들이 일사천리로 내놓는 사건이나 과제를 대상으로 한 객관적인 해결책의 약발이 먹힐 리가 없다. 회사의 누군가에게 실망을 느끼고 있는데 팀원들의 역할이나 시스템 같은 원론적인 문제를 거론해봐야 무슨 소용이 있을까.

"팀플레이에 충실하면 된다"는 남자친구의 코칭에 여성이 마침내 화를 내는 이유는, 남자친구가 자기 얘기를 제대로 듣지 않았다고 생각하기 때문이다. 그런 대응 방법을 생각하지 못하기 때문에 남자친구한테 불평을 늘어놓는 게 아니다. 여성은 사람들과의 관세 억시 어떻게든 원만하게 끌고 나가고 싶을 뿐이다.

그녀는 상사가 자신을 괴롭게 했던 상황을 함께 꼼꼼하게 짚어보면서 다양한 각도에서 상사의 동기를 분석해보고 싶었을 수도 있다. 이 경우 남자친구의 입장에선 여성이 계속 불평과 불만을 되풀이하며 겉도는 느낌을 받을 수도 있다. 하지만 그녀로서는 상사의 캐릭터를 심층적으로 이해하려는 뜻이며, 이는 남자친구가 제시하는 원론처럼 간단한 문제가 아니다.

남자와 여자는 능력에 대한 생각이 다르다. 남성들에게는 신속하고 객관적으로 보이는 '해결'이 능력의 지표다. 반면 여성들에게는 얼마나 '공감'하고 진정으로 같은 편이 되어 자신의 마음을 이해해주느냐가 능력의 잣대다.

'불행 배틀'의 진실

1971년 미국 하버드대 대학원생이던 마사 맥클린톡Martha K. McClintock
은 기숙사에서 함께 생활하는 여학생들의 월경 주기가 동조 현상을
보인다는 내용의 논문을 발표했다. 기숙사의 여학생들을 2년간 분석
한 결과, 처음에는 제각기 다르던 생리일이 7개월이 지나자 33% 더 가
까워졌다. 특히 흥미로운 점은 같은 방을 쓰거나 가까운 친구일수록
생리 주기가 일치하는 현상이 두드러졌다는 부분이었다.

엄마와 딸, 자매, 절친한 친구 등 함께 생활하는 여성들 사이에서 그
런 현상이 나타난다는 속설이 어느 정도 과학적 근거를 얻은 것이다.
마사는 이 같은 동조 현상에 대해 친밀한 여성들끼리 서로 접촉하면
서 페로몬이 전달된 데 따른 것이라고 추론하고 추후 이를 입증했다.

그녀는 1998년 제자들과 함께 후각으로는 구분할 수 없는 페로몬이
인간에게도 있음을 시사하는 실험 결과를 내놓았다. 인간의 후각이 퇴

화하는 바람에 의사소통의 도구로 더 이상 활용되지는 않지만, 페로몬이 여전히 분비된다는 주장이었다. 남성들에 비해 후각이 예민한 여성들이 무의식적으로 페로몬의 영향을 받고 있다는 의미이기도 하다. 척 보면 친해질 만한 사람인지 아닌지 판단하는 여성들 특유의 느낌이 이런 페로몬의 영향에 힘입은 것인지도 모른다.

여성들 중에는 '관계 맺기의 귀재'가 많다. 이들을 주의 깊게 살펴보면 '미러링mirroring'이라는 공통점을 찾아낼 수 있다. 상대의 제스처나 분위기 등에 잘 맞춰주는 것을 말하는데, 특히 상사가 말할 때에는 시선을 맞추고, 그가 서류를 들추면 따라 넘긴다. 안경을 고쳐 쓰거나 이마를 긁는 모습, 말의 완급을 모방하기도 한다. 다만 상대의 신경을 건드리지 않을 정도로 비슷하게 연출한다. 이 같은 미러링을 통해 상대로부터 동질감을 끌어내는 것이 그들에겐 관계 맺기의 기본이다.

여성들끼리의 미러링은 '나도 나도'를 통해 적극적인 모습으로 나타나기도 한다. 누군가가 오늘 아침에 겪은 기분 나쁜 일을 이야기하면 다른 여성들도 함께 맞장구를 치며 제각각 기분 나쁜 경험을 털어놓고 나누는 것이다.

좋은 일보다는 좋지 않은 일일수록 미러링을 통한 동질감이 급속히 확산된다. 좋은 일의 경우, 자칫하면 자랑으로 간주되어 부정적인 반응을 이끌어낼 수도 있기 때문이다. 여성들의 모임에서 '불행 배틀' 혹은 '비련의 주인공 경진대회'로 불리는 수다를 쉽게 들을 수 있는 이유다. 결혼기념일 선물을 둘러싸고 자존심 경쟁을 벌이다가도 누군가 '불행 배틀'을 시작하면 모두가 '나도 나도'로 돌아서지 않을 수 없다.

이처럼 여성들에게는 미러링이나 동조화가 몸에 배어 있어 수시로 서로에게서 동질감과 유대감을 확인하는 경향이 있다. 이런 확인이 '같아야 한다'는 강박을 불러낸다. 마음이든 처지든 같아야 친밀감으로 이어질 수 있다고 인식하는 것이다. 이는 '다름(특히 우월함의 과시)'이 초래할 수 있는 위화감과도 동전의 앞뒤처럼 붙어 있다.

다름에 대한 부정적인 확인 감정이 바로 질투와 시기다. 같을 거라 여겼던 상대가 다른 마음을 품었거나, 알지 못하는 사이에 다른 처지가 되었을 가능성에 대해 부정적인 감정이 신호를 보내온다. 그러니까, 이때의 위화감이란 미러링이 되지 않아 느끼는 당혹감이자 친밀하다고 생각했던 상대에게서 발견한 단절감이라고 표현할 수 있다.

질투嫉妬라는 단어의 한자를 보면 여성을 뜻하는 뉘앙스(女)가 두드러져서 이것이 여자들만의 속성으로 여겨지는 경우가 많지만, 사실은 남녀 차이를 초월한 인간 본연의 심리 현상이라 할 수 있다. 다만 남성과 여성의 포인트에 차이가 있다.

진화심리학자 데이비드 버스는 『위험한 열정, 질투Dangerous Passion』에서 동서양을 통틀어 여성 대부분은 배우자의 감정적인 배신에 많이 화를 내는 반면, 남성 대부분은 상대 여성의 성적인 배신을 너욱 괴로워한다고 분석했다.

이 때문에 남성은 배우자가 낳은 자식이 실제 자기 자식인지 알 수 없는 불안감을, 여성은 배우자가 다른 여성과 그 자식에게 마음을 빼앗겨 '자원'을 몽땅 갖다 바칠 수도 있다는 불안감을 늘 가지고 살아간다고 설명한다.

질투와 시기를 혼동하는 경우가 많은데 이는 미묘하게 다른 감정이다. 질투는 삼각관계를 전제로 성립한다. 자기의 사람을 제3자에게 빼앗기지 않으려는 두려움에서 촉발된 감정이다. 이에 비해 시기는, 시기하는 사람과 그 대상이 되는 사람이라는 두 명의 인물을 전제로 만들어지는 것으로, 가치 있는 것을 누리는 사람의 우월함에 대한 부정적인 감정이다. 예를 들어 셰익스피어의 『오셀로』의 경우라면 오셀로는 '(아내 데스데모나를 지키려는) 질투의 화신'이며 이아고는 '(오셀로가 가진 성공을 부정하는) 시기의 화신'이다.

소유욕이 강한 남자일수록 질투나 시기가 심하다. 그러나 그런 감정을 웬만해서는 겉으로 드러내지 않으려고 한다. 들킬 경우 체면이 상한다고 생각하기 때문이다. 그러다가 기습적인 공격을 감행하거나 은밀한 계획을 준비해 상대를 함정에 빠뜨린다. 이에 비해 여성들은 질투나 시기 같은 감정을 거리낌 없이 언어로 표현한다.

남성과 여성의 질투 혹은 시기라는 감정을 분석해보면, 제각각 다른 기준에서 출발한다는 것을 알 수 있다.

남성들은 세상이 불공평하다고 믿는다. 본질적으로 사람은 같을 수 있으나 지위와 서열에 따라 나누어진다고 생각한다. 그래서 늘 누가 위이고 아래인지 확인하려 든다. 자신보다 높은 지위에 있는 사람에게는 조심하고, 못한 사람은 은근히 아래로 내려다본다.

반면 여성들은 세상이 공평해야 한다고 믿는다. 다른 여성이 자신보다 나은 대접을 받는 것을 부당하다고 인식한다. 따라서 질투나 시기 같은 감정을 느끼는 것은 창피한 게 아니며, 오히려 그렇게 만든 쪽에 문제가 있다는 도덕관념을 가지고 있다.

여성들의 다른 여성에 대한 부정적 감정 속에는 여러 가지 속내가 섞여 있기 때문에 한마디로 정의 내리기가 쉽지 않은 것도 사실이다. 특히 다름에 대한 부정적인 감정의 상대가 매력적인 여성일 경우, 대다수 여성이 "재수없다"는 반응을 보인다.

하지만 잘 들어보면 그 여성이 욕을 먹는 이유들이 어렴풋하게 드러난다. '남자들에게 꼬리를 치는 속물(관심을 차지한 데 대한 질투)이며 예쁜 척하는 것(돋보이는 외모에 대한 시기)일 뿐인데 왜 저런 여자한테 관심을 갖는지(손상된 자존심) 알 수 없다'는 식이다. 자신처럼 개성 있고 솔직한 여자를 알아봐주지 않는 남성들에 대한 실망과 분노까지 섞여 있다.

질투와 시기는 부정적이며 억제해야만 하는 감정으로 인식되어왔다. 유교에서는 칠거지악 가운데 하나로 꼽았으며 맹자는 '시기와 질투는 언제나 남을 쏘려다가 자신을 쏜다'고 경고했다. 셰익스피어도 『오셀로』를 통해 질투라는 감정을 이렇게 정의했다.

"그것은 푸른 눈의 괴물로, 자신의 먹잇감(질투에 눈이 먼 사람)을 조롱하는 놈입니다."

그러나 질투와 시기가 언제나 부정적이었던 것만은 아니다. 특히 사랑에서는 그랬다. 그리스 신화에서 여성의 수호신인 헤라의 경우 '질투의 여신'이란 별칭이 더욱 널리 알려져 있는데, 그녀의 질투는 자신이 주관하는 결혼과 출산의 신성함을 지키기 위한 노력의 일환이었다. 질투가 관계를 지켜내며 사랑을 풍요롭게 하는 수단으로서도 일익을 담당해온 것이다.

연인들은 질투를 통해 자칫 식을 수도 있는 열정에 다시 불을 붙이기도 하고, 상대가 얼마나 내게 헌신하고 있는지를 확인한다. 성 아우구스티누스의 "질투를 느끼지 않는다면 사랑하지도 않는 것"이라는 말도 이런 점을 헤아린 것이다.

여성들이 모이면 테이블 위에는 화기애애함이 넘치지만 테이블 밑에는 또 다른 기류가 흐른다. 두 가지 기류가 묘한 조화를 이루며 관계의 수평적 균형을 이어가게 된다. 남성들의 비즈니스 협상과도 조금은 비슷하다. 여성들에게 있어 불행 배틀은 '별일 없이 산다'는 점을 서로 확인함으로써 테이블 밑을 흐르는 질투 및 시기심이 뛰쳐나오지 않도록 조화를 이뤄가는 절차다.

이 때문에 어떤 미혼 여성은 억지로 나갔던 소개팅의 형편없는 성과를 당연한 것처럼 친구들 앞에서 늘어놓아야 하며, 또 다른 전업주부는 겉보기와는 달리 남편이 상냥하지 않은 데다 이런저런 골치 아픈 일들까지 겪고 있다고 아이의 같은 반 엄마들 앞에서 고백을 해야 한다.

그들은 곧잘 자존심 경쟁을 벌이다가도 갑자기 방향을 전환, 불행 배틀을 통해 서로 크게 다르지 않음을 확인하며 다행이라고 생각하고 위안을 얻는다. 여성들의 삶은 남성들에 비해 질투나 시기 같은 감정에 더욱 민감한 경향이 있다.

그들이 추구하는 친밀감 때문이다. 그런데 생리 주기의 동조화에서 유추할 수 있는 것처럼, 친밀감은 질투 혹은 시기 같은 감정과 한 몸처럼 붙어 있다. 생리 주기의 동조화는 상대와 같다는 친밀함의 공유이기도 하지만, 다른 한편으로는 남성에게 선택받기 위한 경쟁에서 같은 조건을 만들기 위한 본능의 발현일 수도 있다.

그러니까 여성들이 서로에게 친밀하게 다가서고, 친밀함을 유지하기 위해 불행 배틀까지 해가며 서로의 '다르지 않음'을 확인하는 것은, '다름이 초래할 수 있는 공포'로부터 스스로를 보호하기 위함이다. 또한 경쟁에서 도태되지 않고 살아남으려는 그들 특유의 생존 방법이기도 하다. 같기를 바라면서도 상대가 막상 자신과 같아지면 싫어하는 감정 역시 동전의 앞뒤처럼 양립한다.

여성, 그 위의 여성

국내의 한 취업 사이트가 직장인들을 대상으로 설문조사를 벌인 결과, 남성뿐 아니라 여성들도 자신의 상사로는 여성보다 남성을 선호하는 것으로 나타났다.

조사에 응한 직장인 1486명 가운데 63.9%가 여성보다 남성 상사를 선호한다고 답했는데, 여성 직장인 중에서는 61.3%가 남성 상사를 원한다고 응답했다. 그 이유로 '경쟁으로 인한 스트레스가 없을 것 같아서'(27.6%)가 가장 많았으며 '남성 상사가 관대할 것 같아서'(26.8%), '부족한 면을 채울 수 있을 것 같아서'(17.5%) 등의 순이었다.

지난 2007년 미국의 경영·조직심리학저널에 실린 시라큐스대학의 논문에 따르면 여성들은 남자 상사가 무뚝뚝하고 자기주장이 강할 경우에는 쉽게 받아들였으나, 여자 상사가 이해심 없고 주장이 강할 경우에는 참지 못하고 비판하는 경향이 두드러진 것으로 나타났다.

예컨대 남자 상사가 "여자라고 봐주는 것 없다!"고 선언하면 "그런 건 바라지도 않는다"며 당당하던 여직원들이 후임으로 여자 상사를 맞이해 "남녀 구분 없이 경쟁하자"는 말을 들으면 "무리한 요구는 하지 말라"고 반발하고 나서는 식이다.

남자 상사와 여자 상사에게 거는 기대의 수준이 다르며, 특히 여자 상사가 기대를 채워주지 못할 경우 더한 배신감을 느끼는 것이다.

상당수의 여성 간부들도 "여직원들에게서 느껴지는 경쟁심 때문에 여자보다는 남자 직원들과 일을 하는 게 편할 때가 많다"고 말한다. 이는 여성 직장인들이 남자 상사를 원하는 이유 가운데 가장 많았던 '경쟁으로 인한 스트레스가 없을 것 같아서'와 일치한다.

여성들은 왜 지위고하를 막론하고 같은 여성에게 더한 경쟁심을 느끼는 것일까.

'여왕벌 신드롬'에서 그 답을 엿볼 수 있다. 여왕벌 신드롬이란 여왕벌이 벌집 안에서 유일한 권력을 갖는 것처럼, 여성 리더가 조직 내에서 쌓아올린 자신의 권위를 다른 여성과 나누고 싶어하지 않는 성향을 의미한다. 1970년대 미시간대학교 연구진(그래험 스테인스, 토비 엡스타인 자야라트네, 캐롤 태브리스)이 실시한 직장 내에서 여성의 승진율과 승진이 미치는 영향을 연구한 논문에서 비롯된 내용이다.

고위직으로 승진한 소수의 여성들이 가부장적 시스템 속에서 자기 권력을 유지하는 데만 집착해 여자 후배들의 성장을 지원하기는커녕 후배들을 잠재 경쟁자로 여겨 다양한 방법을 동원해 괴롭히며 견제한다.

'여왕벌' 상사들은 묘한 화법으로 여직원들을 괴롭히는 것으로 알려져 있다. 이를테면 "다들 눈코 뜰 새 없이 바쁜데 당신한테는 맡길 일이 없나 봐?" 하는 식으로 자존심에 상처를 낸다.

미국경영자협회AMA가 2011년 직장 여성 1000명을 대상으로 실시한 설문조사에서도 응답자의 95%가 사회생활을 하는 동안 한 번 이상 다른 여성으로부터 괴롭힘을 당했다고 답했다.

경쟁심의 다른 한쪽은 여성 상사를 인정하지 않는 여자 후배들에게서 찾아볼 수 있다. 그들은 여성 상사를 존중하지 않으며 명령 체계를 인정하지 않는 등 '직장 상사'보다는 '같은 여성'으로 인식하는 경우가 많다.

특히 스스로가 똑똑하다고 자부하는 여성일수록 자기 목소리를 내는 데 거침이 없으며 자신이 여성 상사와 크게 다르지 않음을 부각시키려는 경향이 뚜렷하다. 직장은 위계질서 속에서 명령 체계로 돌아가는 곳인데 이런 여성들은 그 못지않게 자신의 자존심을 중요하게 여긴다. 회사에 대한 불평불만도 거침없이 늘어놓는다. 이런 태도는 뒷담화와 은밀한 분위기를 통해 여성 상사에게 고스란히 전해진다. 여성 상사는 자신을 리더로 존중하지 않는 여자 후배를 키워줘야 할 필요를 느끼지 못한다.

고위직에 오른 여성은 남성들과의 치열한 경쟁 속에서 '남다른 결과'를 보여주었기 때문에 성공할 수 있었다. 성공한 여성의 관점으로는, 직장인이라면 회사에 대한 불만이 많아도 어쨌거나 '결과'로 자신을 보여주어야 한다.

게다가 회사의 선배와 후배는 '결과'로 서로 도움을 주고받는 윈-윈 관계다. 선배는 후배들이 쌓은 실적 덕에 승진을 하고 후배는 자신의 능력을 입증함으로써 선배에게 발탁된다. 그런데 많은 여자 후배들이 여성 선배가 좋은 결과를 낼 수 있는 환경을 조성해주지 못한다고 생각한다. 같은 여성임에도 오히려 남성 동료들에게 후한 평가를 주는 경향이 있다는 것이다. 그런 실망감에 마초 남자 상사가 차라리 낫다고 생각하게 된다.

여성 상사는 자신의 리더십을 인정하지 않으며 여성으로서 경쟁하려는 후배에게는 관대함을 보여주지 않는다. 후배들이 자기를 경쟁 상대로 여기는 것을 용납하지 않으면서 한편으로는 스스로도 무의식적으로는 그녀들의 젊음과 아름다움에 경쟁심을 느낀다.

여성이 다른 여성에게서 쉽게 적대감을 찾아내는 이유는 '여성'인 자신에 대해 불만을 느끼는 잠재의식에 있는지도 모른다. 여성은 매우 오랜 세월 동안 가부장제 시스템 속에서 비하되어 왔으며 여성성은 열등한 특성으로 간주되었다. 저널리스트 해나 로진Hanna Rosin이 『남자의 종말The end of men』에서 언급한 것처럼 "남자들은 약 4만 년 동안 세상을 지배했고, 여자들은 약 40년 전부터 남자들을 밀어내기 시작했을 뿐"이다.

상당수의 여성들이 내면화된 열등감을 감내하며 살아가고 '여성'이라는 자신의 열등감을 보상하기 위해 여성적이지 않은 방식에 심혈을 기울인다. 동시에 자신의 열등감을 전이시킬 기회를 외부로부터 찾아낸다. 자신에게 친밀감을 드러냈던 '얕볼 수 있는 이'에게 열등감을 폭발시킴으로써 자신이 그보다 나은 존재임을 스스로에게 확인시켜주고자 한다.

겉보기에는 강하고 유능한 여성이라도 그의 내면 깊은 곳에는 그런 강인함을 송두리째 부정할 수 있는 여성성에 대한 혐오라는 이율배반이 공존한다. 지구상의 모든 생물은 가까운 과거에 얻어진 새로운 특성과, 아주 먼 조상 시기부터 물려받은 오래된 속성을 동시에 지니고 있기 마련이다. 종들이 진화해 계속 바뀌어도 그 후손은 조상의 일부 적응된 특성으로부터 완전히 자유로울 수 없는 것이다. 의식적인 노력이 없다면 두말할 나위도 없다.

그런데 대부분의 남성이 여성들 간의 이런 적대감을 단순한 질투나 시기로 생각해 대수롭지 않게 여긴다. 특히 젊은 여성에 대해서는 넘칠 정도의 호의와 관대함을 보여주는 데 주저하지 않는다. 사회 경험이 일천하므로 순진하며 실수가 잦고 언제나 피해를 당하는 입장일 것이라고 지레짐작한다.

하지만 젊은 여성 중에서도 관계에 대한 감각과 활용 능력은 기업체 임원급에 못지않은 부류가 적지 않다. 이런 부류는 특히 무리 속에 있을 때에는 상상을 초월하는 능력을 발휘한다. 혼자 있을 때의 여성과 무리 속에서의 여성은, 건실한 직장 남성이 말년차 예비군으로 변신했을 때만큼이나 다르다. 예비군복만 입으면 동네 불량배처럼 변해 함부로 침을 뱉고 지나가는 여자에게 휘파람을 부는 남자 직원이 있는 것처럼, 무리 속에만 들어가면 드라마의 악역 탤런트만큼이나 남을 괴롭힐 음모를 잘 꾸미는 청순한 얼굴의 나이 어린 여직원도 있는 것이다.

여간해서는 수면 위로 드러나지 않는 여직원들 간의 알력이나 따돌림의 내막을 접해본 남성 직장인들은 여자들의 세상에서 살아간다는 것 역시 남자들의 투쟁적인 삶만큼이나 녹록지 않다는 사실을 인정한다.

그런데 여성들 간의 생존 투쟁이 이제는 그들만의 영역 싸움에 그치지 않을 것이라는 징후가 두드러지고 있다. IT산업과 서비스 산업의 부상으로 인한 여성들의 사회 진출 확대에 따라 여성 수가 남성 수보다 많은 조직이 지속적으로 늘어날 것이기 때문이다.

여성 주류의 조직에서 조화를 이루는 방법은 여성들에게서 힌트를 얻을 수 있다. 대결 의식이 강한 여성들이라고 해서 매일 신경전만 벌이는 것은 아니다. 다수의 여성들은 '무리 짓기'의 틈바구니 속에서 눈치와 친교적 행위, 비위 맞추기, 공들이기를 통해 위협 요인을 헤쳐 나간다. 이런 것들은 여성이 남성들에게 그토록 원하는 것이기도 하다.

생각해보면 직장에서 여성들 간에 정말로 필요한 것은, 서로의 차이를 진심으로 받아들이는 인정과 존중이다. 상사의 능력을 존중하고 후배의 젊음과 아름다움을 인정하는 '차이의 수용'이 필요하다. 그것은 또한 각자가 독립적인 여성으로 성장해갈 수 있도록 오랜 여성의 굴레에서 함께 벗어나는 공동의 노력으로 이어져야 한다.

거짓말 탐지기와 유리 심장

여성들은 사회적 민감성이 남성에 비해 높다. 사회적 민감성이란 상대를 면밀하게 관찰하고 상호작용을 감지할 수 있는 능력이다. 이 능력이 뛰어날수록 자신의 말과 행동이 다른 사람에게 미칠 영향을 가늠하고 조절함으로써 난해한 상황을 잘 풀어내는 경향이 있다.

여성들은 이 같은 민감성을 실생활에서 뛰어나게 발휘한다. 아이가 우는 이유를 아는 것부터 남자의 거짓말을 귀신같이 가려내는 것까지 신기한 부분이 많다. 여성들 스스로도 속 시원하게 설명하지 못하며 "그냥 안다"고 말한다. 그래서 흔히 '여자의 육감'으로 일컬어지곤 한다.

그러면 여성들 특유의 육감은 어디서 비롯되는 것일까?

소통 전문가들의 분석에 따르면 사람이 대화를 할 때 메시지와 말투가 차지하는 비중은 20~30%에 불과하며 오히려 표정과 태도 같은 비언어적 신호가 70~80%를 차지하는 것으로 알려져 있다. 그런데 여성들은 메시지뿐만 아니라 상대의 손짓이나 표정 같은 비언어적 신호까지 한 번에 받아들여 언어 신호와 비언어 신호가 일치하는지를 판단한다. 거짓말 탐지기가 혈압과 심장박동의 변화로 진실 여부를 가려내는 원리와 비슷하다.

실제로 전문가들이 MRI로 두뇌를 탐색해본 결과, 여성들은 상대의 얼굴을 보며 대화할 때 좌뇌와 우뇌에 있는 14~16개의 영역을 동시에 활용하는 것으로 나타났다. 말뜻과 어조, 뉘앙스, 표정, 낯빛, 몸짓 등을 한꺼번에 포착해 뇌의 각 영역에서 분석하는 것이다. 이런 점에서 여성들은 '걸어 다니는 거짓말 탐지기'라고 불릴 만하다.

이에 비해 남성은 대화를 할 때 4~7개의 뇌 영역을 활용하는 데 그친다. 인류학자 헬렌 피셔는 『제1의 성The First Sex』을 통해 이렇게 설명한다.

"여성들은 다른 사람의 마음을 읽도록 돼 있다. 촉각, 청각, 후각, 미각, 시각 등 여성의 모든 감각은, 몇 가지 점에서 보면 남성들에 비해 조율이 훨씬 잘 되어 있다. 여성들은 당신의 얼굴을 바라보는 것만으로도 당신의 감정을 짚어내는 특성을 지니고 있다. 그들은 당신의 자세나 몸짓만으로 당신의 기분을 용케 알아낸다. 그들은 또 당신을 사회적 맥락에 놓음으로써 당신의 방이나 사무실에서도 당신 주변에 놓인 물건들을 더 많이 기억한다. 많은 여성들은 심지어 사회적 상호작용에 담긴 뉘앙스를 해석하는 데 있어서 유전적 장점을 지니고 있기도 하다. 이것을 신경과학자들은 '실무적 사교 기술'이라고 부른다."

미국의 한 중산층 가정에 화재가 발생했다. 신속히 진화하는 데 실패할 경우 다른 집으로 번져 대형 화재로 비화될 가능성이 높았다. 소방관들이 투입돼 진화 작업에 들어갔다. 한 지휘관이 부하들과 함께 부엌 앞쪽까지 진입해 맹렬하게 타오르는 불길에 소방호스로 물을 뿌리기 시작했다. 하지만 아무리 물을 뿌려대도 불길은 잡히지 않고 더욱 맹렬하게 타오를 뿐이었다. 게다가 부엌의 바닥에서는 이상할 정도의 열기가 느껴졌다.

지휘관은 왠지 모를 위험을 감지하고 부하들에게 즉시 철수 명령을 내렸다. 소방관들이 집 밖으로 벗어나자마자 굉음을 내며 집의 1층 바닥이 밑으로 꺼져버렸다. 바닥이 무너지자 그 밑의 지하실에서 엄청난 규모의 불길이 올라왔다. 발화 지점이 지하실이었던 것이다.

만일 계속 진화 작업을 벌였다면 소방관들 전원이 바닥의 붕괴와 동시에 지하로 떨어졌을 터였다. 그 결과는 당연히 몰살이었을 것이다.

인지과학자 게리 클라인Gary Klein 박사는 지휘관의 육감을 '물리적 정보와 축적된 기억이 합쳐져 무의식적으로 처리된 것'이라고 분석한다. 클라인 박사에 따르면 육감은 연결과 점검이라는 두 단계를 거쳐 나온다. 사람은 어떤 일에 당면하면 신속하게 기억을 분류하면서 그와 유사한 사례를 찾는다. 비슷한 상황을 찾아낼 경우 무의식이 그 경험과 현실을 연결해주면서 결정을 내리고 이에 따르게 된다.

탁월한 육감이란 오랜 경험과 관심, 눈썰미로 가동되는 '몸속의 레이더'와 다름없는 셈이다. 여성의 경우 이런 레이더를 비상 상황이 아닐 때에도 주변 사람들을 대상으로 가동한다. 특히 사랑하는 사람 혹은 미워하는 사람일수록 레이더를 높이 세운다. 1초도 되지 않는 상대의 미세한 표정 변화나 숨소리만으로도 숨기려는 감정이 어떤 것인지

감으로 느낀다.

여성들은 사소해 보이는 것까지 파악한다. 자기 남자의 친구며 직장 동료가 하는 이야기들, 그들이 좋아하는 것, 가족관계 등 평소에 들었던 정보를 하나도 빼놓지 않고 머릿속에 담아둔다. 그들에게 변화가 생길 경우 곧바로 업데이트로 반영된다. 자기 남자에 대한 관심이 높기 때문에 그 주변까지 레이더의 범위가 확장되는 것이다. 물론 남자들은 평소에 직장 동료들이 하는 얘기를 떠들어놓고도 대부분 기억하지 못한다.

이런 평소의 관심은 남자가 주변 누군가의 핑계를 댈 때 곧바로 데이터 조회를 거쳐 '거짓말'로 판명된다. TV 드라마에서 흔히 나오는 장면처럼 "김대리의 부친상 때문에 늦을 것"이라는 남편의 말이 곧바로 "김대리 아버지는 3년 전에 돌아가셨는데 또 돌아가셨느냐"는 아내의 반박으로 이어지는 것이다.

━━━

이처럼 여성들의 육감을 과학적으로 분석해보면 인간관계에 대한 민감성과 곁에 있는 이에 대한 경험 및 높은 관심에서 비롯된다는 점을 알 수 있다. 평소 상대에게 귀를 기울이며 하나도 놓치지 않고 비밀까지 공유함으로써 친밀감을 다지는 것이 여성들 방식의 관심이고 애정표현이다.

경험과 관심, 눈치로 단련된 여성들의 사교 레이더는 늘 불을 밝히고 있다. 레이더는 사람들이 보내는 작은 신호도 곧잘 포착하고, 그 신호 뒤에 숨겨진 동기와 욕구를 파악해 능수능란하게 사람들을 관계로 엮는다. 언어적 신호 외에 표정이나 사소한 동작 같은 비언어적 신호를 대번에 읽어내어 상대방의 마음속에서 미묘한 갈등의 순간을 포착해내기도 한다.

미국 기업들을 중심으로 여성의 이 같은 능력을 고객 프리젠테이션이나 협상 등에 활용하는 사례가 늘고 있다. 사안이 민감하거나 서로의 입장이 첨예하게 대립할 경우 상대의 분위기와 눈치를 봐가며 수시로 전략을 수정해야 할 필요성이 있기 때문이다. 실무 경험이 많은 여성들이 이런 분야에서 탁월한 감각을 보여준다.

하지만 빼어난 장점은 언제나 그에 걸맞는 단점을 동전의 양면처럼 지니고 있기 마련이다. 루안 브리젠딘 교수는 "여자의 뇌는 고도로 정밀한 정서탐지기이지만 그들의 육감은 막연한 감정 상태가 아니라 뇌의 특정 부위에 의미를 전달하는 실제적인 감각"이라면서 "강한 육감은 여자의 뇌에서 몸의 감각을 뒤쫓는 데 이용되는 세포의 숫자와 관련이 있는데, 이것이 의미하는 바는 여자가 남자보다 육감이 더 발달되어 있는 만큼 고통을 더 많이 느낀다는 것"이라고 분석한다.

민감하기 때문에, 상황에 따라서는 상대방의 말 한마디 혹은 소외감을 주는 분위기가 뼈에 사무칠 만큼 고통스러울 수 있다. 자기 남자가 거짓말을 할 때에는 적중률 100%의 거짓말 탐지기이면서, 주변 사람들이 뼈를 심은 말을 하거나 은근히 따돌릴 때에는 상처받기 쉬운 유리 인형으로 변신하는 이유다. 레이더가 예민하기 때문에, 또한 공감을 기대하기 때문에 그런 예민한 기대를 배신당하면 더욱 아프다.

ABC놀이, 안심과 의심의 외줄타기

세 명의 여학생이 있다. 어느 날 A가 B에게 말한다. "C가 잘난 척하는 것 봤지? 재수 없지 않니?"

자리를 비웠던 C는 A와 B의 태도에서 미묘한 변화를 느낀다. 이러니까 화장실도 같이 가야 하는 것이다. B는 A의 눈치를 보고, A는 C에게 친한 척하면서도 실제로는 거리를 둔다. C는 자신이 배척당하고 있다는 것을 느낀다.

C는 그래도 두 사람과 함께 다닐 수밖에 없다. '혼자'라는 것은 여자아이들에게 두려움 그 자체다. 다른 아이들의 시선 때문이기도 하고, 실제로 만만하게 여겨져 왕따의 제물이 될 가능성도 있어서다.

C는 A에 대한 분노를 몰래 키워간다. 겉으로는 친밀감을 드러내면서도 속으로는 '이렇게 하면서까지 그 애랑 같이 다녀야 하는 것인지' 고민을 한다. 자존심이 상하고 울화가 치민다. A가 잘난 척을 할 때마

다 웃으며 맞장구를 쳐주지만 사실은 소외되지 않으려고 간신히 참아
내는 것이다.

어떤 애들끼리는 대놓고 싸우고도 화해를 하면서 친하게 지내는데,
왜 사이도 좋지 않고 속으로는 경멸하는 아이에게 우정을 가장해 끌
려 다녀야 하는지 알 수 없다.

그러던 어느 날, A가 C에게 속삭인다. "B말이야. 아까 네 욕하더라. 걔
되게 웃기지 않니?" 이번에는 B의 차례다. A와 C는 급속히 친해지고 B
는 은밀하게 따돌림을 당하며 위태로운 세 사람의 우정을 이어간다.

여학생들에게서 이런 'ABC놀이' 우정을 자주 발견할 수 있다. 사소
한 계기로 토라지며 둘이 붙어 하나를 소외시킨다. 당하는 한 명이 떨
어져 나가기도 하고, 관계가 회복되어 잘 지내다가 이번엔 다른 쪽이
공격을 받기도 한다. 셋이 아닌 넷 혹은 다섯이라도 이런 일이 종종 벌
어진다.

심리학자 해리엇 러너Harriet Lerner는『무엇이 여성을 분노하게 하는가
The dance of anger』를 통해 여성들이 '삼각관계'를 분노의 은폐 수단으로 활
용한다고 지적한다. 대부분이 인식하지 못하고 있으나 어떤 상황에서
생긴 불안이 다른 장소에서 알 수 없는 분노로 탈바꿈해 제3자에게 화
풀이를 함으로써 긴장감을 무의식적으로 덜어내는 경우가 많다는 것
이다.

특히 '착한 여자 콤플렉스'로 인해 탈출구를 찾지 못하는 나이 어린
여성의 분노는 그것을 야기한 근본 원인(예를 들면 가정불화나 학업 스트
레스 등)에 대해서는 생각해보지 못한 채 가까이에 있는 약점을 드러낸
친구에게로 엉뚱하게 분출되곤 한다. 분노의 주인공은 감정의 정당성

을 인정받기 위해 다른 친구를 ABC 놀이에 끌어들여 피해자를 함께 공격한다. 물론 대부분의 여성은 주로 피해를 당하는 입장이다.

남학생들이 누가 우위에 있는지를 놓고 다투는 것처럼, 여학생들 역시 누가 더 친한지를 놓고 이합집산을 거듭한다. 친밀함을 놓고 다툰다는 의미는 '누군가 하나를 정해 미워함으로써 나머지 친구들 간에 결속을 다진다'는 뜻과도 통한다. 그 '누군가'는 친구들의 우정을 위한 희생양이 된다.

희생양은 고립된다. 가해자들은 희생양의 주변을 훼손시켜 그 어떤 연결도 유지할 수 없도록 만든다. 그런 과정을 거쳐 희생양은 가해자에게 점점 의존하며 매달리게 된다.

하버드 의대 정신의학과 교수 주디스 허먼Judith Herman은 『트라우마Trauma and Recovery』라는 저서를 통해 "심리가 완전히 통제당하게 될 경우 자기혐오에 빠진 피해자 스스로가 인간에 대한 신뢰를 잃어버린 채 다른 이를 희생시키는 데 적극적으로 동참하게 된다"고 지적한다.

여학생들은 'ABC놀이'를 통해 번갈아가며 차별을 주고받는다. 남학생들이 게임이나 내기, 운동, 주먹다짐 등을 통해 발산하는 친구에 대한 경쟁심 혹은 분노 같은 감정을 여학생들은 따돌림을 통해 희생양에게 발산하며 우정을 다지고 그 속에서 안전한 자신을 확인한다.

여학생들은 이런 과정을 거치며 여성으로 사회화된다. 그들이 수시로 가까운 이들의 마음을 확인하고 싶은 까닭은, 어린 시절부터 걸핏하면 변덕을 부리는 관계의 게임에 익숙해져 있기 때문이기도 한 것이다.

여학생들은 교실이나 음악실, 이동 수업, 급식 등에서 어떤 친구 곁에 앉을 것인지, 수학여행 때 누구랑 같이 다닐 것인지 서로 눈치를 보아가며 스트레스와 상처를 번갈아 받는다. 누군가를 선택하고 선택받는다는 것부터가 스트레스다. 친구가 다른 아이들의 테이블에 가서 앉으면 거부당했다는 배신감에 눈물을 흘리기도 한다.

이 시기의 외로움이란 가혹한 매질이다. 친구와의 연락이 끊기면 단 몇 시간도 참기 힘들다. 그러나 한편으로는 친구에게 걸었던 기대를 배신당하고 스스로 친구를 저버리는 과정에서 적절한 경계심을 발휘하는 자세 또한 키워 나가게 된다. 고립의 가혹한 매질은 적절한 신뢰와 애착관계를 통한 보상을 거쳐 관계의 균형을 추구하게 된다.

여성들의 이런 우정 교류는 성인이 된 뒤에도 크게 변하지 않는다. 어른이 된 이후 여성들의 'ABC놀이' 스타일은 다소 세련되고 간접적인 공격과 방어의 형태로 진화된다. 친밀감과 경쟁, 시기 혹은 질투 사이를 오가며 끝없이 관계를 시험하고 거리를 잰다. 이른바 '밀당'은 남자만을 상대로 하는 게 아니다. 여성들은 친구 간에도 밀당이 존재한다.

———

안심할 수 없는 관계는 필연적으로 '눈치'를 발달시킨다. 평소 상대에게 귀를 기울이며 하나도 놓치지 않고 비밀까지 공유함으로써 친밀감을 다지는 것이 여성들의 방식이다. 눈치가 빠르면 친구들의 변덕 조짐을 순식간에 알아채고 대응할 수 있다.

관계에서 초래된 상처와 스트레스가 서로를 조심하게 만든다. 조심스러운 마음이 고도로 발달된 눈치와 결합되어 '은근히 돌려 말하기' 기술로 이어진다. 자기주장이 너무 뚜렷할 경우 친구들의 반감을 부를 수도 있다. 서로가 항상 신경을 쓰고 있기 때문에 애매하게 말해도 알아듣고 눈치껏 요령 있게 반응한다.

성인 여성의 커뮤니티는 '그루밍과 가십' 사이를 오간다. '불행 배틀'을 벌이며 서로를 동정하고 공감하다가도, 다들 모르는 것을 혼자만 아는 친구에게는 고운 시선이 가지 않는다.

친구들을 만나고 돌아와 남편에게 '결혼을 잘했을 뿐인 친구'에 대한 험담을 늘어놓는다. 남편은 이야기를 들으면서 기분이 상한다. 친구 남편과 자꾸 비교가 되는 데다 모임에 다녀올 때면 볼멘소리를 하니까 반감이 들지 않을 수 없다. 그래서 이렇게 소리를 지르고 만다.

"그런 모임, 안 가면 되잖아!"

그러나 여성들에겐 그게 정답이 아니다. 아내가 친구의 험담을 늘어놓는 것은 기분을 조정해 밸런스를 맞추기 위한 것일 뿐이다. 아내는 다음의 모임에도 참석해 그토록 뒷담화를 했던 친구와 둘도 없는 애정을 과시할 것이다.

여자에겐 우정이 없다는 일부 남성들의 편견에도 불구하고 여성들의 우정은 서로에게서 동질감과 친밀감을 확인할 수 있는 한 부드럽게 이어진다. 남자들이 노골적으로 다투고도 언제 그랬냐는 듯 어울리는 것이나, 여성들이 뒷담화로 반감을 쏟아내고도 서로 다정하게 구는 것이나 크게 다를 바가 없다.

다만 여성들은 아무리 친한 사이라도 자기 남편 혹은 아이를 모욕했다고 느끼는 순간, 쥐고 있던 우정의 끈을 미련 없이 놓아버리는 경우가 많다. 사랑과 모성이라는 마지막 보루를 건드리고 만 친구에 대한 배신감과 분노를 주체할 수 없기 때문이다.

여성들이 자기 남자에게 보여주는 '이해하기 어려운 행동들'은 대부분이 이처럼 어린 시절부터 친구들 사이에서 학습되며 내면 깊숙하게 뿌리를 박은 것들이다. 여성은 여성으로 태어나기도 하지만, 여성으로 만들어지기도 한다. 또한 여성들 스스로가 서로를 여성으로 성장시킨다.

그들은 관계란 언제든지 변할 수 있으며 또한 하루아침에 외톨이로 고립되는 게 얼마나 끔찍한 일인지도 겪어보았다. 그런 일을 당하지 않으려고 눈치와 분위기를 읽는 눈썰미를 익혔고, 그 결과 다른 여성이 은근하게 운만 띄워도 의도를 파악하는 공감 및 소통 능력을 갖게 되었다. 또한 되바라진 여성으로 낙인찍히지 않기 위해, 원하는 것을 드러내지 않은 채 상대로 하여금 짐작할 수 있게 넌지시 힌트만 주는 기술을 연마해왔다.

여성들은 눈을 감는 순간까지 사랑과 관심을 추구하면서도, 한편으로는 사랑의 영속성을 믿지 않는 이율배반적인 존재들이기도 하다. 그래서 평생에 걸쳐 '안심과 의심 사이'에서 외줄타기를 하며 살아가게 된다.

거울의 아이러니는 끝났다

남성이 여성의 감정을 제대로 파악하기는 선천적으로 어렵다는 독일 보훔 루르대 LWL 병원 연구팀의 분석과는 달리, 미국 텍사스대 심리학과의 윌리엄 이케스William Ickes 교수는 "감정을 읽는 남성의 능력이 여성에 비해 크게 떨어지는 것은 아니다"는 연구 결과를 발표했다.

이케스 교수는 두 사람씩 '대기실'에서 기다리도록 한 뒤 의외의 상황을 연출하고 두 사람간의 상호작용을 몰래 촬영해 어떤 방식으로 감정의 소통이 일어나는지를 분석했다.

그 결과, 여성이 남성보다 마음 읽기 능력이 월등하다는 통념이 실제로는 맞지 않는 것으로 나타났다. 여성들은 마음 읽기 능력을 측정하기 위해 '실험실'에 들어간 뒤에야 남성들보다 뛰어난 능력을 발휘했을 뿐 '대기실'의 상황에서는 남성들과 차이가 없었다.

여성들은 마음을 짐작하는 실험이라는 점이 명백한 경우에 한해 남성에 비해 더욱 큰 동기를 가지고(여성은 마땅히 그렇게 해야 한다는 자의식으로) 상대에 대한 높은 관심도와 소통 능력을 드러낸 것이다.

이케스 교수는 "여성의 직감력이라는 통념이 뜻하는 것은 여성들이 실제로 뛰어난 능력을 지녔다기보다는 더욱 차원 높은 동기를 지녔다는 의미"라며 "남성들도 그런 능력을 발휘할 수 있는데 그 동기는 바로 돈"이라고 밝혔다. 실험의 양상에선 차이가 있었지만, 결론적으로 남성의 동기가 '이해관계'라는 점에선 LWL 병원의 분석과 맥락상 차이가 없는 셈이다.

그런데 문제는 남성들이 여성의 마음을 읽어내려 해도, 여성 자신이 때로는 무엇을 원하는지 정확하게 알 수 없을 때가 있다는 점이다. 이른바 '거울의 아이러니'다. 여성들이 수시로 거울을 통해 자신의 외모를 살펴보지만 정작 자신이 마음속으로 원하는 것은 그만큼 알지 못할 때가 많다는 의미에서다.

여성의 또 다른 거울은 '다른 여성들'이다. 여성은 다른 여성들을 보고 자신이 원하는 것을 발견할 때가 있다. 자기가 손에 쥐고 있는 것은 깊게 인식하지 못하는 반면 다른 여성이 들고 있는 것은 힐끗 보고도 확실하게 알아낼 때가 있다.

여성들의 궁금증이 남에게로 향하는 것은 친밀함과 관심의 발로이기도 하지만, 한편으로는 자꾸 변하는 자기 마음에 견주어 상대의 마음을 수시로 파악하려는 의도이기도 하다.

여성들이 남자의 마음을 궁금해하는 까닭 중에는 그를 통해 좋은 기분을 만끽하고 싶다는 이유도 있다. 남자의 마음씀씀이를 통해 감동을 발견해내고 싶은 것이다.

그들이 "사소한 것에 감동받는다"고 털어놓는 것은 진실로 보인다. 회사 여자 동료의 경우 헤어스타일이나 옷차림이 달라졌을 때 "바뀌었네" 하고 관심을 표시해주는 것만으로도 즐거워한다. 예뻐졌다고 해주면 더욱 기뻐한다. 여성들은 일상에서 오가는 이런 몇 마디를 통해 자신이 관심을 받고 있으며 안전하게 관계를 맺고 있다는 사실을 느끼고 감동한다. 여자친구나 아내 역시 별것 아닌 일에 감동을 받는 경우가 많다. 사람들 틈에서 붙잡아주거나 비오는 날 우산을 조금 더 기울여줄 때, 그 밖에 소소한 즐거움을 선사할 때 감동을 느낀다.

남성들은 값비싼 선물 같은 '커다란 한 방'이면 여성이 감동하고 그 효과가 오래 지속될 것이라고 생각하는 경향이 있다. 그러나 수시로 마음을 확인하고 싶은 여성들에겐 '어쩌다 한 방'보다는 '자주 소소한 감동'이 훨씬 효과적이다.

미국의 정신의학자 에릭 번Eric Berne이 세 가지 심리적 욕구를 통해 꼽은 것처럼 여성들은 자극이 없는 심심한 삶을 견디기 어려워한다. 또한 자기 남자와 함께 의미 있는 시간을 보내고 싶으며 그로부터 무시당하지 않고 늘 인정받으려 한다. 그래서 경황이 없는 바쁜 삶 속에서도 감정의 주고받음이라는 맥락을 통해 소소한 감동을 찾아내려고 한다. 그들에게 있어 감동이란 작은 일을 계기로 발견하는 존재의 기쁨이다.

여성들 간에 부러움을 사는 최고의 능력자는, 힌트를 주지도 않았는데 남편 혹은 남자친구가 그녀의 마음을 알아채고 감격의 순간을 선물했다는 경험을 전하는 이들이다. '내 능력으로 구입한 나를 위한 선물'도 부럽고 남자친구의 이벤트나 낯선 곳으로의 여행도 샘이 나지만, 아끼는 사람들로부터 세심한 사랑을 늘 받고 있다는 처지가 그 무엇보다도 부럽다는 것이다.

여성들이 자신을 실망시킨 남편 또는 남자친구의 잘못을 자꾸 따지는 것은 그를 혼내거나 비난하기 위한 의도만은 아니다. 그런 순간에조차 그에게 자신의 감정을 확인받고 싶어서다. 그의 잘못으로 인해 자신이 느꼈던 걱정과 실망, 분노 같은 감정들을 그가 알아주기를 바라는 동시에 알고 싶은 것이다. 그의 관심과 사랑이 여전히 이어지고 있는지.

그 사실을 긍정적으로 확인할 경우, 그녀는 스스로가 여전히 매력적이고 사랑받을 만하다는 자존감과 우월감을 느끼게 된다. 여성들에게 있어 '존중'은 매우 중요한 개념이다. 존중을 뜻하는 영어 'Respect'는 '스스로를 다시 돌아본다'는 의미를 담고 있다. 자기가 보는 자신을, 또한 남이 보는 자신을 돌아봄으로써 스스로를 아끼는 마음을 갖게 된다.

스스로를 아끼는 마음이 남을 아끼는 마음의 출발점이 되어 '내가 받고 싶은 대로 상대를 대접한다'는 황금률로 이어진다. 그러니까 여성들은 상대에게 사랑을 주기 위해서라도 먼저 상대에게 그것을 받고 있는지 확인해야만 한다.

━━━

사마천司馬遷의 『사기史記』에 이런 대목이 나온다.

士爲知己者死(사위지기자사)

女爲悅己者容(여위열기자용)

선비는 자기를 알아주는 사람을 위하여 목숨을 바치고

여자는 자기를 기쁘게 해주는 사람을 위하여 얼굴을 꾸민다.

사람은 누구나 '나를 알아달라'는 강한 욕망을 가지고 있으며 그 욕
망을 실현시켜주는 이를 위해 기꺼이 헌신한다는 의미다. 하지만 여
기서 상대에게 인정받고 싶은 '나'는 있는 그대로의 내가 아닐 수도 있
다. '내가 바라는 나'로 알아주기를 원하는 것일 가능성이 높다.

남성의 경우에는 일단 '능력'이다. 그들에게는 능력을 인정받는 것
이 커다란 동기다. 앞서 윌리엄 이케스 교수는 남성의 동기를 '돈'이라
고 지적했지만 엄밀하게 보면 돈은 능력에 대한 보상 수단 가운데 하
나일 뿐이다. 능력을 초월하는 매우 커다란 동기가 또 하나 있는데 그
것은 바로 '신념'이다. 남성은 자신의 능력과 신념을 알아주는 이를 위
해 마지막 보루까지 내어준다.

여성이 기쁘게 해주기를 원한다는 것은 정서적 만족으로 풀이할 수
있다. 정서적 만족이란 상대가 자신의 감정을 이해해주는 것을 의미한
다. 기쁠 때 같이 기뻐해주며, 슬플 때에는 위로해주고, 스타일을 바꾸
었을 때에는 칭찬을 해주는 것, 그게 바로 공감 소통이다.

생각이 같지 않더라도 '그렇게 느낄 수도 있겠다'며 맞장구를 쳐주
는 것이 여성들 방식으로는 상대에게 은혜를 베푸는 것이다. 그들은
이런 방식의 알아줌을 통해 서로 감정의 빚을 기꺼이 지며 신뢰를 주
고받는다. 또한 무엇을 좋아하며 무엇을 꺼리는지 유념하고 있다가 특

정한 상황에서 챙겨줌으로써 상대로 하여금 자신이 존중과 사랑을 받을 만한 사람인지 느낄 수 있도록 알아주는 게 여성 방식의 능력이다.

능력 있는 여성들은 격려와 이해를 통해 자기 남자와 아이, 동료들에게 "충분한 자격이 있다"며 용기를 불어넣어준다.

미국의 커뮤니케이션 전문가인 캡틴 밥 스미스Captain Bob Smith는 남녀에게 각각 '언제 사랑받고 있다고 느끼는가?'라는 질문을 하고 답변을 받아 순위별로 정리했다.

남녀의 답변 중에는 공통된 부분도 많았지만 상위를 차지하는 답변의 경우에는 차이를 드러냈다. 남성들은 '직업이나 관심사에 대해 지지해줄 때'와 '변화를 요구하지 않고 있는 그대로 인정해줄 때', '보살핌을 받을 때' 사랑받고 있음을 느낀다고 응답했다.

반면 여성들은 '내 얘기를 들어줄 때'와 '감정을 받아들여줄 때', '일체감을 느낄 때' 순으로 꼽았다. 이처럼 여성들은 남을 알아주는 동시에, 남의 알아줌을 통해 자신의 존재 이유를 깨닫는다

여성들이 과연 무엇을 원하는지는 정신분석학의 창시자로 불리는 프로이트도 풀지 못한 숙제였다. 그는 이렇게 말한 적이 있다.

"한 번도 답이 나온 적이 없는 중요한 문제이자, 30년 이상 여성 정신을 연구해온 나로서도 답할 수 없는 문제가 있다. '여자들은 도대체 무엇을 원하는가' 하는 문제다."

프로이트의 시대에는 그랬다. 여성은 그들 스스로도 무엇을 원하는지 확실하게 인식할 수 없었으며 또한 알더라도 입 밖으로 내기 어려웠다. 그러나 이제 달라진 세상에서 여성들은 당당하게 요구한다. 다만 그들의 방식으로 말하기 때문에 남성들이 이해하기 어려울 뿐이다.

그들이 원하는 것을 요약하면 이렇다.

'나를 알아줘. 내가 당신을 알아주는 것처럼.'

우리가 진심으로 원하는 것은

오늘의 한국인을 대표하는 정서는 불안이다. 불안은 생존에 관한 것이다. 먹고사는 형편이 좋아졌는데도 생존에 대한 불안은 오히려 커져만 간다. 모두가 자기 생존에만 급급한 나머지, 주변 사람들을 돌아볼 여유가 없다. 그러면서도 한편으로는 불안한 마음을 달래기 위해 누군가에게 의존하려고 한다. 관계라는 안정감 속에 숨고 싶은 것이다. 하지만 일방적이고 의존적인 관계는 문제를 풀어내는 게 아니라 잠시 잊게 해줄 뿐이다.

불안에 가장 심하게 흔들리는 관계는 가족이다. IMF 이후 부쩍 높아진 이혼율과 나날이 떨어지는 출산율은 경쟁 일변도 사회에서 가중되는 불안이 여성의 행복에 뿌리 내려 영향을 깊이 미치고 있음을 보여준다.

'불행한 가족'은 대한민국 남성들의 문제 해결 능력이 나날이 변화하는 환경 속에서 한계에 봉착했음을 의미한다. 특히 급증하는 중년층 이혼은 '돈 벌어다주는 역할'로 충분하다고 믿어왔던 남성들의 인식에 근본적인 변화가 필요하다는 경고의 메시지이기도 하다.

성공을 좇아 근시안적으로 문제 해결에만 매달려온 결과가 한계에 다다른 것이다. 생존과 발전이란, 넓게 보면 '문제를 풀어가는 과정'의 일환으로 볼 수 있다. "만일 당신이 갖고 있는 유일한 도구가 망치라면 당신은 모든 문제를 못으로 간주하게 될 가능성이 높다"는 에이브러햄 매슬로Abraham H. Maslow 박사의 말처럼, 경쟁과 성공을 목표로 달려온 대한민국 남성들의 눈에는 눈앞의 해결 과제와 극복 대상밖에 들어오지 않았다. 그래서 아내 혹은 여자친구가 변화를 요구할 때마다 이렇게 역정을 내곤 했다.

"그래서, 나더러 어쩌라고?"

'정서적 문맹'이라는 말이 있다. 자신이나 타인의 감정을 파악할 수 있는 능력이 결핍된 사람들을 일컫는 말로, 정서적 문맹인 사람은 소통하는 데 어려움을 느껴 자신과 주변 사람들을 불행하게 만드는 경우가 많다. 적지 않은 대한민국 남성이 이런 기질을 다소 가지고 있다.

스스로를 우두머리로 여기기를 좋아하는 가부장적 남성들은 모든 일을 자신의 통제 아래 두고 문제를 해결하려고 매달려왔다. 그러나 해결할 수 없을지도 모르는 문제가 갑자기 등장할 경우에는 불안을 들키고 싶지 않아 무관심으로 가장하기도 했다.

그런데 여성들이 원하는 것은 해결이 아닐 때가 많다. 그들은 '어쩌라는 것' 이상의 근본적인 차원을 바라는 것이다. 그들은 문제를 해결하기보다는 공감을 통해 해소하기를 지향한다. 남성은 물리적 객관적인 생산을 통해 문제를 해결하려 하지만 여성은 정신적 심리적 소통을 통해 문제를 해소하려 한다. 남성이 욕망의 대상을 획득하고 소유함으로써 문제를 해결하려 드는 데 비해 여성은 절제하고 나눔으로써 문제를 해소하려 든다.

따라서 큰 틀에서 볼 때 해소는 해결을 포함하며, 해결은 궁극적으로 해소를 지향한다. 해결이 문제 그 자체와 현상에 국한된 것이라면, 해소는 문제를 둘러싼 사람들에 대한 이해와 소통까지 확장되어 문제의 해결은 물론 질적인 변화까지 유도하는 것이기 때문이다.

여성의 공감 능력은 타고난 것이기도 하지만 수없이 쌓인 연습이 고도화된 결과물이기도 하다. 타인의 감정을 이해하고 공감하는 노력은 분명 의식적인 것이다.

인류가 세상에 모습을 드러낸 이래 남성들에게 여성이란 기회이면서 동시에 위협이기도 했다. 아담과 릴리스, 아담과 이브 이래 헤아릴 수 없는 남성과 여성들이 그들의 성공 또는 실패의 역사를 써내려갔다.

여성은 오랫동안 대부분의 문화권에서 차별과 억압을 받았고 남편과 자식을 위해 존재할 때에만 그나마 의미 있는 삶으로 대접을 받았다. 그러면서도 '비공식적으로' 남성의 삶은 물론 가족, 심지어는 국가의 운명에 결정적인 영향을 미쳤고 때로는 쥐고 흔들기도 했다.

그런 여성이 이제는 공식적으로 가계 소비의 주체이자 집행을 총괄하는 가정의 CEO로 변신했다. 불과 수십 년 사이에 일어난 변화다. 실력을 키운 여성들은 각계각층에 진출해 수십만 년 이상 세상을 주도해왔던 남성의 아성을 무너뜨리는 중이다.

그들은 유행을 선도하며 시장의 수요를 창출하고 이끌어가는 동시에 탁월한 감성과 취향으로 문화산업 및 창조경제의 중심으로 급부상했다. 공직과 전문직, 교직 등의 여성 비중이 나날이 높아지는 가운데 주요 기업의 고위직에 오르거나 정치권에 진출하는 여성의 수도 꾸준하게 늘고 있어 '21세기는 여성의 시대'라는 말을 피부로 실감하게 하고 있다.

무대의 중심에 선 여성들은 남성들이 독점했던 마지막 보루, 리더십마저 바꿔놓고 있다. 명령과 통제, 일사불란으로 상징되던 권위적 남성형 리더십의 시대가 저무는 대신 공감을 기반으로 한 부드러운 여성형 리더십의 시대가 열리고 있는 것이다.

여성들은 높은 수준의 교육과 진취성, 탁월한 공감 능력 등을 발판 삼아 사회를 움직이는 핵심 포지션들을 하나하나씩 장악해왔다. 그중에서도 핵심은 다음 세대를 재생산하는 분야다. 어머니와 어린이집, 유치원, 학교의 교사로부터 사교육 강사, 심지어는 동네 병원의 의사까지 여성들이 포진되어 있다. 남자아이들이 자라나며 남자 어른을 만날 기회가 매우 빠른 속도로 줄어들고 있다. 이제는 오히려 남싱싱의 억압을 걱정해야 할 시기가 온 것이다.

더구나 21세기 대한민국은 인류 역사상 가장 많이 배운 똑똑한 여성들을 쉼 없이 배출해내고 있다. 그 어떤 시기의 남성도 이런 여성들을 경험해본 전례가 없다.

여성의 시대를 맞이한 여성들에게선 뚜렷한 변화의 모습이 엿보인다. 이른바 세 가지 능력이 돋보이는 여성들이 늘고 있다.

첫 번째는 '혼자 지낼 수 있는 능력'이다. 어느 누구와도 전화통화 혹은 메시지로 연결되지 않은 채, 마음의 거울을 들여다보며 자신이 원하는 게 무엇인지 확인하는 여성을 어렵지 않게 발견할 수 있다.

두 번째는 '선택과 수용의 능력'이다. 선택하는 데 오랫동안 망설이지 않으며 주저 없이 결정하는 여성이 늘어나는 추세다. 이들은 설령 그 결과가 예상대로 나오지 않아도 스스로의 선택에 대해 책임을 지고 쿨하게 받아들이는 경향이 다분하다.

세 번째는 '노No라고 말할 수 있는 능력'이다. 혹시라도 소외될까봐 '나도 그렇다'며 동참하던 예전 여성들의 분위기와는 달리, 많은 여성이 모임에서 '난 아니야'라고 떳떳하게 밝힌다. 이는 혼자 지내는 능력과 선택 및 수용의 능력을 통해 갈고닦은 독립성이 당당하게 표출되는 것으로 해석할 수 있다.

에바 일루즈Eva Illouz는 『사랑은 왜 아픈가Warum Liebe weh tut』에서 이렇게 주장한다.

"우리는 대안이 될 수 있는 모델로 어떤 게 있을지 머리를 맞대고 함께 모색해야 한다. 남성성과 열정적 사랑이 서로 대립하는 게 아니라 하나의 같은 사안을 뜻하는 그런 모델 말이다. 남성을 두고 감정적으로 무능하다고 못 박는 대신, 우리는 감정을 소중히 하는 남성성이라는 모델을 이끌어내야만 한다."

여성의 시대를 맞이한 남성들에게서도 '새로운 남자다움'의 덕목이 감지된다. 새로운 남자다움은 세 가지로 요약할 수 있다.

첫 번째는 '통하는 남성'이다. 표현하지 않는 무뚝뚝한 불통의 존재에서 벗어나 상대에게 귀를 기울이는 동시에 자기 마음을 적극적으로 드러내는 남성으로 진화하는 중이다. 요즘 TV에서 각광받는 남자 캐릭터들 대부분이 이런 성향을 보여준다.

두 번째는 '헤아리는 남성'이다. 디테일과 스토리에 강한, 과정을 중시하는 남성으로 변화하며 결과중심주의 일변도에서 탈피하고 있다. 남성들은 이를 통해 차이를 인정하는 지혜를 키워가는 중이다.

세 번째는 '포용하는 남성'이다. 다양함을 받아들여 공감하기 위해 더욱 큰 남자로 성장해야만 한다. 큰 남자만이 낯선 것을 수용해 이어붙이거나 이질적인 것들의 연결점을 찾아냄으로써 창의성을 발휘한다.

통하고 헤아리며 포용하는 남성은 여성의 동기를 찾아내는 데 능하다. 여성들의 동기는 애매하게 말하는 그들의 표현 방식에서 힌트를 찾아낼 수 있다.

직장의 여성 동료들이 이따금 기획이나 보고서의 허점을 날카롭게 짚어내면서도 대안을 제시하는 데는 미흡한 경우가 많다. 그것은 그녀들이 동시에 여러 가지 생각을 가지고 있기 때문이지, 아이디어가 없기 때문이 아니다. 그녀들에겐 자신의 능력을 발휘하며 보여주고 싶은 생각만큼이나, 남들이 자신을 어떻게 여길지에 대한 생각 또한 많은 것이다.

여성들 특유의 '사이 및 차이'의 틈에 그들의 동기가 절반쯤 묻혀 있다. 따라서 열린 마음으로 여성을 바라보는 것은 그들의 마음속에 감춰져 있는 보물을 찾아내기 위한 출발점이다. 이렇게 남성과 여성이 마음을 열고 만나는 지점에서 남성의 결과중심주의와 여성의 과정중심주의가 어우러져 온전한 조합을 이루게 된다.

공감과 연대가 불안의 시대를 헤쳐 나가는 공동의 노력을 이끌어낸다. 이는 약했기 때문에 되레 강자로 변신할 수 있었던 인류의 역설과도 같은 맥락이다. 인류는 약했고 겁이 많았기 때문에, 살아남기 위해 서라도 생각에 생각을 거듭해 도구를 만들고 개선하며 힘을 합쳐야만 했다. 연대는 신뢰라는 기반을 다져 관계의 선순환을 만들어낸다.

사회심리학자 조너선 하이트Jonathan Haidt 교수는 '인간은 이타주의의 기린'이라며 "기린이 생존을 위해 기다란 목을 갖게 된 것처럼 인간은 배려심을 발전시켜 자기가 속한 집단에 협조하고 서로를 보살펴 상호 도움을 줌으로써 살아남아왔다"고 말한다. 남을 위한 배려와 경청이 결국엔 자신을 위한 것임을 알았기에 거친 자연과의 투쟁에서 생존할 수 있었다는 것이다.

여성들 역시 그렇다. 배려와 헌신을 통해 자신들에게 우호적이지 않은 환경을 오랜 시간에 걸쳐 조금씩 개선해왔다.

우리는 한 문명의 끝에 와 있다. 이제는 다른 질문이 필요할 때다. 과연 우리는 또 다른 문명의 시작 앞에 서 있는가. 확신하기에는 이르지만 그럴 가능성이 매우 높다는 것만은 확실하다. 새로운 문명의 시대로 접어들며 불안감의 뿌리는 더욱 깊어질 것이며 그럴수록 공감과 연대를 원하는 여성들의 목소리 또한 높아질 것이다. 이제는 남성이 그 목소리에 기꺼이 귀를 기울일 차례다.

국립중앙도서관 출판시도서목록(CIP)

휘메일 리스크 = Female risk : 여자를 아는 것은 이제 생
존의 문제다 / 지은이: 한상복, 박현찬. ― 고양 : 위즈덤
하우스, 2013
p. ;   cm

ISBN 978-89-6086-629-4 13320 : ₩14800

여성 노동[女性勞動]

321.542-KDC5
331.4-DDC21   CIP2013024738

초판 1쇄 인쇄 2013년 11월 22일   **초판 1쇄 발행** 2013년 11월 27일

지은이 한상복, 박현찬
펴낸이 연준혁

출판 1분사_ 분사장 최혜진
디자인 김준영
제작 이재승

펴낸곳 (주)위즈덤하우스
출판등록 2000년 5월 23일 제13-1071호
주소 경기도 고양시 일산동구 장항동 846 센트럴프라자 6층
전화 031)936-4000 **팩스** 031)903-3891
홈페이지 www.wisdomhouse.co.kr
종이 월드페이퍼 **인쇄·제본** 현문인쇄 **후가공** 이지앤비

값 14,800원 ⓒ 한상복·박현찬, 2013
ISBN 978-89-6086-629-4 13320